"최고의 현장 전문가들(교육청 변호사, 장학사, 심의위원)이 선별한
130개 핵심질문과 122가지 사례에 대한 해설"

사례와 판례로
풀어가는
학교폭력

황태륜 박종민 김문규 김광용 지음

"딥페이크, 맞폭,
학생 선수 학교폭력에 관한
해설과 사례 수록"

개정증보판
2025년 8월 시행
학교폭력예방법
반영

ᄋᄋ에듀니티

실질적인 도움이 되기를 바랍니다

황태륜 | 법무법인 화담 변호사

『사례와 판례로 풀어가는 학교폭력』이 출간된 지 벌써 1년이라는 시간이 흘렀습니다. 책을 읽은 많은 분들이 도움이 되었다는 이야기를 해 주셨습니다. 교육현장에서 학교폭력 업무를 담당하는 선생님들께서 기재례를 참고하여 업무를 처리하였다고 하셨고, 심의위원들께서는 책에 설명되어있는 사례를 통해 사안을 심의하고 판단하는 데 많은 도움이 되었다고 하셨습니다. 그리고 학교폭력 사안을 직접 대응해야 하는 학부모님들께서도 심의위원회의 실제 모습을 이해할 수 있어서 현장에서 당황하지 않고 진술할 수 있었다고 하셨습니다. 집필진을 대표하여 감사의 말씀을 올립니다.

학교폭력예방법 최신 개정 사항을 반영하였습니다

학교폭력예방법은 학생의 건강하고 안전한 학교생활을 위한 가장 핵심적인 제도인 만큼 다양한 내용으로 활발한 논의가 계속되고 있습니다. 그 결과 2025년에도 여러 개정이 되었고, 그 내용을 책에 담았습니다.

먼저 학교폭력 정의 규정에 딥페이크 영상 등의 제작과 반포에 관한 사항을 추가하였고, 사이버폭력의 피해자 지원에 관한 사항을 정비하였습니다. 그리고 학교폭력 전담조사관 제도와 운영의 직접적인 근거를 마련하였습니다. 그래서 책에서는 딥페이크 영상 등의 제작과 반포와 관련한 사례를 제시하며, 그 내용과 심의 시 유의 사항을 설명하였습니다. 특히 성폭력처벌법의 규정과 법리를 설명하여 심의위원회의 전문성 제고에 도움이 되고자 하였습니다.

한편, 학교폭력 전담 조사관 제도의 의의와 역할, 조사 시 유의 사항을 담아 새롭게 도입된 제도의 안정적인 운영을 위한 설명을 하였습니다.

학교폭력예방법은 이후로도 더욱 심도 있게 논의될 것입니다. 실제로 여러 개정안이 이미 상정되어 있는 상황입니다. 앞으로도 개정되는 최신 사항을 반영하고자 합니다.

시의성 있는 사례를 제시하였습니다

딥페이크 성범죄는 학교폭력의 유형과 내용으로 새롭게 규정될 만큼 우리 교육현장에 심각한 문제가 되었습니다. 그래서 딥페이크 성범죄와 관련한 규정과 법리 전반을 설명하였습니다.

그리고 최근 들어 마치 유행처럼 번지고 있는 소위 '맞폭' 사례를 다루었습니다. 맞폭이라는 것은 아직 개념 정리도 제대로 되어 있지 않기 때문에 무엇이 맞폭이고, 맞폭 사건은 어떻게 처리해야 하는지 정해진 방식이나 관점은 존재하지 않습니다. 다만, 책에서는 학교폭력 사안을 무마하기 위한 또는 처분의 경감을 위한 전략적 방편으로서 피해학생을 신고하는 행위를 맞폭으로 전제하고 이와 관련한 처리 방안과 유의 사항들을 설명하였습니다.

학생 선수 학교폭력 사안도 제시하였습니다. 학생 선수의 경우 단순히 학교폭력예방법상의 조치에 그치지 않고, 대회 참가 제한이나 선수 등록 금지 등의 불이익이 수반될 수 있기 때문에 이와 관련한 내용을 알고 있어야 할 필요가 있습니다.

그 밖에도 학교폭력의 여러 유형, 특히 심의위원회에서 많은 고민과 논쟁의 대상이 될 수 있는 사안을 법률적 근거를 통해 이해하기 쉽게 설명하였습니다.

실질적인 도움이 되기를 바랍니다

학교폭력과 관련하여 학교 현장에서 학교폭력 예방을 위해 최선의 노력을 다하고 계시는 선생님들, 객관적인 사안 조사를 위해 애쓰시는 전담 조사관님들, 공정한 심의를 위해 고민하고 계시는 심의위원님들과 장학사님들, 그리고 학교폭력 사안으로 어려움을 겪고 있는 학생과 학부모님들이 계십니다. 『사례와 판례로 풀어가는 학교폭력』의 목적이나 목표는 이러한 많은 분들께 실질적인 도움을 드리고자 함이고, 이를 위해 앞으로도 노력하겠습니다.

끝으로 개정증보판 출간을 위해 노력해 주신 에듀니티 김병주 대표님, 집필 과정에서 정확한 정보와 최신 경향을 제시하여 집필의 전반적인 방향과 중심을 잡아주신 김문규 변호사님, 새롭게 도입된 제도에 대한 깊은 통찰로 상세한 설명을 해주신 박종민 변호사님, 학교 현장과 행정실무의 고충을 헤아려 이를 해소할 수 있는 방안을 제시해 주신 김광용 장학사님께 진심으로 감사의 마음을 올립니다.

차 례

1부 학교폭력의 정의 30

2부 신고 및 접수

3부 사안 조사

4부 학교폭력대책심의위원회

5부 조치 이행

6부 가해학생 조치사항 학교생활기록부 기재 및 삭제

사안처리 단계별
130개 핵심 Q&A

2. 신고 및 접수

3. 학교폭력 사안 조사

4. 학교폭력대책심의위원회

5. 조치 이행

6. 학교폭력 가해학생 조치사항 학교생활기록부 기재 및 삭제

1부

학교폭력의 정의

학교폭력의 정의

학교폭력이란 학교 내외에서 학생을 대상으로 발생한 상해, 폭행, 감금, 협박, 약취·유인, 명예훼손·모욕, 공갈, 강요·강제적인 심부름 및 성폭력, 따돌림, 사이버 폭력 등에 의하여 신체·정신 또는 재산상의 피해를 수반하는 행위를 말합니다[학교폭력예방 및 대책에 관한 법률(이하, '학교폭력예방법'이라고 합니다) 제2조 제1호].

학교 내외에서 학생을 대상으로

학교와 폭력이라는 단어의 조합으로 인해 흔히 학교에서 발생한 사안만 학교폭력이라고 오인할 수 있습니다. 그러나 학교 안은 물론 학원, 놀이터, 온라인, 교회, 방과 후나 방학 중이라도 장소나 시간에 상관없이 학교폭력으로 인정될 수 있습니다.

학생은 초·중등교육법 제2조에 규정된 초·중·고등학교, 특수학교 및 각종학교와 같은 법 제61조에 따라 운영하는 학교의 학적을 가진 학생을 말합니다. 이러한 학교에는 외국인 학교와 인가받은 대안학교는 포함되나, 학력 인정 평생교육시설, 외국교육기관, 국제학교나 유치원, 대학교는 포함되지 않습니다.

자퇴하거나 퇴학 처리가 된 학생은 초·중등교육법 상의 학생으로 볼 수 없으나, 학적이 유지되는 유예생은 학생입니다. 학교폭력예방법에 따른 사안을 처리하려면 가해자는 누구든 상관없지만, 피해를 입었거나 피해를 주장하는 사람은 반드시 법률에서 정하는 학생이어야 합니다.

신체폭력

손과 발로 툭툭 치거나 때리고 필통이나 책 등을 던져 맞추거나, 신체나 도구를 이용하여 코나 팔, 다리 등에 상처 등을 입히거나, 폭행이나 협박으로 화장실이나 과학실, 아파트 옥상 등에 끌고 가거나 가두고 나오지 못하게 하는 행위, 친구나 선배가 부른다고 거짓말을 하여 특정한 장소로 데리고 가는 행위 등 학생의 신체에 위법한 유형력을 행사하거나 상처를 입히는 행위, 신체의 자유를 억압하는 행위들은 모두 신체 폭력에 해당합니다.

언어폭력

"소년원 출신이다", "원조교제를 한다", "친구 돈을 훔쳤다" 등과 같이 다른 학생에 대한 부정적인 평가를 유발할 수 있는 구체적인 사실을 전달하고, 욕설을 비롯하여 외모, 신체 등을 비하하는 표현을 여러 사람 앞에서 하거나 인터넷, SNS에 게재하는 행위, 공포심을 유발하거나 해악을 고지하는 말을 하는 행위는 언어폭력에 해당합니다.

금품갈취

생일이나 연애기념일 등을 이유로 억지로 돈을 걷거나, 자전거나 옷, 신발 등 고가의 물건을 빌린다며 억지로 가져가 돌려주지 않는 행위, 돈을 갚을 생각 없이 억지로 빌리는 행위를 비롯하여 협박이나 폭행으로 물건이나 금전을 뺏는 행위는 전부 금품갈취에 해당합니다.

강요

빵이나 간식을 사오게 하거나 숙제를 대신하게 하는 등으로 원치 않는 행위를 억지로 시키는 강제적인 심부름, 폭행이나 협박으로 술이나 담배를 구해오도록 하는 행동 등이 강요에 해당합니다.

따돌림

학교폭력예방법 제2조 제1호의2는 학교 내외에서 2명 이상의 학생들이 특정인이나 특정 집단의 학생들을 대상으로 지속적이거나 반복적으로 신체적 또는 심리적 공격을 가하여 상대방이 고통을 느끼도록 하는 모든 행위를 따돌림으로 정의하고 있습니다.

학교폭력예방법에서 규정하고 있는 가해행위의 개념 중 가장 모호한 것이 바로 '따돌림'입니다. 이에 법에서는 위와 같이 자세하게 정의하여 따돌림을 규정하고 있습니다.

2명 이상의 학생들이 피해학생을 상대로 조롱하거나 빈정거리는 행위, 노려보기, 이상한 별명으로 호칭하거나 의도적으로 무시하고 피하는 행위, 다른 학생과 어울리지 못하게 차단하는 행위 등이 따돌림에 해당합니다.

성폭력

폭행이나 협박으로 성행위를 강제하는 강간이나, 성적인 접촉을 하는 강제추행을 비롯하여 통신매체이용음란죄, 카메라등이용촬영죄 등 각종 성범죄는 물론 음란한 말과 행동으로 성적 수치심과 굴욕감을 주는 행위

일체가 성폭력입니다. 장난이라는 명목하에 신체 일부를 의도적으로 노출하여 보여주는 행위나 음란한 농담과 은유적인 표현도 학교폭력예방법상의 성폭력이 될 수 있습니다. 다른 학생의 의사에 반하여 신체를 접촉하는 행위 뿐만 아니라 인공지능 기술 등을 이용하여 다른 학생의 사진이나 음성을 성적 욕망이나 불쾌감을 일으킬 수 있게 편집·합성하는 등의 행위(딥페이크)도 성폭력에 해당합니다. 절대 해서는 안됩니다.

사이버폭력

인터넷이나 SNS상에서 벌어지는 언어폭력, 금품갈취, 강요, 따돌림, 성폭력 등이 사이버폭력에 해당합니다. 단체 대화방에 초대하여 욕설을 하며 금품을 갈취하거나, SNS에 이상한 소문을 퍼트리는 등의 행위, 휴대폰으로 음란한 사진이나 영상을 전송하는 행위, 학급 단체방에서 의도적으로 무시하거나 조롱하는 방식으로 따돌리는 행위 등이 사이버폭력에 해당합니다.

2025년 8월 1일부터 시행되는 개정 학교폭력예방법에서는 사이버폭력의 유형으로 '딥페이크 영상 등을 제작·반포하는 행위'를 추가하였습니다. 그리고 위 딥페이크 영상 등의 개념을 "인공지능 기술 등을 이용하여 학생의 얼굴·신체 또는 음성을 대상으로 성적 욕망 또는 불쾌감을 유발할 수 있는 형태로 편집·합성·가공한 촬영물·영상물 또는 음성물을 말한다." 라고 규정하였습니다.

신체·정신 또는 재산상의 피해를 수반하는 행위

학교폭력의 결과로 피해학생에게 신체·정신 또는 재산상의 피해가 발생해야 합니다.

학교폭력예방법 제2조 제1호에 열거된 학교폭력 유형은 물론, 유사하거나 동등하게 평가받을 수 있는 행위로서 학생에게 신체·정신 또는 재산상의 피해를 수반하는 행위가 바로 학교폭력입니다.

피해 여부 및 그 정도를 판단할 때, 폭행 및 상해 등에 의한 신체상의 피해와 금품갈취 등에 의한 재산상의 피해는 비교적 명확하게 확인할 수 있으나 정신상의 피해는 학생의 성격과 당시 상황, 교우관계, 집안 환경 등에 따라 그 정도가 크게 달라질 수 있어 유의해야 합니다.

성폭력, 따돌림과 같이 일반적으로 정신적 충격이 큰 사안 외에도 폭행 또는 상해를 당할 당시 조성된 분위기로 인한 공포감, 언어폭력으로 인한 우울감, 강요받은 심부름을 수행하면서 느낀 자괴감 등은 눈에 보이지 않지만 상당한 정신상의 피해가 될 수 있습니다.

특히 부모가 없거나 편부모, 다문화 가정의 학생에게 가한 부모 및 가정에 관한 언어폭력을 비롯하여, 장애나 콤플렉스, 외모 등을 이유로 한 따돌림 등은 감수성이 예민한 청소년기에 큰 정신적 피해를 주게 됩니다.

따라서 학교폭력 행위로 인한 피해를 검토할 때, 항상 정신적 피해를 검토해야 할 것입니다.

결론

학교폭력예방법은 기본적인 행위 유형을 예시하고, 이로 인해 신체·정신 또는 재산상의 피해가 발생한 것을 학교폭력으로 정의하고 있으며, 법원은 학교폭력예방법에 예시된 행위 뿐만아니라 그와 유사하거나 동등하게 평가받을 수 있는 행위까지 학교폭력으로 넓게 판단하고 있습니다. 이는 사회와 문화의 변화, 과학기술 발전으로 예상하지 못했던 사안이 발생하더라도 학생을 보호하고 선도할 수 있도록 하기 위해서입니다.

최근에는 적지 않은 학교폭력 사안이 사이버폭력과 연결되어 발생하고 있습니다. 싫어하는 학생에게만 차별적인 카카오톡 멀티프로필을 지정하거나, 인스타그램이나 페이스북 등을 이용하여 피해학생을 괴롭혀 이로 인해 정신적 피해를 입었다는 신고도 많이 접수됩니다. 개인적인 SNS 활용이 가해행위가 될 수 있는지 등은 학교폭력예방법의 정의 해석과 함께 개별적·구체적 사안에 따라 면밀히 검토해야 할 것입니다.

초성으로 이루어진 대화나 욕설이 언어폭력이나 따돌림 증거로 제출되는 경우도 많습니다. 당사자가 아니면 다르게 해석하거나, 성인은 쉽게 이해하지 못하는 행위도 많이 신고됩니다. 이러한 행위들이 학교폭력에 해당하는지 판단하기 위해서는 학교폭력예방법에 규정된 행위 유형과 유사하거나 동등하게 평가할 수 있는지와 함께 그로 인하여 학생에게 신체·정신 또는 재산상의 피해가 발생하였는지까지 자세히 확인해야 할 것입니다.

2부

신고 및 접수

학교폭력 신고

학교폭력예방법은 학교폭력 현장을 보거나 그 사실을 알게 된 자는 학교 등 관계 기관에 즉시 신고하여야 한다고 규정하고 있습니다(학교폭력예방법 제20조 제1항). 즉, 학교폭력을 인지하게 된 모든 사람에게 신고할 의무를 명시하고 있는 것입니다. 학교폭력에 직접 피해를 입은 학생뿐만 아니라 부모, 교사 또는 이를 목격한 친구, 가담한 학생을 비롯하여 지나가다 현장을 본 시민 등 누구나 학교(교사) 또는 학교폭력 신고센터(117), 경찰(학교전담경찰관) 등에 신고해야 합니다.

최초 신고를 받은 기관은 가해학생과 피해학생의 보호자와 소속학교에 알려 추가적인 가해나 피해가 생기지 않도록 해야 하며(학교폭력예방법 제20조 제2항), 학교폭력을 통보받은 학교의 장은 지체 없이, 신고받은 사실을 정리하여 교육지원청(심의위원회)에 통보해야 합니다(학교폭력예방법 제20조 제3항). 만약 신고받은 사안이 성폭력이나 집단폭행 등과 같이 중대하거나 뉴스에 보도되는 등의 긴급한 사건일 경우에는 먼저 유선으로 보고하는 것이 필요합니다.

학교폭력예방법은 법명에서 확인할 수 있는 것처럼, 예방을 가장 중요한 목적으로 삼고 있습니다. 이에 방과 후 특정 장소로 유인하여 폭행할 계획을 세우거나, 단체 대화방을 통해 따돌림을 준비하는 정황, 금품갈취의 방법과 대상 등을 모의하는 등의 학교폭력 예비·음모까지 누구나 학교의 장이나 심의위원회에 고발할 수 있도록 규정하고 있습니다. 특히 학교폭력의 예비·음모, 발생 가능성을 인지한 교원은 반드시 학교의 장에게 보고하고 학부모에게 알려 예방하여야 하는 의무가 있습니다(학교폭력예방법 제20조 제4항).

Q&A
1
교사가 상담과정에서 학생의 피해 또는 불편한 상황을 인지했다면 무조건 학교폭력으로 신고해야 하나요?

구체적인 피해사실을 알리고 가해학생을 지목하여 조치를 요구하는 학교폭력 신고인지 단순히 학생 간의 일부 갈등, 친구관계의 변화 또는 불편함이나 개별적인 사안에 대한 조언을 요청하는 것인지 또는 관심을 가져주길 바라는 것인지에 대하여 객관적으로 확인해야 합니다.

학교폭력 신고에 있어서 피해학생과 보호자의 의사가 중요하므로, 문제 되는 상황 또는 행위의 경중과 관련 학생 간의 관계, 반복 여부, 지속기간 등을 확인하여 학교폭력 신고 의사 여부 등을 판단해야 합니다. 그러나 상담 내용이 성폭력이나 아동학대 사안일 경우에는 피해학생의 의사와 관계없이 규정에 따라 신고하고 처리해야 합니다.

Q&A
2
학교폭력 가해자의 신상을 알 수 없는 경우는 어떻게 해야 하나요?

일반적인 학교폭력 사안처리 절차에 따라 신고·접수 후 사안 조사 등의 절차를 진행하면 됩니다. 화장실 몰카 설치 등과 같이 가해자의 신상을 모를 경우에도 피해학생의 보호조치가 가능하며, 추후 수사 등을 통해 가해자가 학생이라고 밝혀진 경우 조치도 가능하므로 규정에 따라 접수하고 처리해야 합니다. 다만, 수사가 진행 중이거나 가해자의 신원을 알 수 없어 피해 사실 등을 정확히 파악할 수 없는 경우, 또는 정황상 가해자가 학생으로 추정되어 향후 선도조치 필요성 등이 있는 경우에는 심의위원회에서 조치 결정을 유보하는 것도 가능합니다.

Q&A 3 다수의 가해자 중 일부의 신원을 알 수 없는 경우는 어떻게 해야 하나요?

신원이 밝혀지지 않은 가해자들은 보류하고 진행하면 됩니다. 가해자가 각기 다른 학교 소속이거나 성인 등이 포함되어 피해자 또는 목격자가 특정할 수 없는 신원미상자가 있을 경우에도 확인된 가해학생을 토대로 조사하고 진행할 수 있으므로, 통상적인 절차에 따라 접수한 뒤 신원이 확인되는 대로 추가하여 처리해야 합니다.

Q&A 4 피해학생이 누구인지 알 수 없는 학교폭력 사건을 신고받았을 경우에는 어떻게 하나요?

학교에서는 사안처리를 잠정 보류한다는 내용으로 교육청에 보고한 후, 피해학생이 특정되면 사안처리 절차를 개시해야 합니다. 특정 학교의 교복을 입은 학생이 폭행당하는 것을 목격했다는 등의 학교폭력 발생 신고를 받았으나, 피해학생을 확인할 수 없는 경우에는 접수 후 사안처리를 잠정 보류한다는 내용으로 교육청에 보고하고 수사기관 등과 협조하여 피해학생을 찾아 사안 조사를 할 수 있도록 노력해야 합니다.

학교폭력 사안 접수

어떠한 경로를 통해서든 학교폭력이 신고·접수되면, 담당자는 신고받은 내용을 접수대장에 기재하고 학교장에게 보고해야 합니다. 또한, 가해자와 피해학생의 분리 여부 등을 확인한 후 담임교사와 관련 학생 보호자에게 통보해야 하고, 여러 학교의 학생들이 관련된 경우에는 각 소속 학교에도 접수된 내용을 알려주어야 합니다. 신고받은 학교폭력 사안을 축소 또는 은폐해서는 아니되며, 관련 법령과 규정에 따라 절차를 진행하여야 합니다.

학교폭력 사안 접수 시 반드시 확인해야 할 내용

학교폭력으로 신고하는 사람의 상당수는 감정적이거나 흥분한 경우가 많습니다. 피해학생의 경우는 괴로움과 보복에 대한 두려움 등으로 인해 쉽게 말하지 못하는 경우도 많으며, 피해학생의 부모 역시 자세히 말을 하지 않는 자녀를 대신하여 신고하면서도 흥분하여 구체적인 내용을 설명하지 못하는 경우가 많습니다.

학교폭력의 피해학생이 사실관계를 육하원칙에 맞게 자세히 신고하는 것이 가장 좋으나, 그렇지 못한 경우가 대부분입니다. 따라서 신고를 접수

하는 교원 등은 반드시 다음과 같은 사실관계를 주도적으로 확인하여야
합니다.

1. 당사자

학교폭력 당사자가 누구인지 특정하는 것이 가장 중요합니다. 관련 학
생의 신원과 소속학교만 알아도 신속하게 사실관계를 조사하고 확인하여
절차를 진행할 수 있기 때문입니다. 가해자를 알 수 없는 사이버폭력 사안
의 경우에도 피해내용에 따라 의심되는 사람이 누구인지 물어보는 것이
좋습니다.

2. 가해행위

구체적인 행위에 대하여 자세히 확인하는 것이 필요합니다. 피해학생
이나 그 보호자가 단순히 "때렸다", "놀렸다", "괴롭혔다" 등으로 설명하
더라도, 추가질문을 통해 구체적인 가해행위를 확인해야 합니다. 폭행을
신고한 경우에는 어떤 방식으로 맞았는지, 성폭력의 경우 어떤 행위로 피
해를 입었는지, 따돌림의 경우에는 무슨 말과 행동이 있었는지에 대하여
자세히 확인해야 합니다. 가해행위를 통해 사건의 경중을 대략 판단할 수
있으므로, 미처 설명하지 못한 피해사실이 없는지 꼼꼼히 대화를 이어나
가며 확인하는 것이 필요합니다.

3. 발생시간 및 장소

학교폭력이 발생한 시간과 장소를 확인해야 합니다. 연속적으로 이루
어진 따돌림이나 언어폭력은 대략적인 기간을 확인해야 하며, 신체폭력
이나 성폭력 등은 수사와 함께 CCTV 등 증거확보가 필요할 수 있으므로

시간과 장소 등을 확인한 후 접수하는 것이 매우 중요합니다. 장기간 계속된 폭행이나 수시로 가해진 언어폭력 등의 경우 모든 개별 행위의 발생 시간과 장소를 정확히 특정하는 것은 어렵습니다. 그러나 이 경우에도 기간과 횟수 등 가능한 범위에서 최대한 확인하는 것이 필요합니다.

4. 목격자, 증거확보방법, 분위기 등

당시 상황을 추가로 설명해줄 수 있는 목격자나 피해 사실을 아는 친구, 증거확보방법, 당시 분위기 등까지 확인하는 것이 좋습니다. 학교폭력 현장에 있었던 사람이나 같은 대화방에 참여한 사람, 동영상 등을 가지고 있는 학생, 현장 분위기 등은 추후 학교폭력 사안을 조사하고 판단하는데 큰 도움이 됩니다.

학교폭력을 신고하는 피해학생은 큰 용기를 내어 조심스럽게 말을 꺼냈기에, 경미한 사안으로 신고하냐고 비난하거나 피해를 정확히 입증하지 않으면 안된다는 식의 태도를 보여서는 안 될 것입니다.

Q&A 5 학교폭력으로 신고했지만, 취소하고 싶습니다. 가능한가요?

원칙적으로 학교폭력 신고 취소는 할 수 없습니다. 일단 신고된 학교폭력 사안은 정해진 절차에 따라 진행되고 종결되어야 합니다.

학교폭력으로 일단 신고가 되면, 학교폭력예방법 제20조에 따라 학교장 및 해당 학부모에게 통보되고 교육지원청까지 보고되며, 심의위원회 위원장에게는 회의를 소집해야 할 의무가 발생합니다. 오인신고임을 이유로 취소를 요청하더라도, 사안 조사를 거쳐 전담기구에서 오인신고 내용을 확인해야 하며 절차 개시 자체를 막을 수는 없습니다.

다만, 학교장 자체해결 사안에 해당하는 경우에는 피해학생과 그 보호자의 뜻에 따라 학교장 자체해결로 처리가 가능합니다.

학교에서 성폭력(성희롱 포함) 관련 학교폭력 사안을 인지한 경우, 수사기관에도 알려야 하나요?

즉시 수사기관(112, 117)에 신고하여야 합니다. 아동·청소년의 성보호에 관한 법률 제34조 제2항은 교육기관을 비롯하여 청소년관련 기관 및 시설 종사자에게 아동·청소년대상 성범죄에 대한 신고의무를 규정하고 있습니다. 만약 신고하지 아니하거나 거짓으로 신고한 경우에는 300만 원 이하의 과태료를 부과받게 됩니다.

특히 성희롱은 성범죄에 해당하지 않는다고 생각하여 신고하지 아니하는 경우도 있으나, 아동·청소년의 성보호에 관한 법률 제2조 제2호 라목은 아동복지법 제17조 제2호 '아동에게 음란한 행위를 시키거나 이를 매개하는 행위 또는 아동에게 성적 수치심을 주는 성희롱 등의 성적 학대행위'를 아동·청소년대상 성범죄로 규정하고 있으므로 신고하여야 합니다.

아동학대로 의심되는 사안이 접수되었을 때에는 어떻게 해야 하나요?

학교폭력으로 신고된 사안 중 아동학대 사안은 학교폭력 절차 대신 아동학대 업무처리로 진행할 수 있습니다. 이때에도 피해학생이나 보호자가 보호조치를 요청하면, 학교폭력 사안처리 절차에 따라 진행할 수 있습니다.

학교폭력이 학교와 수사기관에 각각 신고된 경우, 학교는 어떻게 해야 하나요?

학교폭력예방법은 형사법과 그 목적이나 취지가 다르므로 학교는 경찰 수사와 별도로 학교폭력 사안 신고를 접수하여 절차에 따른 사안처리를 진행해야 합니다.

접수한 학교폭력 사안은 48시간 이내에 교육청에 보고해야 합니다. 접수 보고서 양식에는 기본적인 보고 사안 항목이 기재되어 있습니다. 이 중 가장 중요한 부분은 사실확인 내용이며, 접수한 학교폭력 사안을 자세히 설명하여야 합니다.

접수 과정에서 정리한 신고 내용의 핵심요지를 맨 앞에 작성한 후, 학교폭력 유형이나 신고 내용에 따라 신고자의 진술을 가장 잘 표현할 수 있는 방법으로 서술하는 것이 좋습니다.

> ### 예시 1. 신고 내용을 행위 중심으로 정리한 유형
>
> □□중학교 3학년인 P가 노래방에서 같은 학교 2학년 학생인 V1, V2, V3를 상대로 폭행과 3만 원 상당의 금품갈취를 한 사안.
>
> - V1이 2025. 8. 23. 18:00경 ○○노래방에서 친구들과 놀던 중, P가 방으로 들어와 뺨을 때리고 발로 배를 걷어찼음.
> - 같은 날 V1과 함께 있던 V2와 V3도 P에게 2~3대씩 맞음.
> - P는 V1에게서 1만 원을, V2에게서는 2만 원을 갈취함.
> - 노래방 방안에 CCTV가 있었다고 함.

신고 내용이 복잡하고 문장을 만들기 어려울 때에는 다음과 같이 정리할 수 있습니다.

예시 2. 개별적으로 정리한 방식

가해학생 3명이 학기 초부터 같은 반 피해학생에게 따돌림, 언어폭력, 사이버 폭력을 가한 사안.

- 피해학생 : □□고등학교 2-5반 V
- 가해학생 : □□고등학교 2-5반 P1, P2, P3
- 발생일시 : 2025. 3월경부터 현재까지
- 피해내용 1. 따돌림 : P1, P2, P3는 학기 초 3월부터 V가 말만 하면 야유를 보내고, 말을 무시하며, 다른 친구들과 이야기하려고 하면 차단함.
- 피해내용 2. 언어폭력 : P1은 V에게 가까이 오면 죽여버린다고 협박함.
- 피해내용 3. 사이버폭력 : P1, P2, P3는 V를 카카오톡 단체방에 수시로 초대하여 욕설을 하고 나가지 못하게 함.

- 현재상황 : 피해학생 V는 극심한 스트레스로 정신과 치료를 받고 있으며, 거식증 등을 호소하고 있음. 형사고소를 고려 중이며, 가해학생들의 전학을 요청함.

위의 예시처럼 신고사실을 잘 전달할 수 있도록 서술하는 것이 중요합니다.

신고자·고발자 비밀누설 금지 의무

학교폭력예방법은 누구든지 학교폭력을 신고한 사람에게 그 신고행위를 이유로 불이익을 주어서는 아니 된다고 규정하여(학교폭력예방법 제20조 제5항), 학교폭력에 대한 자발적인 신고를 유도하고 있습니다.

　학교폭력을 직접 경험하거나 가장 가까이에서 목격하는 건 바로 학생들입니다. 그럼에도 학생들은 신고를 하지 않거나 주저하는 경향이 있는데, 이는 가해학생으로부터 보복을 당하거나 그동안의 피해사실이 알려지는 것에 대한 부담감과 두려움 등 때문입니다. 또한, 신고·접수되어 조사와 심의 등을 거치는 과정에서 신고 사실이 알려지는 것을 염려하거나, 어차피 신고해도 특별히 변하는 것이 없을 것이라는 체념으로 인해 적극적으로 신고하지 않는 경우도 있습니다. 따라서 학생들에게 신고자는 불이익을 받거나 자신이 신고한 사실이 절대로 외부로 누설되지 않는다는 신뢰를 주는 것이 매우 중요합니다.

　이를 위해 학교폭력의 예방 및 대책과 관련된 업무를 수행하거나 수행하였던 사람은 그 직무로 인하여 알게 된 비밀 또는 가해학생·피해학생 및 제20조에 따른 신고자·고발자와 관련된 자료를 누설하여서는 안됩니다(학교폭력예방법 제21조 제1항).

누설이 금지되는 비밀의 범위에 대해 학교폭력예방법 시행령은, ① 학교폭력 피해학생과 가해학생 개인 및 가족의 성명, 주민등록번호 및 주소 등 개인정보에 관한 사항, ② 학교폭력 피해학생과 가해학생에 대한 심의·의결과 관련된 개인별 발언 내용, ③ 그 밖에 외부로 누설될 경우 분쟁 당사자 간에 논란을 일으킬 우려가 있음이 명백한 사항으로 규정하고 있습니다.

　　학교폭력 신고 및 접수 단계에서 학교폭력 사실은 의무적으로 학교와 교육청은 물론 관련 학생의 보호자들에게 통보됩니다. 따라서 가장 활발하게 정보가 전파되는 상황에서는 신고자의 신원이 외부로 노출되지 않도록 각별히 주의해야 합니다. 특히 가해학생이나 그 보호자 중에는 신고된 내용보다 신고자가 누구인지를 찾는데 노력하는 사람도 있습니다. 이와 같은 사람들의 추측성 질문에 신고자를 알려주거나 신고자를 유추할 수 있는 정보를 제공하여서는 안 될 것입니다.

　　학교폭력예방법 제20조 제5항은 이러한 이유로 인해 신고한 사람에게 불이익을 주는 것을 금지하고 있으며, 같은 법 제22조에서는 관련 업무를 수행하거나 수행하였던 사람이 신고자나 고발자와 관련된 자료를 누설할 경우에는 1년 이하의 징역 또는 1천만 원 이하의 벌금에 처하도록 규정하고 있습니다.

가해자와 피해학생 분리조치

가해자와 피해학생의 분리조치는 말 그대로 가해자를 공간적으로 피해학생으로부터 분리하여 피해학생의 심리적 불안감을 해소하고, 2차 피해를 방지하며 고조된 학교폭력 갈등 상황을 완화하기 위한 제도입니다.

학교장은 학교폭력사건을 인지한 경우, 대통령령이 정하는 특별한 사정이 없으면 지체 없이 가해자(교사 포함)와 피해학생을 분리하여야 합니다 (학교폭력예방법 제16조 제1항). 그러나 ① 피해학생이 반대의사를 표명하는 경우, ② 가해자 또는 피해학생이 「학교안전사고 예방 및 보상에 관한 법률」 제2조 제4호에 따른 교육활동 중이 아닌 경우, ③ 이미 가해자와 피해학생이 분리된 경우에는 예외적으로 분리조치를 하지 않을 수 있습니다. 위 ②의 경우 실무상 방학 기간 중을 의미한다고 볼 수 있고, ③의 경우는 이미 가해학생에 대한 학교장 긴급 선도조치로 출석정지가 있을 때를 말한다고 이해하면 좋겠습니다. 그 밖에도 가해자와 피해학생이 서로 다른 학교에 소속된 경우나 가해학생이나 피해학생이 교외체험학습으로 등교하지 않는 경우와 같이 분리가 필요하지 않은 경우에도 분리조치를 하지 않을 수 있습니다.

학교는 분리 시행 전 관련 학생들에게 제도의 취지, 기간, 출결, 이후 사안처리 절차 등에 대해 충분한 설명을 해줘야 합니다. 분리조치는 분리방법 결정 시점으로부터 최대 7일 범위 내에서 실시하되, 법 제16조 제1항 또는 제17조 제5항 및 제6항에 따라 긴급조치가 시행되어 가해자와 피해학생이 분리된 경우에는 종료됩니다.

Q&A 9	가해자와 피해학생의 분리조치와 가해학생 선도를 위한 긴급조치와의 차이점은 무엇인가요?

가해학생 선도를 위한 긴급조치의 경우는 원칙적으로 학교장이 재량판단하여 실시할 수 있는 조치이나, 가해자와 피해학생의 분리조치는 피해학생 보호를 위하여 학교장이 학교폭력을 인지하면 피해학생의 의사를 확인하여 반대하지 않는다면 반드시 실시해야 하는 의무적 조치입니다.

Q&A 10	온라인 수업에서도 가해자와 피해학생의 분리조치를 해야 하나요?

원칙적으로 분리조치해야 합니다. 온라인수업은 공간적으로 분리되어 있는 상황이지만, 교육활동 중에 가해자의 모습을 보는 것만으로도 피해학생은 심리적 불안과 스트레스 등을 호소할 수 있으므로, 원칙적으로 실시간 쌍방향 원격수업의 경우에는 가해자와 피해학생의 분리 시행이 필요합니다. 다만, 개별적으로 콘텐츠를 수강하거나 과제를 수행하는 방식의 원격수업은 온라인 공간에서도 접촉이 없으므로 분리하지 않을 수 있습니다.

3부

사안 조사

학교폭력 사안 조사 일반론

학교폭력 사안 조사의 주체 및 과정

학교폭력예방법에 따르면 학교장이 학교폭력이 발생한 사실을 알게 된 경우 지체 없이 전담기구 또는 소속 교원으로 하여금 가해 및 피해 사실 여부를 확인하도록 한다고 규정하고 있습니다(학교폭력예방법 제14조 제4항).

'전담기구'는 통상 교감, 전문상담교사, 보건교사 및 책임교사(학교폭력문제를 담당하는 교사), 학부모로 구성되는데, 학교폭력 사안의 신속한 처리, 보안 유지의 필요성, 학생 및 학부모와의 소통 창구의 일원화 등 다양한 문제로 실무상 책임교사가 학교폭력 사안처리를 전체적으로 주도하게 됩니다. 그러나 위 규정에 따라 전담기구의 구성원이 아니더라도 '학교의 소속 교원' 역시 사안 조사를 할 수 있으므로, 관련 학생과 보호자에 대한 상담과 확인서의 작성 등은 기존의 유대 관계, 관련된 학생의 수를 고려하여 담임교사가 담당하게 되기도 합니다.

사안 조사에서는 관련 학생 및 보호자와의 상담과 학생 확인서의 작성 지도가 커다란 비중을 차지하기는 하나 이것이 전부는 아닙니다. 가해학생이 학교폭력 사실을 부인하거나 세부적인 진술 내용이 맞지 않는 경우가 많기 때문에 목격학생에게 사실을 확인하거나 학교 CCTV를 확인하는 등 다양한 방법으로 사안 조사를 진행해야 할 수 있습니다.

한편. 사안 조사 도중 피해학생의 보호나 가해학생에 대한 선도, 특히 관련 학생들 사이의 분리가 긴급한 경우, 심의위원회 개최 이전에 학교장이 긴급조치를 하게 됩니다(학교폭력예방법 제16조 제1항, 제17조 제4항, 제5항, 제6항).

학교폭력 사안 조사가 마무리된 후에는 사안 조사 보고서를 작성하며 이를 바탕으로 전담기구 회의를 개최합니다. 전담기구 회의에서는 발생한 학교폭력 사안에 대한 공유, 조사된 내용에 대한 설명을 비롯하여 특히 학교장의 자체해결 가능성에 관해 집중적으로 검토하게 됩니다.

이와 같은 사안 조사의 과정에서 학교는 다양한 어려움을 겪게 됩니다. 학교는 범죄를 수사하는 기관이 아니므로 발생한 사실관계를 조사함에 한계가 있습니다. 이 때문에 당사자인 학생에게 확인서를 작성하게 할 때 어떤 내용을 담아 작성하도록 지도해야 하는지, 그 과정에서 주의하여야 하는 점은 무엇인지 난감합니다. 또 관련 학생들의 진술이 일치하지 않는 경우가 비일비재하고, 보호자들이 사안 조사에 개입하여 문제를 제기하기도 하며, 관련 자료를 공개해달라는 요청을 할 때도 있습니다. 그 과정에서 발생한 갈등이 학부모의 '악성 민원'으로 이어지는 일도 많습니다.

2023년 교원의 교육활동 보호에 관한 이슈가 사회적으로 큰 관심을 받았던 만큼 2024년부터 학교폭력 사안 조사 과정이 대폭 변화되었습니다. 특히 학교폭력 사안 조사에 퇴직 교원 또는 경찰 등으로 구성된 '학교폭력 전담 조사관'이 담당·조력할 수 있게 하였고, 이에 따라 학교의 부담이 크게 경감될 것으로 기대되었습니다(학교폭력예방법 시행령 제11조). 시행 후 1년이 지난 현재 시점에서 학교 현장의 반응은 다소 갈립니다. 조사관의 조사

과정에서 교사의 동석이 필요하여 업무의 경감이 없었다거나, 오히려 조사가 지연된다는 의견, 조사관이 잘 알지 못하는 학생을 대상으로 사안을 파악하니 오해가 발생한다는 부정적 의견도 있습니다. 반면, 경험이 풍부한 조사관 덕분에 사안처리에 대한 신뢰가 생겼다거나 예전 같으면 학교로 제기되었을 조사 과정의 민원이 상당부분 해결되었다는 긍정적 의견도 적지 않습니다.

이러한 조사관 제도와는 별개로, 학교폭력 사안 조사는 학생에 대한 생활지도나 안전과 깊게 연관되어 있고, 학교폭력이 발생한 초기부터 학교폭력 전담 조사관의 개입이 이루어지기는 어려울 수 있으므로. 여전히 학교는 학교폭력 사안 조사에 관한 내용을 숙지하고 있을 필요가 있습니다.

이하에서 각 과정별로 상세하게 살펴보도록 하겠습니다.

관련 학생 면담 과정

가) 학생 면담 시간, 장소 선정의 주의점

학교폭력 상황에서는 피해학생과 가해학생 그리고 그 보호자 모두 격앙되거나 민감한 상태에 있을 가능성이 높습니다. 그 때문에 학교에서 이루어지는 사안 처리 과정의 일거수일투족을 문제 삼는 경우가 많습니다.

먼저 고민해보아야 할 것은 학생 면담의 시간과 장소입니다. 여기서 문제 되는 주요 포인트는 '학교폭력에 대한 비밀이 지켜지지 않았다'거나

'사안 조사로 인해 수업권이 침해되었다'는 부분입니다.

학교폭력에 관한 면담은 기본적으로 일대일을 원칙으로 합니다. 이는 면담에 집중하게 하고, 면담 과정에서의 대화 내용이 다른 학생에게 영향을 미치지 않게 하며, 진술의 비밀을 보장해주기 위해서입니다.

그러므로 피해학생과 가해학생의 진술이 일치하지 않는다며 대질하듯 한 장소에 모아서 면담을 진행하거나, 설령 같은 가해학생의 입장인 학생들이라도 그들 다수를 한곳에 대기하게 하는 것은 적절하지 않습니다. 가해학생들 역시 학생별로 입장이 다르고 서로의 행위에 대한 목격자의 위치에 있기 때문입니다.

또한, 가능하면 수업시간을 피하여 면담 시간을 정하는 것이 좋습니다. 수업에 참여하지 못하여 학습권이 침해된다고 하는 민원을 방지하고자 하는 목적도 있지만, 학생이 수업 중 자리를 비우게 되는 경우 같은 학급의 학생들이 이에 대해 궁금함을 표하여 학교폭력에 대한 비밀이 유지되기 어려울 수 있기 때문입니다. 이러한 비밀의 유지를 위해 장소의 선정에도 다른 학생들이 없는 상담실 등 별도의 공간을 이용하여 면담의 내용이 유출되지 않도록 주의해야 합니다.

학교에서 아무리 주의한다고 하더라도 학생들은 스스로가 학교폭력에 관한 내용을 외부로 퍼뜨리고 다니기도 하며, 관련 학생들의 분리 과정에서 불가피하게 학교폭력에 관한 사실이 공개되기도 합니다. 그렇다고 하더라도 학교 차원의 비밀유지를 위한 노력 자체를 게을리해서는 안 됩니다.

관련 학생이 다수라면 학생들의 면담을 신속하게 진행할 필요가 있습니다. 다른 학생들의 면담내용을 통해서 서로 말을 맞추는 등으로 사실관계 확인을 어렵게 할 수 있기 때문입니다.

결국, 비밀을 유지하며 학습권이 덜 침해되도록 신속하게 진행하라는 것인데, 이는 쉬운 일이 아닙니다. 특히 책임교사 혼자서 다수의 학생에 대한 상담을 진행하기는 어려울 수 있습니다. 이런 경우에는 관리자와 상의하여 사안의 내용을 담임교사, 상담교사 등과 공유하고 면담 등에서 그들의 지원을 요청하는 편이 좋습니다.

나) 학생 면담과 학생 확인서 작성 지도 방법

학교폭력 사안 처리 절차를 원만히 진행하기 위해서 그 면담내용과 진술을 담은 학생 확인서는 사실상 필수적인 서류입니다. 그러나 이러한 확인서에 어떤 내용이 담겨야 하는지에 대해서 학생은 물론 이를 지도하는 교사도 어려움을 느낄 수 있습니다.

일반적으로 피해학생에게 먼저 학생 확인서를 작성하도록 하는 것이 학교폭력 사안을 파악하는 데 도움이 됩니다. 이때는 발생한 학교폭력의 일시와 장소, 가해학생이 누구인지, 가해행위는 어떻게 이루어졌는지, 그로 인해 자신이 입은 피해가 어떤지에 관해 상세한 내용이 담기도록 지도합니다. 이때 일시와 장소가 정확하지 않더라도 되도록 최소한의 특정, 예컨대 '2025년 3월 초', 'ㅇㅇ아파트 인근 골목' 등으로 작성하고 다수의 학생이 관련되었다면 관련된 학생들 각자의 행위를 개별적으로 확인할 수 있도록 합니다.

다음으로 가해학생에게 학생 확인서를 작성하도록 할 때는 위와 같이 피해학생의 학생 확인서를 바탕으로 그 일시와 장소, 학교폭력에 대한 요점을 설명하며, 그에 대한 의견을 작성하도록 합니다.

학교폭력에 대한 가해학생의 주장 내용은 ① 피해학생 주장과 같은 학교폭력 사실이 있음, ② 피해학생 주장과 같은 학교폭력 사실이 전혀 없음, ③ 피해학생의 주장이 대체로 맞으나 다소 차이가 있음의 3가지 중 하나로 정리됩니다. 이를 기반으로 하여 위 3가지 중에서 어디에 해당하는지, 학교폭력 사실을 인정한다면 그러한 행동의 이유는 무엇인지, 학교폭력 사실을 부인한다면 피해학생의 신고 내용과 다른 부분이 어딘지, 본인의 주장에 대한 근거가 있는지 등이 확인될 수 있도록 학생 확인서의 작성을 지도합니다.

간혹 초등학교 저학년, 장애학생, 한국어 의사소통이 부족한 다문화 학생이 관련된 학교폭력 사안은 학생 확인서를 작성하는 일 자체가 불가능한 경우도 발생합니다. 이때에는 교사가 발언의 취지를 듣고 그 요지를 작성해주거나, 특수교육 전문가 혹은 보호자 등을 통하여 작성에 도움을 받을 수 있습니다.

다) 학생 확인서 작성 지도 시 유의 사항

학생 확인서 작성의 요령 등을 지도할 수는 있으나, 그 구체적인 내용에는 관여하지 않고 자유로운 의사로 작성할 수 있도록 합니다. 잘못을 변명으로 일관하는 학생의 태도에 화가 날 수도 있고, 학생들의 진술이 엇갈려 사실을 파악하기 어려워 답답한 마음이 드는 일도 빈번합니다. 그러나 작성된 내용이 사실과 달라 보인다고 내용을 폐기하고 다시 작성하도록 하거나 강압적인 태도로 작성을 요구하는 일은 없어야 합니다.

간혹 보호자가 이미 학생이 작성한 확인서의 기재 내용을 바꿔달라고 요청하는 일도 있습니다. 그런데 사건 초기 학생이 작성한 확인서가 실체에 가장 부합하는 경우가 많고, 이후 보호자 등이 학생의 진술에 영향을 미치기 시작하면서 그 내용이 오염된다면 그만큼 내용의 신뢰성이 떨어지게 됩니다. 따라서 학생이 작성한 확인서를 수정하겠다는 요청을 받아

주지 않는 것이 좋습니다. 이 경우 초기 확인서는 그대로 보관하고, 해당 확인서 외에 추가적인 내용의 확인서 혹은 의견서를 작성하도록 권하거나 부득이 기존 확인서에 추가내용을 기록하게 된 경우라면 추가 기재되었다는 사실과 기재 일시를 표시하여 이후 추가된 것임을 확인할 수 있게 합니다.

한편, 면담의 내용을 녹취하는 것도 가능하나, 녹취의 사유를 상대방에게 밝히고 상대방의 동의를 얻어 진행하는 것이 좋습니다. 동의 없는 녹취가 범죄가 되는 것은 아니고 학교폭력에 관한 증거로 사용함도 가능하나, 간혹 이러한 상담 과정의 녹음이 민원이나 갈등의 대상이 되는 일이 있기 때문입니다.

라) 보호자, 변호사 등의 면담 참여 요청에 대한 대응

최근에는 학생에 대한 면담과 학생 확인서 작성의 과정에서 보호자가 참석을 원한다거나 학생 측이 선임한 변호사가 동석하게 해달라는 요청이 있기도 합니다. 먼저 학교폭력 사안 조사 과정에서의 학생 면담과 학생 확인서 작성에 관해서는 법령상 특별한 규정이 없습니다.

따라서 보호자, 변호사의 상담 참여가 이루어지지 않았다고 하더라도 위법하다고 할 수는 없습니다.[1] 관련 학생들이 보호자, 변호사가 동석한 자리에서 사실대로 말하기 어려운 경우도 있을 수 있고, 동석자의 관여로 학생에 대한 상담이 어려워질 수 있으며, 조사 내용에 대한 이견 등으로 교사와의 다툼도 발생할 수 있습니다. 이와 같은 참여가 부적절하다고 판단한 이유를 설명하며 거절할 수 있습니다.

---

1) 대구지방법원 2018. 7. 4. 선고 2017구합23959 판결 참조

물론 참여를 허용하는 것도 가능합니다. 대신 면담 과정에서 개입을 자제하도록 발언에 제한을 둘 수도 있습니다. 만일 이들의 관여로 원만한 상담이 불가능해 보인다면 차라리 학생 확인서나 의견서 등을 가정에서 작성하여 제출하도록 하는 방법을 고려해 볼 수 있습니다.

보호자와의 면담

학생 대부분은 미성년자이므로 보호자가 사안 조사 절차에 개입할 수밖에 없습니다. 학교폭력예방법은 일관되게 '보호자'라는 용어를 사용하고 있는데, 그 개념이 명확하지 않아 어려움을 겪는 일도 생깁니다.

예컨대 학생에 대한 친권이나 양육권과 같은 법적인 권리는 없지만 실제로는 조부모가 양육하고 있는 경우, 부모가 이혼하여 일방이 학생을 양육하는 경우, 부모의 맞벌이로 함께 사는 삼촌이나 이모가 학생과 밀접하게 지내는 경우 등에는 이들을 보호자로 인정하면 될 것인지, 아니면 학생의 법정대리인, 후견인 등 법률상의 보호 감독 의무자로 한정하여야 할 것인지 고민될 수 있습니다.

교육기본법은 보호자에 대해 '부모 등 보호자는'이라고 규정하고 있으므로 보호자가 반드시 부모일 것을 요구하지는 않다고 보아야 할 것이고 (교육기본법 제13조 제1항), 학교폭력예방법이 피해학생의 보호, 가해학생의 선도·교육을 목적으로 하는 점(학교폭력예방법 제1조)에 비추어 실질적으로 학생의 곁에서 양육을 책임지고 있는 자를 의미한다고 보는 것이 합당합니다.

한편, 학교폭력예방법은 보호자가 요청하면 심의위원회를 반드시 개최

해야 하고, 학교장 자체해결 과정에서도 보호자의 의사를 반영해야 하는 등 사안처리 절차에서 보호자의 의견을 매우 중요하게 취급하고 있습니다. 그 때문에 학생 한 명의 보호자가 다수일 경우, 업무 담당자로서는 같은 설명을 수차례 반복하여야 하는 불편을 겪게 되고, 특히 보호자 사이의 의견조차 일치하지 않는다면 학교가 사안처리 과정에서 난항을 겪게 됩니다. 이러한 때를 대비하여 보호자들에게 의사전달의 통로를 단일화해 달라고 요청할 필요가 있습니다.

일반적인 보호자 확인서 양식은 「학교폭력 사안처리 가이드북」에 첨부되어 있는데, 현재 자녀의 상태나 교우관계, 현재까지의 보호자 조치, 보호자의 심정 등을 묻는 내용이 포함되어 있습니다. 학교폭력 사안에 관하여 직접적인 경험자는 학생이지 보호자가 아니므로, 학교폭력에 대한 사실관계가 아닌 보호자로서의 입장을 묻는 것으로 한정하고 있습니다.

학교폭력 관련 증거자료의 수집

학교폭력에 관한 증거의 종류가 정해져 있지는 않습니다. 예컨대 학교에 설치된 CCTV에 촬영된 영상, 학생들이 사적으로 촬영한 동영상이나 녹음한 음성파일, SNS 메신저의 대화 내용과 같은 객관적인 근거가 되는 자료들, 그 외에도 학교폭력을 목격한 학생들의 진술도 유용한 증거가 됩니다.

다만, 학교는 수사기관이 아니므로, 관련된 증거자료의 수집이 원만하지 않습니다. 특히 피·가해학생이나 보호자가 특정 학생이 학교폭력 장면을 목격하였으므로, 그 학생에 대한 목격학생 확인서를 받아달라는 때도 있고, 간혹 전수조사를 진행해달라는 등의 과도한 요구를 하는 일도 있습니다.

이에 대하여 판례는 이미 확보된 자료로 사실관계를 파악하기에 큰 어려움이 없는 경우까지 목격학생의 의견을 추가로 청취할 필요가 없고, 학교폭력예방법에 따르더라도 반드시 목격학생들의 진술 등 증거를 확보할 의무를 부담한다고 할 수 없다고 하였는바,[2] 피·가해학생 측의 무리한 요구까지 응할 필요는 없습니다.

목격학생의 확인서 등은 사안 조사 단계에서 피·가해학생 측에 제공되지는 않으나 이후 행정심판이나 소송 등의 과정에서 공개될 여지가 있고, 이에 따른 추가적인 분쟁의 발생 가능성이 상당합니다. 목격학생의 진술도 학생들과의 친분관계 등에 따라 객관성을 담보하기 어려울 수 있습니다. 간혹 목격학생들이 교원과의 면담 과정에서 알게 된 학교폭력 내용을 다른 학생들에게 퍼뜨리기도 합니다. 때문에 가해학생 측에서 학교폭력에 대한 사실관계를 인정하고 있거나 다른 객관적인 자료들로도 학교폭력 내용을 충분히 파악할 수 있다면 굳이 목격학생의 의견을 청취할 필요는 없습니다.

근래 SNS를 통한 사이버 학교폭력이 다수 발생하고 있습니다. 종종 피해 신고와 관련하여 교원이 학생들을 지도하면서 문제 된 발언 내용이 담긴 채팅방을 나가거나 메시지를 지우도록 하는 일이 있습니다. 그러나 사이버 학교폭력에서는 채팅방에서의 메시지가 주요한 증거자료가 되므로, 적어도 피해 내용을 캡처하는 등으로 보존하고 이를 학교에 제출할 수 있

---

2) 서울행정법원 2018. 5. 4. 선고 2017구합79097 판결 참조

도록 하여야 합니다.

한편, 학생들이 관련 학생들 몰래 촬영한 동영상이나 녹취 음성 등에 대해서 "불법으로 수집된 것이니 학교폭력에 대한 증거로 사용할 수 없는 것 아니냐"는 문의도 있습니다. 이를 '위법수집증거 배제의 원칙'이라고 부르는데, 수사기관이 보유한 권한을 남용하여 수집한 증거를 사용할 수 없도록 제한하는 취지로 형사 절차에서 적용되는 원칙입니다. 형사 절차와 그 목적이나 취지를 달리 하는 학교폭력 사안처리 과정에까지 확장하여 적용된다고 볼 수는 없으므로 이러한 자료들을 증거로 활용함에 특별한 제한이 있다고 할 수 없습니다.

특히 학교에 설치된 CCTV와 관련된 문의도 많습니다. 이에 대해서는 관련 학생 측에게 자료를 제공하는 문제와 밀접한 관련이 있으므로, 다른 항목에서 상세히 살펴보도록 하겠습니다.

학교폭력 전담 조사관

학교폭력예방법은 교육감이 학교폭력 예방과 사후조치를 위해 학교폭력 피해학생 상담 및 가해학생 조사, 가해학생 학부모 조사를 할 수 있다고 규정합니다(학교폭력예방법 제11조의2 제1항). 이에 근거하여 학교폭력예방법 시행령은 학교폭력 관련 조사·상담에 관한 업무의 수행을 위해 교육청에 전담부서를 두도록 하고 있고, 전담부서는 학교폭력 조사·상담 관련 전문가를 활용할 수 있다고 합니다(학교폭력예방법 시행령 제8조).

이러한 법적인 근거에 따라 교육청·교육지원청은 '학교폭력 제로센터'를 운영하고, 여기에 '학교폭력 전담 조사관'을 소속시켜 학교폭력 사안 조사 업무를 하도록 합니다(학교폭력예방법 제11조의2 제4항).

학교폭력 전담 조사관은 학교폭력이나 생활지도 업무의 경력이 있는 교원자격증 소지자 또는 퇴직 경찰, 청소년 전문가, 사안조사 유경력자 등으로 위촉됩니다.

학교폭력 전담 조사관의 주요 업무는 배정된 학교폭력 사안에 대해 학교를 방문하여 학생과 보호자를 면담하여 조사하고, 증거자료를 수집하며, 이를 토대로 한 '학교폭력 사안조사 보고서'를 작성하는 일입니다. 필요에 따라 학교폭력대책심의위원회에 참고인으로 참석하여 사안을 보고하고 의견을 진술할 수도 있습니다.

'학교폭력 전담 조사관 업무 매뉴얼' 등이 존재하기는 하지만, 이러한 일련의 처리 과정에 대한 명확한 지침을 담고 있지는 않습니다. 이는 전담 조사관의 판단에 따른 유연한 업무 처리에는 도움이 되겠으나, 통일적인 기준이 없다는 것은 그만큼 분쟁의 소지가 크다는 것을 의미하기도 합니다.

먼저 학교폭력 전담 조사관은 학생을 만나 상담하고 조사하게 되는데, 이 과정에서 교원이 동석해야 하는지 문제입니다. 학생은 학교에 소속되어 있고, 외부에서 온 학교폭력 전담 조사관을 만나게 되므로 안정감을 위해 동석이 필요하다는 의견, 학교폭력 전담 조사관의 위촉 과정에 전문성이 반영되므로 교원이 동석할 필요가 없고 동석은 교원의 업무를 가중하게 되어 제도의 취지에 반한다는 의견이 대립합니다.

학교폭력 전담 조사관의 조사과정에서 변호사의 동석 여부도 쟁점 중 하나입니다. 학교의 소속 학생에 대한 학교폭력 사안 조사는 상담이라는 학생 지도의 영역으로 이해되는 부분이 있었고, 이에 학교의 학생 면담 과정에서 변호사를 참여하게 해달라는 요구가 많지는 않았습니다. 그런데 학교폭력 전담 조사관은 학교에 소속된 사람도, 교원도 아닐뿐더러, 학교폭력 사안을 '조사'함이 명백한 사람이므로, 학교폭력 전담 조사관의 조사과정에서 변호사의 참여권을 보장해야 한다는 의견이 점차 설득력을 얻게 되었습니다. 최근에는 학교폭력 전담 조사관이 학생을 면담할 때 변호사 참여를 제한한 행위가 헌법에 위반된다고 다투는 헌법소원이 제기되기도 하였습니다.

다음으로는 모든 학교폭력 사안에 대해 학교폭력 전담 조사관이 파견되는 것이 옳은지에 대해서도 논란입니다. 초등학교 저학년의 사건, 극히 경미한 학교폭력 사안 등의 경우에는 기존과 같이 학교에서 해당 사안을 조사하여 처리하도록 하는 것이 교육적 목적에 합당하다는 의견도 적지 않습니다. 교육부도 여러 의견을 반영하여 「학교폭력 사안처리 가이드북」에서 학교장이 전담조사관을 요청할지 전담기구에서 자체 사안조사를 할지 선택할 수 있다고 안내하고 있습니다.

학교폭력 전담 조사관 제도가 도입된지 얼마 되지 않아 정리되지 않은 쟁점이 적지 않습니다. 구체적 사안에 따라서는 교육청이나 교육지원청별로 지역 상황에 맞게 방침을 정해야할 필요도 있습니다. 그렇다고 하더라도 학교폭력 전담 조사관 제도가 제대로 자리잡기 위해서는 어느 정도 통일된 기준이 필요합니다. 여러 쟁점들을 고려하여 통일된 기준이 수립되길 바랍니다.

한편, 이러한 학교폭력 전담 조사관 제도 도입 후 1년이 지난 현시점에서, 학교 현장은 긍정 평가와 부정 평가가 함께 있습니다. 학교폭력 사안처리에 도움이 되었다는 평가, 학교 현장의 업무 경감에는 도움이 되지 않았다는 평가로 나뉩니다. 학교폭력 전담 조사관이 있다고 하여 학교폭력 사안 처리 절차 자체가 간소화된 것은 아니므로 부정 평가의 의견도 근거가 있습니다. 그러나 결과적으로 교육청이나 교육지원청에서 주도하는 사안조사가 이루어지므로, 과거 학교에서 부담해야 했던 사안조사 관련 민원의 상당수를 교육청이나 교육지원청에서 소화하게 되었다는 점에서 긍정적인 면을 더 바라봐주셨으면 합니다.

학교장의 긴급조치

피해학생 보호를 위한 긴급조치

학교폭력예방법은 심의위원회의 개최 이전에도 학교장이 피해학생 보호를 위하여 학내외 전문가에 의한 심리상담 및 조언(제1호), 일시보호(제2호), 치료 및 치료를 위한 요양(제3호), 그 밖에 피해학생 보호를 위하여 필요한 조치(제6호)를 할 수 있도록 규정하고 있습니다. 이를 피해학생 보호를 위한 긴급조치라고 합니다.

실무에서는 일시보호(제2호)가 가장 많이 사용되는데, 특히 피해학생이 지속적인 학교폭력이나 보복을 당할 우려로 걱정하는 경우, 가정에서 보호하도록 조치하여 학교를 나오지 않더라도 출석으로 인정할 수 있도록 하기 위함입니다.

과거 학교폭력예방법은 피해학생이 부상을 입어 등교할 수 없더라도 치료 및 치료를 위한 요양(제3호)이 긴급조치에서 빠져있어 대응하기 어려웠습니다. 다행히 개정된 학교폭력예방법에서는 치료 및 치료를 위한 요양(제3호)이 긴급조치에 추가되었습니다.

피해학생 보호를 위한 긴급조치를 결정하면 심의위원회에 보고하는데, 이는 가해학생 선도를 위한 긴급조치와 달리 이후 심의위원회에서 추인받을 필요가 없습니다. 따라서 만약 심의위원회에서 심의한 학교폭력 사안에 대해 학교폭력으로 인정하기 어렵다는 결정을 내리더라도 이미 내려졌던 피해학생 보호를 위한 긴급조치는 유효하다고 보아야 할 것이며, 심의위원회의 결정 통지를 받은 이후에 긴급조치가 종료된다고 보아야 할 것입니다. 예를 들어 피해학생이 등교하지 않았으나 긴급조치를 근거로 출석을 인정해주었다면, 이후 심의위원회에서 학교폭력이 아니라는 결정을 내리더라도 이미 인정되었던 출석이 결석으로 처리되는 것은 아닙니다.

가해학생 선도를 위한 긴급조치

가) 가해학생 선도를 위한 긴급조치 일반론

학교폭력예방법의 개정으로 가해학생 선도를 위한 긴급조치 부분이 대폭 변경되었습니다. 가장 주목할 부분은 학교장이 학교폭력을 인지한 경우 지체 없이 피해학생 및 신고·고발 학생에 대한 접촉, 협박 및 보복행위의 금지(제2호) 조치를 하여야 한다는 부분입니다(학교폭력예방법 제17조 제4항). 이런 '하여야 한다.'라는 표현은 예외를 인정하지 않는 것이어서 접촉금지 조치는 의무가 되었습니다.

또한, 이러한 접촉금지 조치 외에도 학교장은 가해학생에 대한 선도가 긴급하다고 인정할 경우 가해학생에 대하여 피해학생에 대한 서면사과(제

1호), 학교에서의 봉사(제3호), 학내외 전문가, 교육감이 정한 기관에 의한 특별교육 또는 심리치료(제5호), 출석정지(제6호), 학급교체(제7호)를 긴급조치로 할 수 있도록 규정하고 있습니다(학교폭력예방법 제17조 제5항). 특히 과거 학교폭력예방법에서는 가해학생 선도를 위한 긴급조치에 학급교체(제7호)가 제외되어 있었는데, 최근 개정으로 가능하게 된 점을 반드시 숙지하여야 합니다.

실무상 가해학생 선도를 위한 긴급조치는 가해학생에 대한 징계를 신속하게 하기 위한 것이라기보다는 피해학생과의 격리를 목적으로 이루어지는 것이 대부분이기 때문에 출석정지(제6호), 학급교체(제7호) 조치가 주로 검토됩니다.

나) 출석정지(제6호), 학급교체(제7호)를 긴급조치로 결정할 때 고려할 사항

출석정지(제6호), 학급교체(제7호) 조치는 가해학생의 학습권, 학교에서의 생활과 직접적으로 연관됩니다. 그래서 학교폭력예방법 시행령은 출석정지와 학급교체의 긴급조치에 대해 다른 조치들과 달리 ① 2명 이상의 학생이 고의적·지속적으로 학교폭력을 행사한 경우나 ② 피해학생이 전치 2주 이상의 피해를 입은 경우, ③ 피해 신고나 제보 등에 대한 보복 목적으로 학교폭력을 가한 경우, ④ 그밖에 학교장이 피해학생을 보호해야 할 필요가 있다고 판단하는 경우, ⑤ 피해학생 및 그 보호자가 가해학생과의 분리를 요청하는 경우에 할 수 있다고 규정하고 있습니다(학교폭력예방법 시행령 제21조 제1항). 따라서 먼저 출석정지, 학급교체를 긴급조치로 결정하는 때에는 학교폭력 사안의 경중이나 피해학생의 상태 등을 고려하여 조치의 필요성을 검토해야 합니다.

한편, 결정을 할 때에는 해당 학생이나 보호자의 의견을 청취하여야 합니다(학교폭력예방법 시행령 제21조 제3항). 긴급한 필요로 내려지는 조치인 만큼 서면이나 등기우편 발송의 방식을 취할 필요는 없지만, 전화 등의 방식을 취하였을 때라면 연락한 시간, 학생 측의 의견을 긴급조치 보고서에 기재하여 절차를 준수했다는 자료를 보존합니다. 의견 청취는 말 그대로 학생 측에 의견을 개진할 기회를 줘야 한다는 것이지, 학생 측이 반대한다고 하여 조치를 내릴 수 없다는 것이 아닙니다.

만약 출석정지(제6호)를 결정한다면 그 기간을 어떻게 정해야 하는지 고민이 있을 것입니다. 학교폭력예방법 시행령은 이러한 기간을 정할 때 피해학생의 보호와 가해학생의 선도·교육에 필요한 사항을 종합적으로 고려한다는 내용만을 두고 있어 커다란 도움이 되지는 않습니다(학교폭력예방법 시행령 제21조 제2항). 이에 대해 학교에서 많이 참조하던 것이 초·중등교육법의 학생의 징계와 관련한 내용입니다. 초·중등교육법 시행령에서는 1회 10일 이내, 연간 30일 이내의 출석정지를 규정하고 있긴 합니다(초·중등교육법 시행령 제31조 제1항 제4호). 그러나 이는 어디까지나 초·중등교육법에 따른 징계와 관련된 것으로, 학교폭력예방법의 출석정지에 이와 같은 규정이 적용되는 것은 아닙니다. 헌법재판소 역시 학교폭력예방법에서 출석정지 기간의 상한을 두지 않은 것은 학습권을 침해한다고 보기 어렵다고 결정한 바 있습니다.[3] 따라서 10일이 넘는 출석정지 기간을 정하는 것도 가능합니다.

그러나 그간 학교 현장은 이러한 초·중등교육법과 학교폭력예방법 규정 차이로 출석정지 기간에 대한 혼란이 있었습니다. 개정 학교폭력예방

---

3) 헌법재판소 2019. 4. 11. 선고 2017헌바140, 141(병합) 전원재판부 결정 참조

법은 긴급조치로서의 출석정지 일수를 심의위원회 조치결정시까지로 정할 수 있다고 명확히 하였습니다(학교폭력예방법 제17조 제7항).

다만, 출석정지 기간은 미인정결석으로 처리되고, 학생이 진급 또는 졸업하려면 연간 수업일수의 2/3 이상을 출석해야 하므로, 출석정지 일수를 정함에 있어서 이 역시 주요한 고려사항 중 하나가 될 것입니다.

다) 학교장 긴급조치와 심의위원회의 추인

가해학생 선도를 위한 학교장 긴급조치는 심의위원회에서 추인받아야 합니다. 이는 피해학생 보호를 위한 학교장 긴급조치가 심의위원회에 보고만 이루어지면 되는 것과 차이가 있습니다.

예컨대 가해학생에 대하여 학교장 긴급조치로 출석정지 조치를 내렸으나, 심의위원회에서는 사회봉사 정도의 조치를 결정하고 출석정지 조치를 추인하지 않을 수도 있습니다. 출석정지는 가해학생에 대하여 상당히 높은 수위에 해당하는 조치이기에 이런 일이 생각보다 자주 발생합니다.

다만, 심의위원회에서 추인이 이루어지지 않는다고 하더라도 그것만으로 학교장 긴급조치가 위법하게 되는 것은 아닙니다. 긴급조치를 결정할 당시의 상황에서 피해학생을 보호하기 위하여 가해학생을 분리할 필요성 등이 인정될 수 있기 때문입니다.

한편, 심의위원회의 추인은 결정된 긴급조치 전체가 아닌 일부에 대해서만 이루어질 수도 있습니다. 예를 들어 출석정지 10일의 긴급조치 기간 중 5일만 추인하는 것도 가능합니다. 이때 추인되지 않은 부분에 대해서는 학교장의 허가를 받아 결석하는 경우로 보아 출석으로 인정할 수 있습니다.

학교폭력 전담기구

전담기구의 역할

전담기구는 학교폭력예방법에 근거한 학교폭력을 다루는 교내 법정 기구입니다. 전담기구는 학교별로 반드시 설치되어야 하며 학교폭력 사안이 발생했을 때 이에 대한 조사, 주기적으로 진행되는 학교폭력 실태조사, 학교폭력 예방 프로그램 등 교내 학교폭력과 관련된 주요한 사항들을 처리합니다. 특히 전담기구는 학교폭력 사안에 관하여 학교 내에서 종결할 수 있는 학교장 자체해결에 관한 심의를 담당하고 있는데, 이것이 가장 중요한 역할입니다(학교폭력예방법 제14조 제3항, 제4항, 제5항).

또한, 실무상 학교폭력 사안이 발생하면 책임교사의 주도하에 사안 조사가 이루어지는데, 전담기구는 이렇게 조사된 자료들을 학교의 관리자 등에게 공유하고 다수가 모여 해당 사안을 어떻게 처리할 것인지를 논의하는 공식적인 절차가 됩니다.

이 때문에 학교폭력 사안 해결에 어려움이 있다면 책임교사 혼자 고민하기보다는 전담기구에서 논의를 거치는 것이 타당하며, 특히 관련 학생 측의 이의나 민원이 예상되는 경우 더욱 필요합니다.

전담기구의 구성

학교폭력예방법은 전담기구의 구성원을 학교의 교원과 학부모로 하고 있고, 학부모 구성원은 전체 구성원 수의 1/3 이상이 되어야 한다고 규정하고 있으나(학교폭력예방법 제14조 제3항), 별도로 전담기구 구성원 수의 상한, 하한 기준을 정하고 있지 않습니다.

전담기구 구성원의 자격에 대해 학교폭력예방법은 '교감, 전문상담교사, 보건교사, 책임교사, 학부모 등'이라고 하고 있는데, 비록 '등'이라고는 하나 그 예시들이 모두 학교에 소속되었거나 관계된 자들로 되어 있어 외부의 학교전담경찰관이나 변호사, 의사 등은 구성원으로 하기 어려워 보입니다.

전체 구성원 수의 1/3 이상이 되는 학부모 구성원은 학교운영위원회에서 추천한 사람 중 학교장이 위촉하도록 하는 외에 다른 제한은 없으므로(학교폭력예방법 시행령 제16조 제1항), 학교운영위원회의 위원이 아니라도 위촉될 수 있고, 학교운영위원회의 위원과 겸직하는 것도 가능합니다.

추천의 방법 역시 특별한 규정이 없어서 가정통신문을 통한 공고 등이 이루어질 필요는 없고, 투표 등의 과정도 필요치 않습니다. 과거 학교에서 학교폭력대책자치위원회를 운영하면서 학부모 위원의 선출과 관련한 법적 분쟁이 많았기에 전담기구의 학부모 구성원 위촉의 절차를 대폭 간소화한 것입니다.

한편, 자녀가 해당 학교의 학적을 잃으면 이를 기반으로 하는 학부모 구성원 역시 그 자격을 잃게 됩니다. 이로 인해 학생들의 졸업 시기인 2월부터 새로운 구성원을 뽑게 되는 3월까지는 전담기구 학부모 위원 구성원의 1/3이 유지되기 어려운 일도 있습니다.

이는 입학 예정 학생 학부모의 경우에도 마찬가지입니다. 학교에 소속될 것이 예정은 되어 있으나, 현재 학생이 재학 중이 아닌 1, 2월에는 입학예정 학생 학부모가 전담기구 구성원이 되지 못하는 문제가 생깁니다.

위와 같은 때에는 우선 학부모 구성원 1/3 이상 충족 기준에 맞추어교원 구성원을 해촉하는 방법을 고려할 수 있습니다. 앞서 설명한 바와 같이 전담기구 구성원의 최소 인원이 정해져 있지 않기에 충분히 가능한 방법입니다. 이후 학부모 구성원의 위촉 과정을 끝낸 뒤 학부모, 교원 구성원의 수를 모두 늘리는 방법으로 변경할 수 있을 것입니다.

전담기구의 운영

전담기구의 운영에 관하여는 학부모 구성원의 수가 전담기구 구성원의 1/3이 되어야 한다는 것, 전담기구 구성원이 되는 학부모를 학교운영위원회에서 추천하여 학교장이 위촉한다는 것 외에 법령에서 정한 특별한 제한이 없습니다(학교폭력예방법 제14조 제3항, 제9항, 같은 법 시행령 제16조 제1항).

오히려 법령은 전담기구의 운영에 필요한 사항을 학교의 장이 정한다고 하여 전담기구의 운영을 개별 학교별로 유연하게 결정할 수 있도록 하였습니다. 따라서 구성원의 숫자, 임기, 학기가 진행되는 도중의 구성원을 추가하거나 변경하는 내용 등도 학교장이 정하게 되어 있습니다.

이러한 전담기구 운영계획을 학교규정에 포함할 수도 있겠으나, 학교

규정의 제·개정 절차가 따로 정해져 있는 등 복잡하고, 운영계획을 수시로 변경할 필요가 있다는 점을 고려하면 학교규정과 별개의 운영계획을 마련하는 것이 좋습니다.

전담기구 구성원들 사이의 일반적인 소통에 항상 회의의 개최와 같은 특별한 절차가 필요한 것은 아닙니다. 그러나 학교장 자체해결 여부와 심의위원회 개최를 요청하는 마지막 전담기구 회의를 개최하기 위해서는 개최를 위한 내부결재가 필요하고, 회의를 마치면 그 심의 결과 보고서를 작성합니다.

전담기구 회의는 구성원들의 논의 과정이므로 관련 학생 측을 참석시킬 필요는 없으나, 만약 이들이 참석을 원하는 경우 전담기구 구성원들의 의사에 따라 협의를 거쳐 의견진술을 위해 참석할 수 있도록 하는 것도 가능합니다.

전담기구 회의 개최, 안건의 의결을 위한 정족수 역시 학교장이 정하기 나름이지만, 구성원 과반수의 참석으로 개회하고, 출석한 구성원 과반수의 찬성으로 심의·의결하는 것이 일반적일 것입니다.

Q&A 11 | 전담기구 기구 회의 때 학부모 구성원이 1/3이상 참석해야 하나요?

학교폭력예방법은 전담기구를 구성할 때 학부모를 1/3 이상 두어야 한다고 규정하는 것으로, 개별 회의의 참석 인원에까지 그러한 제한을 두고 있는 것이 아닙니다. 따라서 학교장이 정한 개회 정족수를 넘는다면 학부모 구성원이 참석하지 않은 회의 역시 적법합니다.

예를 들어 학교폭력 사안이 성(性)과 관련되는 민감한 내용이라는 등 비밀의 유지가 특히 중요하다면 학부모 구성원 참석 없이 회의를 진행하는 것도 가능하겠습니다.

학교장 자체해결

학교장 자체해결의 취지와 근거 규정

학교장 자체해결은 경미한 학교폭력을 교육지원청의 심의위원회까지 거치지 않고 학교에서 종결하는 제도로, 학교폭력 사안의 신속한 해결을 위한 장치입니다. 교육부의 통계에 따르면 2022년 발생한 총 62,052건의 학교폭력 사안 중 약 60%에 달하는 38,450건이 학교장 자체해결을 통해 종결되었습니다. 이를 보더라도 학교폭력 사안 처리 절차에서 학교장 자체해결이 갖는 중요성을 확인할 수 있습니다.

이러한 학교장 자체해결은 학교폭력예방법에서의 공식적인 명칭으로 '학교의 장의 자체해결'로 불리는데, 그 구체적인 규정 내용은 다음과 같습니다.

제13조의2(학교의 장의 자체해결) ① 제13조제2항제4호 및 제5호에도 불구하고 다음 각 호에 모두 해당하는 경미한 학교폭력에 대하여 피해학생 및 그 보호자가 심의위원회의 개최를 원하지 아니하는 경우 학교의 장은 학교폭력사건을 자체적으로 해결할 수 있다. 이 경우 학교의 장은 지체 없이 이를 심의위원회에 보고하여야 한다.

1. 2주 이상의 신체적·정신적 치료가 필요한 진단서를 발급받지 않은 경우
2. 재산상 피해가 없는 경우 또는 재산상 피해가 즉각 복구되거나 복구 약속이 있는 경우
3. 학교폭력이 지속적이지 않은 경우
4. 학교폭력에 대한 신고, 진술, 자료제공 등에 대한 보복행위(정보통신망을 이용한 행위를 포함한다)가 아닌 경우

② 학교의 장은 제1항에 따라 사건을 해결하려는 경우 다음 각 호에 해당하는 절차를 모두 거쳐야 한다.

1. 피해학생과 그 보호자의 심의위원회 개최 요구 의사의 서면 확인
2. 학교폭력의 경중에 대한 제14조제3항에 따른 전담기구의 서면 확인 및 심의

학교장 자체해결의 요건

위와 같은 내용에 따르면 학교장 자체해결을 위해서는 ① 피해학생 측에서 심의위원회 개최를 원하지 않고, ② 피해학생에게 2주 이상의 치료가 필요하다는 진단서가 발급되지 않았어야 하며, ③ 재산상 피해가 없거나 즉각 복구, 혹은 피해 복구에 대한 약속이 있어야 하고, ④ 가해학생의 학교폭력이 지속적이지 않아야 하며, ⑤ 학교폭력이 신고나 제보 등에 대한 보복행위가 아니어야 합니다.

학교장 자체해결 관련 Q&A

Q&A
12 학교장 자체해결의 처리 기간인 21일이 지나면 자체해결이 불가능한가요?

「학교폭력 사안처리 가이드북」은 신고 접수 등 사건 인지 후 14일 이내에 사안 조사와 전담기구 심의를 거쳐 학교장 자체해결 여부 결정을 하여야 하고, 필요한 경우 7일 이내에서 연기할 수 있다고 설명하고 있습니다.

그런데 실무에서 학교폭력 관련 학생의 수가 다수인 경우 등 사안 조사조차 지연되는 경우가 자주 있어, 총 21일 이내에 학교장 자체해결 여부를 결정하지 못하는 경우가 발생하여 어려움을 표하는 예가 많습니다.

그러나 위와 같은 「학교폭력 사안처리 가이드북」의 내용에도 불구하고, 학교장 자체해결 절차의 처리 기간인 총 21일이 지나도 학교장 자체해결은 가능합니다. 가이드북의 내용은 학교폭력 사안을 최대한 신속하게 처리하여 분쟁을 종결하고 학교가 교육이라는 본연의 목적으로 신속히 돌아갈 수 있도록 하는 목적으로 마련된 것으로 법령에 별도의 근거를 두고 있는 것은 아닙니다.

따라서 부득이한 사유가 있다면, 총 21일이라는 기간을 넘었다고 하더라도 이와 같은 사안의 처리가 위법하거나 혹은 이로 인해 학교장 자체해결이 불가능한 것도 아닙니다. 오히려 복잡한 학교폭력 사안을 인지하였으나 21일이 지날 우려가 있다며 사안의 접수 자체를 늦춘다면 학교폭력을 은폐하려 하였다는 오해를 받게 될 수 있습니다.

그러므로 사안접수와 교육지원청에 대한 보고는 정상적으로 이행하되, 학교폭력 사안 접수보고서 혹은 사안 조사 보고서에 사안이 지체된 이유를 기재하도록 하고, 총 21일의 기간이 촉박해질 무렵 늦어지는 사유에 대해 내부결재를 남겨 근거를 마련하는 편이 좋습니다.

학교폭력 가해자의 신원이 불명이거나 성인일 경우에도 학교장
자체해결이 가능한가요?

학교장 자체해결은 학교폭력 사안의 종국적인 마무리 방법입니다. 이
때문에 학교폭력 가해자의 신원이 불명인 사안을 학교장 자체해결한다면 향후 가해
자가 학생으로 밝혀진다고 하더라도 가해학생에 대한 조치를 할 수 없게 되는 문제가
생깁니다.

또한, 「학교폭력 사안처리 가이드북」은 가해자가 학생이 아닌 사안은 학교장 자체
해결 대상 사안이 아니라고 하고 있어서 기본적으로 학교장 자체해결은 불가능하다
고 하고 있습니다. 이는 학교장 자체해결이 학교에서 학생들 사이에 화해와 사과를
바탕으로 이루어지는 해결 방법으로 보고, 가해자가 성인인 경우까지 통용하기 어렵
다는 고려에서 비롯된 것으로 보입니다.

이럴 때 피해학생이 학교폭력대책심의위원회의 개최를 원하지 않는다면 미개최
동의서를 받아 교육지원청에 보고하는 방법으로 종결하도록 합니다.

학교폭력이 아닌 것으로 보이는 사안인데 피해학생 측에서 학교장
자체해결에 동의하지 않는 경우에는 어떻게 처리해야 하나요?

예컨대 운동장에서 농구를 하다가 다친 학생 측에서 몸싸움의 상대방
학생을 학교폭력으로 신고하는 것과 같이 애초에 학교폭력으로 보기 어려운 사안들
이 학교폭력 사안으로 접수되기도 합니다. 그리고 이러한 사안에서 다친 학생 측은
계속하여 학교폭력을 주장하며 심의위원회의 개최를 요구하여 학교를 난감하게 할
때도 있습니다.

그런데, 어떠한 행위가 학교폭력에 해당하는지에 대해서는 학교장이나 전담기구
가 결정할 수 없으므로, 이를 그대로 종결하거나 학교장 자체해결을 하는 것은 불가
능합니다. 때문에, 결국 교육지원청에 심의위원회 개최를 요청해야 합니다. 이는 학교
장 자체해결의 기본적인 전제인 '피해학생 및 그 보호자가 심의위원회의 개최를 원하
지 아니하는 경우'라는 조건을 갖추지 못했기 때문입니다.

한편, 피해학생 측의 의사는 서면으로 제출되어야 합니다. 간혹 학교폭력 사안 접수 자체가 부당하다면서 학교장 자체해결을 위한 서류에 서명하지 않는 경우가 있는데, 학교폭력예방법에서 피해학생 측의 의사가 서면으로 확인되어야 한다고 명시하고 있으므로(학교폭력예방법 제13조의2 제2항 제1호) 이러한 때에 학교로서는 심의위원회 개최를 요청할 수밖에 없습니다.

Q&A 15 | 피해학생 측에서 이미 제출한 진단서를 회수하고 학교장 자체해결을 원한다면 어떻게 하나요?

학교폭력을 당해 병원을 방문하고, 병원에서 2주 이상의 치료가 필요하다는 진단서를 발급받으면 이를 학교에 학교폭력에 대한 증거로 제출하기도 합니다. 이때 진단서는 특별히 상해진단서를 요구하고 있지는 않습니다.

그런데 시간이 지나며 학생과 보호자들이 진정되고, 종국적으로 상대방과 화해를 하여 심의위원회의 개최를 원하지 않게 되는 일이 종종 있습니다. 이때 피해학생 측은 이미 학교에 제출한 진단서를 회수하고 학교장 자체해결을 해달라고 요구하기도 합니다.

하지만, 학교폭력예방법에서는 '진단서를 발급받지 않은 경우'라고 하고, 이러한 진단서 발급의 주체는 병원이며, 발급된 진단서를 학교로 제출할 것까지 요구하지는 않습니다. 따라서 피해학생 측에서 이미 진단서를 발급받았고, 이것을 학교에 제출하였다면 그 순간 학교는 피해학생 측이 병원에서 진단서를 발급받았음을 확인한 것이 됩니다. 때문에 이미 제출한 진단서를 회수한다고 하더라도 진단서가 발급된 사실 자체가 없던 일이 될 수는 없습니다.

이러한 일이 실무상 빈번하게 발생하기 때문에 「학교폭력 사안처리 가이드북」 역시 "피해학생 측이 학교에 진단서를 제출한 이후에 의사를 번복하여 진단서를 회수하여도 자체해결 요건은 충족하지 않은 것으로 판단"한다고 명시하고 있습니다.

학교장 자체해결의 요건 중 '재산상 피해가 없는 경우 또는 재산상 피해가 즉각 복구되거나 복구 약속이 있는 경우'에 대하여 '복구 약속'을 어떻게 학교에서 확인해야 하나요?

학교폭력예방법은 재산상 피해나 복구가 즉시 이루어지지 않았다고 하더라도 이에 대한 복구 약속이 있는 경우도 학교장 자체해결이 가능하다고 합니다.

따라서 당장 치료비, 훼손된 물건에 대한 변상이 이루어진 것이 아니라 하더라도 변상에 대한 약속이 있다면 학교장 자체해결이 가능합니다.

문제는 학교 현장에서 이러한 피해학생 측과 가해학생 측의 약속이 합의서 등 서면으로 이루어져야 하는지, 작성된 합의서를 학교에서도 보관하여야 하는지 등의 부분에서 어려움을 겪을 수 있다는 점에 있습니다.

피해학생 측과 가해학생 측의 재산상 피해를 복원한다는 약속은 일종의 계약인 것인데, 우리 법은 계약의 성립이 반드시 서면으로 이루어져야 할 것을 요구하지 않습니다. 따라서 피해 복원에 대한 합의가 양 당사자 사이에 구두로 이루어지는 것도 가능합니다.

다만, 적어도 지급될 금액, 지급할 시기 등 구체적인 합의의 내용을 확정하여야 향후 분쟁 발생을 예방할 수 있고, 학교에서도 이러한 약속이 존재함을 확인하여야 학교장 자체해결의 근거로 사용하게 되므로, 학교에서도 관련 자료를 갖춰야 할 필요가 있습니다. 특히 이러한 약속이 지켜지지 않는다면, 학교장 자체해결에도 불구하고 향후 심의위원회 개최 요청을 할 수 있는 예외적인 사유에 해당하게 되기 때문에 더욱 그러합니다.

따라서 피해학생 측과 가해학생 측이 합의서를 작성하였다면, 이를 학교에 제출하도록 하고, 만약 당사자들이 합의서의 작성을 어려워한다면 학교장 자체해결을 위해 필요한 관련 서류(예컨대 전담기구 심의결과 보고서)에 당사자, 지급하게 될 금액, 지급 방법, 합의에 이른 날짜를 기재하는 방식으로 합의의 성립과 관련된 내용을 남겨둘 수 있습니다.

Q&A 17	학교장 자체해결 요건 중 '학교폭력이 지속적이지 않은 경우'를 어떻게 판단하나요?

학교폭력예방법령을 전체적으로 살펴보면 학교장 자체해결의 요건인 지속성이란 기본적으로 가해학생이 해당 피해학생에 대하여 수차례에 걸쳐 학교폭력을 가하는 상황을 말하는 것으로 해석하는 것이 합당해 보입니다.

예컨대 한 명의 가해학생이 여러 명의 피해학생에게 학교폭력을 하는 경우는 지속적이라기보다는 가해학생에 대한 선도 가능성이 부족하다고 보고, 피해학생별로 요건을 검토하여 학교장 자체해결을 할 수 있습니다.

「학교폭력 사안처리 가이드북」을 살펴보아도 지속성 여부는 피해학생의 진술이 없을지라도 전담기구에서 보편적 기준을 통해 판단하라고 할 뿐 특별한 언급이 없는바, 전담기구의 심의만 거친다면 얼마든지 유연하게 판단할 수 있습니다.

전담기구에서는 학교폭력 사안의 내용이 2회 이상이면 무조건 지속적인 학교폭력이라고 보는 예가 많으나, 학교폭력 사안들 사이의 시간적 간격, 괴롭히려는 의도가 계속하여 발현된 것인지 혹은 단순히 우발적인 사안이 2회 이상 있었던 것인지, 이에 대한 피해학생 측의 의사는 어떠한지 등을 검토하여 결정할 수 있을 것입니다.

Q&A 18	쌍방이 학교폭력으로 신고한 사안의 학교장 자체해결이 가능한지요?

최근에는 일방이 먼저 학교폭력 신고를 하면 상대방 학생도 이에 맞대응하여 학교폭력 신고를 하는 일이 매우 빈번합니다.

쌍방이 학교폭력으로 신고한 사안은 서로가 가해학생이자 피해학생이 되는 두 가지 사안이 한 덩어리로 얽혀 있을 뿐이므로, 일방 학생 측이 심의위원회 개최를 원하지 않는다면 해당 학생이 피해학생이 되는 부분은 학교장 자체해결을 통하여 해결하고, 상대방 학생 측은 심의위원회의 개최를 원하여 그에 따라 한 명의 가해학생을 대상으로 하는 심의위원회를 개최할 수 있습니다.

그러나 한쪽이 심의위원회 개최를 요청하면, 상대방도 심의위원회 개최를 요청하는 것이 일반적이어서 현실적으로 학교장 자체해결이 어려운 경우가 더 많을 것입니다.

Q&A 19	요건이 갖추어졌다면 반드시 학교장 자체해결을 해야 하나요?

학교폭력을 자주 발생시키는 가해학생과 문제가 발생하였을 때, 피해학생은 보복이 두렵다거나 가해학생이 어차피 바뀌지 않을 것이라는 생각에 번거로움을 감수하고 싶지 않다는 이유로 학교장 자체해결을 원하는 경우가 있습니다. 그런데 학교의 입장에서는 가해학생에 대한 아무런 조치 없이 학교장 자체해결로 사안이 종결되면 가해학생에 대한 제대로 된 선도가 이루어지지 않아 또 다른 학교폭력의 발생을 걱정할 수 있습니다.

이런 때에는 학교장 자체해결의 요건을 갖추었다고 하더라도 학교에서 자체해결하지 않고 심의위원회의 개최를 요청할 수 있습니다. 학교장 자체해결에 관하여 학교폭력예방법은 "경미한 학교폭력의 경우 학교의 장은 학교폭력을 자체적으로 해결할 수 있다."라고 하는데(학교폭력예방법 제13조의2 제1항), 이러한 '할 수 있다.'라는 규정은 '해야 한다.'라는 규정과 다르게 재량의 여지가 있음을 표현하는 것이고, 학교장 자체해결 여부의 결정은 학교장의 권한이지 의무가 아니라는 것을 나타냅니다.

또한, 학교폭력예방법은 "학교의 장이 요청하는 경우 심의위원회를 소집하여야 한다."고 하므로(학교폭력예방법 제13조 제2항 제2호), 심의위원회 개최 요청을 반드시 피해학생의 보호자만 할 수 있는 것도 아닙니다.

따라서 학교장 자체해결의 요건을 모두 갖췄다고 하더라도, 피해학생의 보호나 가해학생의 선도가 반드시 필요하다고 생각되는 사안이라면 학교는 학교장 자체해결의 요건을 갖추었더라도 심의위원회의 개최를 요청할 수 있습니다.

Q&A 20	성(性) 관련 학교폭력 사안도 학교장 자체해결이 가능한가요?

성(性)과 관련한 학교폭력 사안에 대하여 학교로서는 민감하게 대응할 수밖에 없습니다. 또 학교에서 발생하는 성과 관련된 사안의 범위는 매우 넓습니다. 예컨대 성적인 의미의 욕설을 하는 등입니다.

학교폭력예방법 관련 규정이나 「학교폭력 사안처리 가이드북」 등 관련 지침에서도 학교폭력이 성과 관련되었다고 하여 반드시 심의위원회를 요청해야 한다는 내용은 없습니다. 따라서 성과 관련된 사안이라고 하여 무조건 학교장 자체해결이 불가능한 것은 아닙니다.

다만, 성과 관련된 사안은 전담기구 심의 과정에서 학교장 자체해결을 위한 조건을 충족하는지, 조건을 모두 충족하더라도 '경미한 학교폭력'에 해당한다고 볼 수 있는지에 대해 엄격한 검토를 거쳐 학교장 자체해결의 정당성을 마련할 필요가 있습니다.

언어적 성희롱이라면 발언의 수위, 그러한 발언을 하게 된 경위, 지속성·반복성을 가지고 이루어진 것인지, 피해학생의 정신적 피해 정도, 학생들 사이의 관계, 가해학생의 반성 정도 등 요소를 검토하여 경미한 수준으로 판단된다면 학교장 자체해결이 가능할 것입니다.

그러나 이러한 성희롱적 발언을 넘어 학생들 사이에 신체적 접촉이 포함된 성추행, 핸드폰을 이용한 신체 부위에 대한 사진 촬영 등의 경우에는 애초에 '경미한 학교폭력'으로 보기 어려워 학교장 자체해결이 곤란해 보입니다.

이때에는 설령 피해학생과 보호자가 수치심에 심의위원회 개최를 원하지 않는다고 하더라도 학교장 자체해결이 부적절할 수 있으며, 학교는 심의위원회 개최 요청은 물론 수사기관 신고 의무 역시 이행하여야 합니다.

Q&A 21 | 긴급조치를 한 경우에도 학교장 자체해결이 가능한가요?

학교폭력예방법에 따라 긴급조치를 하게 된 경우, 심의위원회에 즉시 보고하고, 가해학생에 대한 긴급조치는 추인을 받아야 한다고 하므로 학교장 자체해결이 불가능한 것이 아닌가 하는 의문이 생기게 됩니다.

이에 「학교폭력 사안처리 가이드북」에서는 "가해학생 긴급조치로 출석정지를 한 후에 학교장이 사안을 자체해결한 경우, 학교장은 긴급조치를 직권으로 취소하고 긴급조치로 인한 결석 기간을 기타 부득이한 사유로 학교장의 허가를 받아 결석하는 경우로 보아 결석 기간을 출석 기간으로 인정할 수 있다."라고 하여, 긴급조치가 있는 경우에도 학교장 자체해결이 가능함을 설명하고 있습니다.

가이드북에서는 가해학생의 출석정지에 대해서만 기재되어 있으나, 피해학생에 대한 긴급조치나 가해학생에 대한 출석정지 외의 조치들도 달리 볼 이유가 없으므로 그대로 적용할 수 있을 것입니다.

학교장 자체해결 이후 피해학생 측이 마음을 바꿔 심의위원회 개최를 요청하는 경우에는 어떻게 되나요?

　　　　학교장 자체해결 역시 학교폭력예방법에서 정한 공식적인 학교폭력 사안의 종결 방법이므로 이미 이루어진 학교장 자체해결 사안을 번복하여 심의위원회 개최를 요청할 수는 없는 것이 원칙입니다.

　다만, 예외적으로 학교장 자체해결 된 사안 중 가해학생 측이 피해학생 측에 발생한 재산상 손해를 복구하기로 약속하였다가, 이후 이러한 약속을 어기는 경우, 학교폭력 사안의 조사과정에서 확인되지 않았던 사실이 추가적으로 확인된 경우에는 심의위원회 개최를 요청할 수 있습니다.

　한편, 학교장 자체해결을 하였음에도 가해학생이 다시금 피해학생에게 학교폭력을 저지른 경우, 피해학생 측에서 학교장 자체해결을 번복하여 달라 요구하는 경우가 많으나, 이는 새롭게 발생한 학교폭력 사안을 접수하여 처리할 것이지 과거 종결된 사안을 번복할 수는 없습니다.

　그러나 사안 조사 보고서에 지속성 부분이나 가해학생 선도가능성 여부 등을 기재할 때 이러한 학교장 자체해결에도 불구하고 학교폭력을 발생시켰음을 기재할 수 있고, 피해학생 측에게도 가해학생의 조치를 결정할 때 과거 학교장 자체해결 사안까지 고려할 수 있도록 심의위원회에 전달하겠다는 안내를 할 수 있을 것입니다.

학교장 자체해결을 하면서 가해학생에 대한 특정 선도조건을 붙일 수 있나요?

　　　　다수의 학생이 주변에 있는 상황에서 학교폭력이 발생하였는데, 이후 이를 학교장 자체해결로 종결한다면, 학생들은 학교에서 학교폭력에 대한 사안처리를 적극적으로 하지 않았다며 오해할 수 있을 것입니다.

　이런 경우에는 학교장 자체해결을 하더라도 가해학생에 대하여 특정한 조건을 붙이는 것이 가능합니다. 다만, 선도조건이라는 표현은 학교폭력예방법의 조치나 초·중등교육법의 학생 징계를 말하는 것으로 오해할 수 있으니 이하에서는 '교육 프로그램'이라고 하겠습니다.

적용할 수 있는 교육 프로그램을 구체적으로 알아보면, 담당 교원이나 위클래스를 통한 상담, 교내·외 봉사활동 참여, 학생들 사이의 관계회복 프로그램 운영 등이 있습니다. 관련 학생들과 보호자의 의견을 참고하여 전담기구 심의과정에서 어떠한 교육 프로그램이 타당한지를 검토하면 됩니다.

다만, 이렇게 결정된 교육 프로그램은 심의위원회의 조치들과 달리 이를 강제할 수 있는 수단이 없고, 이행하지 않았다고 하여 학교장 자체해결을 무효화 할 수는 없으므로, 학교장 자체해결 이전 가해학생이나 보호자에 대한 상담을 통하여 교육적 차원에서 이루어지는 추가 조치의 필요성과 이를 이행하도록 가정에서도 관심을 가져달라는 설득이 필요할 것입니다.

한편, 학교폭력예방법은 학교폭력의 규제, 피해학생의 보호, 가해학생에 대한 조치에 있어서 학교폭력예방법을 우선하여 적용해야 하므로(제5조 제1항), 학교장 자체해결에 따른 가해학생 선도조치 결정을 위해 별도로 생활교육위원회에 회부하는 등 초·중등교육법에서 정한 징계 절차는 진행할 수 없다는 점을 유의해야 합니다.

Q&A 24 | 관련 학생들이 다른 학교 소속이고, 피해학생이 심의위원회 개최를 요청하는 경우, 가해학생 소속 학교에서 전담기구 심의를 생략해도 되나요?

피해학생 소속 학교의 전담기구에서 학교장 자체해결 대상이 아니라고 판단한다면 가해학생 학교의 전담기구에서는 학교장 자체해결을 하는 것은 애초에 불가능하므로, 학교장 자체해결을 검토하기 위한 전담기구 심의 역시 필요하지 않다고 생각할 수 있습니다. 이 때문에 가해학생 소속 학교에서는 학교장 자체해결을 위한 전담기구 심의를 생략할 수 있는지에 대한 문의가 많습니다.

그러나 「학교폭력 사안처리 가이드북」은 "학교폭력 관련 학생들의 소속학교가 다른 경우에 대하여 학교장 자체해결 여부는 피해학생 소속 학교의 전담기구에서 심의 후 해당 학교장이 결정하며, 가해학생 소속 학교에서는 피해학생 소속 학교의 결정을 따라 전담기구에서 심의한다."라고 하여, 가해학생 소속 학교에서도 전담기구 심의를 거칠 것을 요구하고 있습니다.

학교폭력예방법이 전담기구를 법정기구로 두고 있다는 점이나, 전담기구에 학부모를 1/3 이상 두도록 하는 점에 비추어보면 이렇게 발생한 학교폭력에 대하여 교내 구성원들이 사안을 공유하고 의견을 나누도록 하는 것이 법의 취지로 보입니다. 또한, 이렇게 전담기구 심의를 거쳐야 해당 학교폭력 사안을 주도하여 담당한 책임교사가 사안 조사 과정을 독단적으로 진행하였다는 등의 민원에도 대응할 수 있게 됩니다.

  그러므로 학교장 자체해결이 불가능해 보인다고 하더라도 전담기구 심의를 진행하는 것이 옳고, 전담기구 심의에서는 학교폭력 사안 조사 내용을 공유 및 정리하고, 학교장 자체해결이 불가능한 사유를 기재한 뒤, 교육지원청에 심의위원회 개최를 요청한다는 내용으로 심의 결과 보고서를 작성합니다.

Q&A 25 | 교육지원청에 심의위원회 개최를 요청한 후에도 학교장 자체해결을 할 수 있나요?

  「학교폭력 사안처리 가이드북」에서는 학교장 자체해결의 다른 요건들은 구비되었으나, 피해학생 측에서 자체해결에 동의하지 않아 심의위원회 개최가 요청되었고, 이후 피해학생 측이 마음을 바꿔 심의위원회 개최 요구를 취소해달라고 하는 경우, 관련 절차를 거쳐 심의위원회를 개최하지 않을 수 있다고 안내하고 있습니다.

  과거에는 이러한 요청 취소를 위하여 별도의 전담기구 심의를 여는 등으로 학교장 자체해결 절차를 다시 진행하고, 이후에 취소 요청을 하는 것이 일반적이었으나, '학교폭력대책심의위원회 개최 요구 취소 요청서'만을 제출하는 것으로 절차를 대폭 간소화하였습니다.

학교폭력 비밀유지 의무와
관련 자료의 제공

비밀누설금지 의무

학교폭력예방법은 "학교폭력과 관련한 업무를 수행하거나 수행하였던 사람은 그 직무로 인해 알게 된 비밀 또는 가해학생·피해학생 및 신고자·고발자와 관련된 자료를 누설하여서는 안된다. 이를 위반한 경우 1년 이하의 징역 또는 1천만 원 이하의 벌금에 처한다."고 규정합니다(학교폭력예방법 제21조 제1항, 제22조).

위 규정에 따르면 비밀누설금지의무를 지는 자는 학교폭력 업무의 담당자고, 사안의 당사자인 학생 측에게까지 적용되는 것은 아닙니다. 따라서 학교폭력 사안 조사 과정에서 학생과의 상담 내용을 해당 학생들이 퍼뜨리고 다니는 일이 법적으로 금지되는 것은 아닙니다. 그러나 이것이 발단되어 새로운 학교폭력 사안으로 나아가는 경우도 다수 있으니, 이러한 비밀누설금지의무를 지는 자인지를 떠나 학생들에게도 학교폭력에 관한 내용을 함부로 이야기하고 다녀서는 안된다는 것을 지도할 필요가 있습니다.

한편, '비밀'의 범위는 학생과 그 가족의 성명, 주민등록번호 및 주소와 같은 개인정보, 피해학생과 가해학생에 대한 심의 과정에서의 개인별 발언 내용, 그 밖에 외부로 누설될 경우 분쟁 당사자 간에 논란을 일으킬 우려가 있음이 명백한 사항을 말합니다(학교폭력예방법 시행령 제33조).

그런데, 관련 학생과 학부모에게 학교폭력 사안에 대한 설명 등이 필요하기에 이러한 비밀누설금지의무와 어떻게 균형을 이루도록 해야 할지 고민이 있을 것입니다.

학생 상담 과정과 비밀누설금지 의무

누설이란 비밀을 아직 모르는 사람에게 임의로 알려주는 행위를 의미합니다.[4] 여기서 말하는 '임의'란 구애됨 없이 마음대로 결정하는 것을 의미하므로, 법적인 의무의 이행이나 정당한 업무의 수행을 위하여 한정된 범위 내에서 권한이 있는 자에게 이를 알려주는 것까지 비밀의 누설이라고 할 수는 없습니다.

간혹 이러한 비밀누설금지의무의 범위를 지나치게 넓게 해석하여, 피해학생의 학교폭력 신고 내용에 대하여 가해학생에게 일절 알려주지 않으려는 경우도 있습니다. 그러나 가해학생으로서는 신고를 당한 입장에서 스스로를 방어할 수 있는 권리가 보장될 필요가 있고, 따라서 학교폭력 사안에 대한 피해학생, 일시, 장소, 어떠한 행동이 학교폭력으로 신고되었

---

4) 대법원 2021. 11. 25., 선고, 2021도2486, 판결 참조

는지를 알려주는 것이 비밀의 누설이라고 할 수는 없습니다.

다만, 가해학생 측에게 이러한 설명을 넘어 피해학생이나 목격학생 등이 작성한 학생확인서 등 문서를 그대로 제공해서는 안 됩니다. 교육부도 과거부터 이와 같은 입장을 취하고 있습니다. 2012년 학교폭력예방법 개정 후 교육부(당시 교육과학기술부)는 '학교폭력 처리 10계명'을 수립하며 "가해·피해학생과 목격자의 진술서 등은 당사자 보호를 위해 절대 공개해서는 안된다."라고 하였는데, 이는 관련 학부모가 진술서 내용 등에 불만을 품고 상대방 학생과 학부모에게 폭언이나 협박, 회유하려는 시도를 막기 위한 이유로 보입니다.

교육부는 이후에도 '학교폭력 사안대응 부적정 사례(2013. 2. 26.)'를 통해 가해학생의 진술서를 피해학생에게 열람·복사하여 제공한 사례에 대해서 "가해학생의 진술서는 가해학생에게 민·형사상 불리한 자료로써 활용될 수 있고, 사생활의 보호 측면에서도 보호될 필요가 있어 학교 측에서는 가해학생의 진술서를 피해학생 측에게 열람·복사하여 제공하여서는 안된다."고 명시하기도 하였습니다.

다만, 관련 학생 측 보호자가 자신의 자녀가 작성한 학생확인서의 제공을 요청하였을 때에는 보호자와 본인에게 복사나 열람하여 주는 등으로 제공하는 것은 가능합니다.

또 자주 문제 되는 것은 보호자의 연락처입니다. 사과나 화해를 위해, 혹은 치료비용의 부담 등에 대한 논의를 위해 상대방 보호자의 연락처를 학교로 문의하는 경우가 많습니다. 그런데 연락처는 개인정보이므로, 이런 요청이 있는 경우 우선 상대방 보호자에게 연락처 제공 요청이 있었음을 알리고 제공에 동의하는지를 문의한 후, 동의를 얻어 제공할 수 있을 것입니다. 만일 동의하지 않는다면 연락처를 제공해서는 안 됩니다.

학교폭력 내용이 담긴 CCTV

이미 학교 교내외에는 다수의 CCTV가 설치되어 있습니다. 이에 더하여 2023년 4월 발표된 정부의 학교폭력 근절 종합대책에서는 학교폭력 조기 감지체계 구축이라는 계획하에 교내 사각지대에서 발생하는 학교폭력을 신속하게 감지하기 위해 인공지능을 활용한 CCTV 설치 확대를 추진하겠다는 목표가 세워져 있습니다.

실무상 CCTV의 열람과 제공은 학교에서 가장 질문이 많은 부분입니다. 특히 학교폭력에 관한 내용을 학생 측에게 제공할 수 있는지, 그 절차는 어떻게 되는지에 대한 문의가 많습니다.

개인정보 보호법에 따르면 CCTV의 공식적인 명칭은 '고정형 영상정보처리기기'이며, 설치와 운영에 엄격한 제한을 받고(개인정보 보호법 제25조), 촬영된 영상 역시 개인정보 보호법에 따라 보호됩니다.

개인정보 보호법은 공공기관(사립학교 포함)이 법령 등에서 정하는 소관 업무의 수행을 위하여 불가피한 경우 개인정보를 수집하고 그 수집 목적의 범위에서 이용할 수 있다고 규정(개인정보 보호법 제15조 제1항 제3호)합니다. 또한, 이렇게 수집한 정보는 개인정보를 수집한 목적 범위에서 제3자에게 제공하는 것도 가능하다고 하고 있습니다(개인정보보호법 제17조 제1항).

학교는 별도로 CCTV 설치 운영 계획을 통하여 설치의 목적을 정하므로 다소간 차이가 있을 수 있으나, 대부분 안전사고나 학교폭력의 예방을 포함한 목적으로 CCTV가 설치되어 있습니다. 따라서 CCTV를 통해 학교에서 수집한 정보를 학교폭력예방법에 근거한 학교폭력 사안 조사 및 관련 학생의 가·피해상황에 대해 학부모에게 안내하기 위하여 사용하고 제공하는 것은 CCTV로 수집된 정보들의 수집 목적 범위의 이용과 제공에 해당하므로 적법합니다.

한편, 개인정보 보호법 외에도 공공기관이 보유하는 정보의 공개에 대해 규정하는 공공기관의 정보공개에 관한 법률(이하, '정보공개법'이라고 합니다)은 정보의 공개를 원칙으로 하고 있고(정보공개법 제3조), 보유한 정보 중 사생활의 비밀 또는 자유를 침해할 우려가 있다고 인정되는 정보의 경우라도 공개하는 것이 공익이나 개인의 권리 구제를 위하여 필요하다고 인정되는 정보는 공개할 수 있도록 하고 있습니다(정보공개법 제9조 제1항 제6호 다목). 따라서 CCTV 영상을 영상에 나오는 다른 사람들의 동의가 없더라도 심의위원회나 관련 학생 측에게 공개하는 것이 충분히 가능합니다.

물론 학교는 정보공개 청구를 한 학생 측 외에 다른 사람이 나온다는 점을 이유로 CCTV 영상 공개를 거부할 수도 있습니다. 학생 측 외에 다른 사람의 개인정보를 제3자에게 제공하는 것은 그들의 사생활을 침해할 수 있으므로 정보공개법에 따른 공개예외사유(정보공개법 제9조 제1항 제6호)에 해당하기 때문입니다.

이렇게 학교가 CCTV 영상을 제3자의 개인정보 보호라는 이유로 공개하지 않기로 하였을 때, 정보공개 청구를 한 학생 측은 다른 사람들을 모자이크하여 제공해달라며 요청하기도 합니다.

먼저 정보공개법은 공개 대상 정보에 비공개 대상 정보가 혼합되어 있으면 이를 분리할 수 있는 경우 분리하여 공개하여야 한다고 하므로(정보공개법 제14조), 모자이크 처리를 통해 요청 자료를 반드시 제공해야 하는 것으로 생각할 수 있을 것입니다.

그러나 대법원에서는 녹화된 영상이 자동적으로 모자이크 처리되는 것이 아니고 편집기술을 가진 자가 수동으로 모자이크 처리를 하는 것은 원본 자료를 편집하여 새로운 동영상을 '생성'하는 것이므로, 위에서 말하는 '분리'와 다르다는 취지로 판결하였습니다.[5] 즉, 모자이크를 통한 공개에 응할 의무까지는 없다는 것입니다.

물론 그렇다고 할지라도 학교에서 정보공개 청구자의 요청에 따라 모자이크 처리하여 제공하는 것도 가능하며, 이를 위해 소요된 비용은 실비의 범위에서 공개를 요청한 자가 부담하게 할 수도 있습니다(정보공개법 제17조 제1항).

위와 같은 CCTV에 관련한 내용을 숙지하였다고 하더라도 막상 흥분한 학생 측이 CCTV 영상을 제공해달라며 학교로 찾아왔을 때는 어떠한 절차에 따라 판단해야 하는지 어려움이 있을 수 있습니다.

이럴 때는 먼저 학교폭력 장면을 담은 CCTV 영상의 존재 여부 확인과 자녀 외에 다른 사람들이 촬영된 부분의 개인정보 보호 문제를 판단하는 절차가 있고, 이를 고려하여 공개·비공개 여부가 결정된다는 것을 설명한 후, 행정실에 비치된 정보공개청구서(정보공개법 시행규칙 [별지 제1호의2 서식])를 작성하도록 안내합니다.

이때 정보공개청구서의 '청구내용' 부분에는 요청하는 CCTV의 설치장소, 확인하고 싶은 시간대와 상황, 요청하는 사유 등을 작성하도록 안내하고, 공개 방법은 열람·시청 부분을 선택하도록 권할 필요가 있습니다.

정보공개청구서가 접수되면 학교는 청구를 받은 날부터 10일 이내에 공개여부를 결정하여야 하고(부득이한 경우 10일 범위에서 연장), 판단 결과 공개로 결정한다면 그로부터 10일 이내에 공개일시, 공개장소 등을 명시하여 통지합니다. 만일 비공개로 결정한 때에는 비공개사유·불복방법 등을 명시하여 청구인에게 문서로 통지합니다.

---

5) 대법원 2014. 5. 29. 선고 2012두25729 판결 참조

수사기관 등과 법원의 자료제공 요청

/

피해학생 측은 학교폭력 신고 외에 별도의 법적 절차를 밟기도 합니다. 가장 대표적으로는 가해학생을 경찰에 신고하는 경우입니다.

학교폭력 사안처리는 학교폭력예방법에 규정된 피해학생의 보호와 가해학생의 선도·교육을 목적으로 하는 것으로, 형사 사건과는 그 목적과 취지가 다르므로 경찰 신고가 이루어졌다고 하여 학교폭력 사안처리 절차가 중단되지 않습니다.

대부분의 학교폭력 사안에서 학생이 학교에 출석하므로 상담과 학생확인서 작성 등이 빠르게 이루어지고, 학교라는 공간에서 자유롭게 작성한 초기 진술이 신뢰성 높기에 경찰에서도 관련 학생들의 진술서 등 관련 자료를 요청하는 일이 많습니다. 이때 학교는 경찰에 관련 자료를 제공해주어도 되는지 궁금해합니다.

수사기관에서 법원이 발급한 영장에 따라 제출을 요구한다면 이는 반드시 제공하여야 하나, 실무상 드문 예입니다. 일반적으로 수사기관은 공무소 기타 공사단체에 조회하여 필요한 사항의 보고를 요구할 수 있다는 형사소송법의 규정(형사소송법 제199조 제2항)에 의하여 자료제공을 요청해옵니다. 그런데 이 요청에 강제력이 있는 것은 아니어서 요청받은 기관이 의무적으로 자료를 제출하여야 하는 것은 아닙니다.

그러나 제출의무가 없다고 하더라도 자료 제출 요청에 따른 제공은 학교폭력에 관한 비밀을 임의로 누설하는 것이 아닐뿐더러, 오히려 관련된 학생들의 권리구제를 위해 필요할 수 있으므로 제출을 긍정적으로 검토하는 것이 좋습니다. 다만, 이때 공문을 통해 제출 요청을 해 달라고 요청하고, 해당 공문에 대한 답신에 첨부하여 관련 자료를 제공하는 편이 좋을 것입니다.

한편, 피해학생 측에서 가해학생 측에게 치료비나 위자료 등의 손해배상을 청구하기 위해 민사소송을 제기하는 경우도 있습니다. 이때, 피해학생 측으로서는 가해학생의 성명은 알더라도, 주민등록번호나 주소, 법정대리인인 보호자에 대한 정보를 알지 못하여 법원을 통해 학교로 '사실조회'를 보내 이러한 인적사항을 알려달라거나, '문서송부촉탁'을 통해 학교폭력과 관련된 자료를 제출할 것을 요청하기도 합니다.

이러한 법원의 사실조회나 문서송부촉탁에 대하여 불응하거나 허위로 회신하는 경우에 특별한 제재를 가하는 방법은 없습니다. 다만, 법원에서 계속하여 회신을 독촉하는 경우도 있고, 회신을 거듭 거부하는 경우에는 간혹 관련자를 증인으로 채택하는 경우도 있습니다. 이렇게 법원에 증인으로 채택되는 경우, 증인 소환에 응하지 않으면 과태료를 부과하는 방식(민사소송법 제311조)으로 간접적 강제가 이루어지기도 합니다.

개인정보 보호법에 따르면 수사기관의 수사, 법원의 재판 과정에서 필요한 자료를 각 기관에 제공하는 것은 개인정보를 수집한 목적 외로 제공하는 예외로 허용되므로, 당사자의 동의가 없더라도 제공할 수 있습니다(개인정보 보호법 제18조 제2항).

학교폭력 사안 조사 보고서
작성 방법

학교폭력 사안 조사 보고서의 중요성

2020년 3월 1일부터 개정된 학교폭력예방법의 시행에 따라 과거 각급 학교에서 진행되던 '학교폭력대책자치위원회'가 교육지원청의 '학교폭력대책심의위원회'로 변경 및 이관되었습니다.

이로써 학교는 어려움을 겪던 학폭위의 운영과 소송 등 불복절차에서 해방되었고, 심의위원들의 전문성이나 공정성 시비에서 벗어나는 등 장점이 많았습니다.

그러나 심의위원들은 학교폭력 사안의 관련 학생들을 심의위원회의 진행 과정에서 일회적으로 만날 뿐이고, 한정된 시간 내에 심의사안을 처리해야 하므로, 학교폭력 사안의 구체적인 경위나 평소 학생들의 태도, 학교현장의 특수성을 심의과정에서 파악하기는 그만큼 어려워졌습니다.

이러한 문제점을 보완하기 위해서 학교폭력 사안의 경위, 각 학생들의 주장 내용, 학생들의 선도가능성 등 다양한 내용을 담고 있는 학교폭력 사안 조사 보고서의 내실 있는 작성이 중요합니다. 그러나 「학교폭력 사안처리 가이드북」에 기재된 서식에서는 '육하원칙에 의거 구체적으로 기재', '시간의 흐름에 맞춰 구체적으로 기재' 등 추상적인 설명만이 담겨있어 아쉬움이 있고, 특히 다수 학생이 관련된 복잡한 학교폭력의 등장은 학교폭력 책임교사에게 학교폭력 사안 조사 보고서 작성에 대한 커다란 부담을 안겨줬습니다.

2024년 3월부터 학교폭력 전담 조사관 제도를 운영하고 있습니다. 학교폭력 전담 조사관의 위촉에 있어서 학교폭력이나 생활지도와 같은 업무 경력이 고려되므로, 교원이 작성하는 사안 조사 보고서에 비해 높은 수준의 내용이 담겨지길 기대하게 됩니다.

그러나 현재까지 어디에서도 학교폭력 사안 조사 보고서의 올바른 작성방법에 대한 구체적인 설명이 제시된 적은 없었습니다. 이에 이하에서 학교폭력 사안 조사 보고서의 작성 방법, 그러한 작성이 중요한 이유, 다수의 기재 예시를 모아 업무 담당자에 대한 직접적인 도움을 드리고자 합니다.

사안 개요 작성 방법

/

'사안 개요'는 학교폭력 사안 조사 보고서의 핵심에 해당하는 부분입니다. 심의위원회에서 심의할 내용과 범위 확정, 교육지원청 사안처리 담당자들의 사건 이해, 관련 학생과 보호자에 대한 통지가 이러한 '사안 개요'를 토대로 이루어지기 때문입니다.

특히 학교폭력예방법은 피해학생과 가해학생에게 조치를 결정하기 이전에 의견진술의 기회를 부여하여는 등 적정한 절차를 거쳐야 한다고 하는데(학교폭력예방법 제16조 제2항, 제17조 제5항), 이러한 적정한 절차에는 심의위원회를 개최하기 이전에 어떠한 내용으로 심의가 이루어지는지에 대한 구체적 사실(즉, 학교폭력의 일시, 장소, 관련 학생, 행위 내용 등이 특정된 사실)을 통지하는 것도 포함한다고 보아야 합니다.

이러한 중요성에도 불구하고, 최근 학교폭력의 경향이 학생 1:1의 사안보다는 1:다수, 다수:다수의 형태로 이루어지고, 그 유형 역시 다변화하고 있기에 이러한 '사안 개요'를 쓰는 일이 좀처럼 쉬운 일이 아니고, 처음부터 어떠한 방식으로 접근하여야 하는지에 어려움이 있을 것입니다.

이하에서 이해하기 쉽도록 육하원칙에 따라 담겨야 할 내용을 설명하고, 여러 참고할 예시를 들도록 하겠습니다.

한편, 피해학생의 주장과 가해학생의 주장이 상반되어 작성이 난감한 경우, 기본적으로 피해학생의 주장을 기반으로 하여 작성하고 가해학생의 주장은 '쟁점 사항'부분에서 확인될 수 있게 합니다.

가) 누가(Who) - 관련 학생들 사이의 관계가 확인되도록 작성합니다.

학교폭력 사안과 관련된 학생들이 같은 반에 소속된 학생들이라면, 학교생활을 하며 분쟁이 발생하였고 이 때문에 학교폭력까지 이어졌음을 예상할 수 있을 것입니다.

그런데 학원, 방과 후 수업과 같이 학생들이 다른 학교, 다른 학년 학생들과 접촉할 수 있고 사이버 학교폭력은 시간과 공간적인 제약이 없어서 다른 시·도 학생들이 관련된 학교폭력 사안도 있습니다.

때문에, 관련 학생들 사이에 직접적인 접점이 보이지 않는 경우에는 사안을 파악하는 첫 단계부터 어려움이 발생하게 되므로, 이를 방지하기 위해 학생들이 서로 어떻게 알게 되었는지에 관한 내용을 추가로 기재할 필요가 있습니다.

[사안 개요 기재 예시 1] 학생들 사이의 관계

사안 개요	**가해 관련 학생 P1은 서울 ㅇㅇ중학교 3학년 학생이고, P2는 인천 △△중학교 2학년 학생이다. 피해 관련 학생 V는 서울 ㅇㅇ중학교 2학년 학생이다. P1과 V는 함께 서울 ㅇㅇ중학교에 재학 중인 학생들이지만, 특별히 안면이 있는 사이는 아니다.** P2는 2025. 3. 11. 집에서 "□□온라인" 게임을 하던 도중 V와 시비가 붙게 되어 서로 채팅을 하다가 V가 ㅇㅇ중학교 2학년이라는 사실을 알게 되자, 인터넷을 통해 친분이 있던 ㅇㅇ중학교 3학년인 P1에게 "V의 버릇을 고쳐달라."고 하였다. 이에 P1은 다음날인 2025. 3. 12. 학교에서 V를 찾아가 "니가 P2에게 인터넷에서 욕을 했냐."면서 위압감을 주었다.

사안 개요	**가해 관련 학생 P는 ○○중학교 2학년에 재학 중이고, 피해 관련 학생 V는 △△중학교 1학년에 재학 중이다. 관련 학생들은 재학 중인 학교가 다르지만, □□초등학교의 선후배로 서로 이웃에 살며 과거부터 알고 지내던 사이이다.** P는 2025. 3. 5. ○○역 인근 ○○PC방에서 게임을 하던 V를 만나자 PC방 이용대금을 빌려달라며 1만 원을 빼앗았다.

나) 언제(When), 어디서(Where)

- 학교폭력 사안 발생 시점과 장소를 되도록 구체화합니다.

학교폭력 사안의 발생 시간과 장소를 기재하는 것은 해당 학교폭력 사안이 다루어지는 범위를 기재된 시간과 장소에서 있던 일로 한정하는 의미로, 학교폭력 사안 처리의 신속, 관련 학생들에게 실질적인 의견진술 기회를 보장하기 위해 중요합니다.

예를 들어 피해학생이 "가해학생이 수시로 때리고 괴롭혔다."라고 하여 이를 사안개요에 그대로 적는다면, 가해학생이 이를 제대로 반박할 수 없을뿐더러 반박하더라도 피해학생이 '그때 말고 다른 때'라고 하는 일이 반복될 수 있고, 결국 학교폭력 사안을 정상적으로 처리하는 일조차 어려워질 것입니다. 때문에, 학교폭력 사안의 발생 시점과 장소는 사안 개요에서 확인될 수 있도록 기재하여야 하고 되도록 구체적으로 작성할 필요가 있습니다.

물론 업무 담당자가 관련 학생들에게 발생한 사안의 구체적인 시간과 장소를 물어보아도 학생들은 "잘 기억나지 않는다."라고 하는 일이 대부분일 것이나, 그렇다고 기재 자체를 포기하는 것은 곤란합니다.

먼저 학교폭력 발생일과 관련하여 정확한 날짜를 기재할 필요는 없고, '2025. 3. 초순', '2025년 봄', '2025년 1학기 중간고사 이전' 등으로 확인되면 족하며, 시간 또한 '점심시간', '저녁 무렵', 3교시가 끝난 후 쉬는 시간' 등으로 표현할 수 있습니다.

장소와 관련해서도 마찬가지입니다. 구체적인 주소까지 확인할 필요는 없고, 'ㅇㅇ중학교 교문 앞', 'ㅇㅇ역 인근' 등으로 적으면 충분하고, 사이버 학교폭력의 경우 '카카오톡 단체 채팅방', '박ㅇㅇ의 페이스북 페이지' 등으로 기재할 수 있습니다.

[사안 개요 기재 예시 2] 학교폭력 사안의 발생 시점과 장소

사안 개요	가해 관련 학생 P는 ㅇㅇ중학교 2학년, 피해 관련 학생 V는 같은 중학교 1학년 학생이다. P는 **2025. 5. 중순경 오후 ㅁㅁ역 인근**에서 우연히 V를 만나자, 평소 V가 선배에게 인사를 하지 않는다는 이유로 그 자리에서 V의 뺨을 3대 때렸다.
사안 개요	가해 관련 학생 P는 ㅇㅇ중학교 1학년, 피해 관련 학생 V는 △△초등학교 6학년 학생이다. 관련 학생들은 현재 같은 학교에 재학 중인 것은 아니나, P가 △△초등학교를 졸업하였기에 초등학교 재학 중 V와 알고 지내던 사이이다. P는 **2025. 1학기 중 ㅇㅇ중학교 앞 PC방**에서 V를 만나자 음식을 사달라며 자신에게 발생한 식대와 PC방 이용요금을 대신 결제하도록 하였다.
사안 개요	관련 학생들은 ㅇㅇ고등학교 2학년에 재학 중으로 같은 반에 소속되어 있다. P는 **2025. 7. 3. V의 페이스북 페이지를 방문**하여, V가 올린 가족사진에 "역시 느그 엄마 닮아서 와꾸가 그 모양이었네ㅋㅋ"라는 내용의 댓글을 달았다.

다) 왜(Why) - 학교폭력 발생 동기를 고려해야 합니다.

돈을 뺏거나, 강제로 심부름(예를 들어 '빵셔틀')을 시키는 것과 같이 가해학생이 스스로의 이익을 위해 행동한 경우, 특별한 이유 없이 장난이라는 이유로 학교폭력을 한 경우와 같이 사안만 보더라도 그 동기가 명확하다면 생략되어도 좋습니다.

다만, 싸움이나 심한 수준의 욕설 등은 대부분 가해학생이 그러한 행동을 한 이유가 있고, 그러한 동기는 가해학생의 행동에 대한 조치를 가중하거나 감경할 요소가 되는 점에서 중요할 수 있습니다.

예를 들어 피해학생이 먼저 가해학생에게 욕설이나 비아냥을 하여 화가 난 가해학생이 피해학생을 때리게 된 경우에는 조치를 감경할 요소가 될 수 있고, 반대로 피해학생이 가해학생을 학교폭력으로 신고하자 이에 대한 보복으로 추가적인 학교폭력을 하였다면 조치를 가중할 요소가 될 수 있습니다.

[사안 개요 기재 예시 3] 학교폭력의 동기

사안 개요	관련 학생들은 ㅇㅇ중학교 1학년에 재학 중으로 같은 반에 소속되어 있다. P는 2025. 5. 8. **급식실 앞에서 줄을 서던 중 V가 새치기를 하였다는 이유**로 V를 밀치고 들고 있던 물병으로 V의 머리를 때렸다.
사안 개요	가해 관련 학생 P1, P2, P3, P4는 ㅇㅇ중학교 2학년에 재학 중이고, V는 △△중학교 1학년에 재학 중이다. P1은 **V가 과거 자신의 여자친구 SNS에 "너 예쁘다. 어디 학교야?"라는 등의 댓글을 달았다는 이유로 V를 손봐줘야 한다며, 자신의 친구인 P2, P3, P4에게 함께 V를 만나러 가자고** 하였다. V의 연락처를 알고 있는 P2는 2025. 6. 3. V에게 전화하여 당장 나오라고 하였고, 두려움을 느낀 V는 친구 2명을 불러 함께 약속 장소로 나갔다.

사안 개요	가해 관련 학생들은 ㅇㅇ고등학교 2학년에 재학 중으로, 같은 반에 소속되어 있다.
	P는 2025. 4. 8. 15:30경 ㅇㅇ고등학교 복도에서 A에 대한 학교폭력 사안의 목격학생으로 진술을 하려고 가던 V를 만나자 **자신에게 불리한 진술을 저지하기 위해** "선생한테 내 책임으로 돌리는 말 하면 뒤진다."라고 하였다.

라) 무엇을(What), 어떻게(How)

- 학교폭력의 방법을 구체적으로 기재합니다.

가해학생이 행한 학교폭력의 방법을 그 유형(폭행, 협박, 모욕, 금품갈취, 따돌림, 성추행 등)이 드러나도록 작성할 필요가 있고, 사안 개요 부분의 핵심이 됩니다.

예를 들어 폭행이라면 때린 부위, 횟수, 방법을 기재하고, 금품갈취라면 갈취한 횟수와 뺏은 금액도 확인할 필요가 있습니다. 앞서 설명했듯, 피해학생과 가해학생의 진술이 일치하지 않아 이 부분을 작성하기 어렵다면 (때린 횟수나 뺏은 금액의 차이 등) 기본적으로 피해학생의 신고 내용을 기반으로 작성하고 가해학생의 주장은 '쟁점 사안'에서 다루도록 합니다.

가해학생이나 피해학생이 다수일 때 작성의 어려움이 있을 수 있는데, 이때에는 각 가해학생들의 행동을 기준으로 작성하면 될 것인바, 아래의 기재 예시를 참조 바랍니다.

[사안 개요 기재 예시 4] 학교폭력의 방법 - 가해학생이 다수인 경우

사안 개요	가해 관련 학생 P1, P2, P3은 ㅇㅇ중학교 2학년에 재학 중이고, 피해 관련 학생 V는 같은 학교 1학년에 재학 중이다. **1. P1과 P2의 V에 대한 학교폭력** P1과 P2는 2025. 5. 8. 17:00경 학교 후배인 V가 평소 자신들을 불손하게 대한다는 이유로 학교 뒤편 분리수거장으로 불러내었다. **V가 도착하자 P1은 V에게 "선배가 우습지?"라며 손으로 V의 뺨을 3대 때리고 발을 걸어 넘어뜨렸으며, P2는 넘어진 V를 발로 수회 밟았다.** **2. P3의 V에 대한 학교폭력** P3는 친구들인 P1, P2가 V를 때렸다는 말을 듣고, 2025. 5. 9. 점심시간 학교 복도에서 **V를 만나자 "좀 덜 맞았는지 멀쩡하게 다니네? 좀 더 맞자."라며 V의 뒤통수를 손바닥으로 2회 때렸다.**

[사안 개요 기재 예시 5] 학교폭력의 방법 - 피해학생이 다수인 경우

사안 개요	가해 관련 학생 P는 ㅇㅇ중학교 2학년에 재학 중이고, 피해 관련 학생 V1, V2는 같은 학교 1학년에 재학 중이다. **1. P의 V1에 대한 학교폭력** P는 2025. 8. 6. 오후 이동수업을 위해 엘리베이터를 타던 중 엘리베이터에서 급하게 내리던 V1과 어깨가 부딪혔다. 이에 **화가 난 P는 V1이 사과함에도 들고 있던 교과서를 V1의 얼굴에 던지고, 발로 허리를 걷어찼다.** **2. P의 V2에 대한 학교폭력** P는 2025. 8. 14. 오전 V2이 소속된 1학년 2반 교실로 찾아와 **"내가 여자친구와 100일인데, 후배가 축하를 해줘야 하지 않냐."라며 V2에게서 2만 원을 빼앗았다.**

한편, 여러 차례 반복된 학교폭력이나 가해학생, 피해학생의 수가 다수여서 학교폭력의 방법에 대한 정리가 어렵다면 표를 이용하여 기재할 수

있습니다.

[사안 개요 기재 예시 6] 학교폭력의 방법 - 표를 이용하는 예

<table>
<tr>
<td rowspan="2">사안
개요</td>
<td colspan="6">관련 학생들은 ○○중학교 3학년 재학 중이다.

가해 관련 학생 P1, P2, P3은 2025. 4. 11. 저녁 ○○역 인근에서 피해 관련 학생 V1, V2를 우연히 만나게 되자 "만났으면 한판 붙어봐야지."라며 싸움을 걸었다. V1과 V2가 거절하자 P1은 V1에게 다가가 주먹으로 어깨를 치며, "왜 그렇게 쫄았어?"라고 하였다. P1, P2, P3는 인근 지하 주차장으로 V1, V2를 데려갔고, P1은 P3에게 주차장 입구에서 누가 오는지 망을 보게 한 후, P1은 V1과 P2는 V2와 서로 싸우자고 하며 먼저 때려보라고 하였다. V1과 V2가 여전히 거절하자 P1은 V1의 뺨을 때린 후 V2를 무릎 꿇게 하였고, P2는 이러한 장면을 구경하였다.

P1, P2, P3는 이때부터 2025. 8. 5.까지 4차례에 걸쳐 V1, V2를 때리고 금품을 빼앗는 등 다음 [학교폭력 사안정리표]와 같이 학교폭력을 행하였다.

[학교폭력 사안정리표]</td>
</tr>
<tr>
<td>순
번</td>
<td>일시</td>
<td>장소</td>
<td>가해
관련
학생</td>
<td>피해
관련
학생</td>
<td>사안 내용</td>
</tr>
<tr>
<td></td>
<td>1</td>
<td>2025.
4. 11.</td>
<td>○○역 인근
및 근처 지하
주차장</td>
<td>P1, P2,
P3</td>
<td>V1, V2</td>
<td>- 원치 않는 싸움을 걸며,
이를 V1, V2가 거절하자,
P1은 V1의 어깨를 때리고,
이후 지하주차장으로 데려감.

- P1은 V1, V2에게 P1, P2와
싸움을 하자고 하고, 이를
거절하자 V1의 뺨을 때리고,
V2를 무릎 꿇게 하였음.

- P2는 위 폭행 장면을 주변에서
구경하였고, P3는 P1의 지시에
따라 주차장 입구에서 망을
보았음.</td>
</tr>
</table>

2	2025. 7. 2.	○○역 인근 PC방	P1, P2	V1	- PC방에서 V1을 우연히 만난 P1, P2는 "저번처럼 맞고 싶지 않으면 우리들의 PC방 비용을 대신 내라."라고 하여 V1에게 P1, P2의 PC방 이용 대금을 대신 결제하도록 하였음.
3	2025. 7. 10.	페이스북 메신저	P1, P3	V1, V2	- P1은 V1에게 페이스북 메시지를 통해 "V2와 함께 20만 원을 만들어 와라."라는 메시지를 보냈음. - 이에 V1은 15만 원, V2는 5만 원을 P3의 계좌로 입금하였음. - P3는 받은 돈을 P1과 나누어 사용하였음.
4	2025. 8. 5.	3학년 1반 교실	P1, P2, P3	V2	- P1, P2, P3는 V2가 소속된 3학년 1반 교실에 찾아가 V2에게 "P3가 만만하다고 했다며? 한판 해볼까?"라고 시비를 걸고 V2가 그런 사실이 없다며 싸움을 피하자 P1과 P2는 V2의 양 팔을 잡고, P3는 V2의 얼굴을 때렸다.

마) 어떻게(How)의 확장 - 피해학생의 피해 정도를 확인합니다.

피해학생의 피해 정도는 가해학생의 행위로 피해학생이 입은 피해의 정도를 말하므로, 피해학생이 특별히 상병을 입은 것이 아니라면 보통 생략하는 경우가 많습니다.

다만, 만약 피해학생이 상해에 해당하는 피해를 입었고, 그에 해당하는 진단서를 제출한 경우, 이를 참고하여 치료에 요하는 시간과 다친 부위, 증상을 적을 수 있습니다.

[사안 개요 기재 예시 7] 피해학생의 피해 정도

사안 개요	관련 학생들은 ○○고등학교 1학년에 재학 중이다. 가해 관련 학생 P는 2025. 5. 20. 16:00경 2층 복도를 지나가던 중 V가 발을 걸어 넘어뜨리려는 장난을 걸어오자 화가나 들고 있던 리코더를 V의 얼굴에 던져 **V에게 약 2주간의 치료가 필요한 입술 찢어짐과 치아 흔들림 증상의 피해를 입혔다.**

바) 유형별 사안 개요 기재 예시

학교폭력예방법은 학교폭력의 유형들로 상해, 폭행, 감금, 협박, 약취·유인, 명예훼손·모욕, 공갈, 강요·강제적인 심부름 및 성폭력, 따돌림, 사이버폭력을 제시하고 있습니다.

물론 법원에서도 위 규정은 예시를 나열한 것일 뿐, 학교폭력이 이러한 행동에만 한정되는 것이 아니라고 하고 있으나,[6] 결국은 기본유형에 대한 이해가 선행되어야 할 것이니, 이하에서는 제시된 유형별로 몇 가지 기재 예시를 제공합니다.

---

6) 학교폭력예방법의 목적 등을 살펴볼 때, 학교폭력은 법에서 나열하고 있는 폭행, 명예훼손·모욕, 따돌림 등에 한정되지 않고 이와 유사하거나 동질한 행위로서 학생의 신체, 정신 또는 재산상 피해를 수반하는 모든 행위를 포함한다(서울행정법원 2014. 6. 20. 선고 2014구합250 판결).

[사안 개요 기재 예시 8] 학교폭력 기본유형별 기재 예시

(1) 상해 [7]

사안 개요	관련 학생들은 ㅇㅇ중학교 3학년에 재학 중이다. 가해 관련 학생 P는 2025. 5. 8. 하굣길에 ㅇㅇ중학교 인근 분식점에 들러 음식을 먹던 중, 피해 관련 학생 V가 P의 교복에 음식 국물을 튀겼다는 이유로 주먹과 발로 V를 수차례 때려 2주간의 치료가 필요한 타박상을 입혔다.

(2) 폭행

① 기본형

사안 개요	가해 관련 학생 P는 △△초등학교 6학년, 피해 관련 학생 V는 같은 초등학교 3학년에 재학 중으로, 관련 학생들은 같은 방과후학교 수업을 들으며 서로 알게 된 사이이다. P는 2025. 6. 20. 방과후학교 시간에 V가 수업에 집중하지 못하고 교실을 뛰어다닌다는 이유로 발로 V의 허벅지를 1회 걷어차 폭행하였다.

② 쌍방 폭행의 예

사안 개요	관련 학생들은 △△초등학교 5학년에 재학 중으로, 같은 반 소속이다. **1. P의 V에 대한 학교폭력** P는 2025. 7. 3. 하교 무렵 △△아파트 놀이터에서 V가 평소 친구들에게 자신에 대한 욕을 하고 다닌다는 이유로 그네를 타고 있던 V의 등을 밀어 그네에서 떨어져 바닥에 넘어지게 하였다. **2. V의 P에 대한 학교폭력 행위** V는 위와 같이 P가 자신의 등을 밀어 바닥에 넘어지게 하자, 이에 항의하며 P의 멱살을 잡아 넘어뜨리고, 등을 발로 여러 번 밟았다.

---

7) 폭행은 신체에 대한 불법적인 유형력의 행사를 말하고, 상해는 신체의 완전성을 훼손하거나 생리적 기능에 장애를 초래한 경우를 말합니다. 형사사건에서는 실무상 상해진단서가 제출된 경우를 상해로, 제출되지 않는 경우 폭행으로 적용하는 경우가 많이 있습니다. 그러나 학교폭력에 대해서도 이를 그대로 적용할 수는 없으므로, 진단서의 종류를 따지지 않고 일반진단서가 제출되었고, 그곳에 병명이 상세히 적혀있다면 상해의 기재 예시를 참고하여 작성하시길 권합니다.

사안 개요	관련 학생들은 △△중학교 2학년 재학 중이다.
	피·가해 관련 학생 P는 2025. 7. 3. 피·가해 관련 학생 V가 자신의 여자친구와 문자메시지를 하였다는 이유로 V가 소속된 2학년 3반 교실로 찾아가 V에게 시비를 걸다가 얼굴을 1회 때렸다.
	그러자 V 역시 P의 공격에 대응하여 P의 다리를 발로 3회 차고 넘어지게 한 뒤, P의 몸에 올라타 얼굴을 2회 때렸다.

(3) 감금

사안 개요	관련 학생들은 △△중학교 3학년 재학 중이다.
	가해 관련 학생 P는 2025. 8. 6. 14:50경 △△중학교 2층 남자화장실 1번 용변 칸에서 피해 관련 학생 V가 용변을 보는 것을 발견하고 문을 붙잡고 놓지 않아 15분간 V가 나오지 못하게 하였다.

(4) 협박

사안 개요	관련 학생들은 △△중학교 2학년에 재학 중인 학생이다.
	가해 관련 학생 P는 2025. 4. 16. 16:00경 △△중학교 3층 복도에서 P의 학교폭력에 관한 목격자인 피해 관련 학생 V에게 "혹시라도 내 일이 학교에 알려지면 니가 꼰지른 것으로 알 거고, 초등학교 다니는 네 동생이 무사하지 못할 거다."라고 하여 V를 협박하였다.

(5) 명예훼손·모욕

사안 개요	가해 관련 학생 P는 △△고등학교 2학년에 재학 중이고, 피해 관련 학생 V는 □□고등학교 2학년에 재학 중이다.
	P는 2025. 5. 15. 12:45경 V가 다니고 있는 □□고등학교 페이스북 '□□고등학교 대신 알려드립니다.' 페이지 관리자에게 "V는 애인이 있으면서도 남자에게 꼬리치고 다니는 게 취미인 애이니 □□고 남학생들 조심하세요.^^"라는 내용을 제보하여 위 페이지에 입력되게 함으로써 V의 명예를 훼손하였다.

사안 개요	관련 학생들은 △△초등학교 6학년에 재학 중으로 같은 반에 소속되어 있다.
	가해 관련 학생 P는 2025. 9. 10. 12:45경 같은 반인 6학년 3반 학생들 3명을 카카오톡 단체 채팅방에 초대하여 "V 돼지새끼, 병신."라고 하여 피해 관련 학생 V를 모욕하였다.

(6) 공갈(금품갈취)

사안 개요	가해 관련 학생 P1은 △△중학교 3학년에 재학 중이고, 가해 관련 학생 P2, P3은 □□중학교 2학년에 재학 중이다. 한편, 피해 관련 학생 V는 □□중학교 1학년에 재학 중이다.
	가해 관련 학생들은 같은 학교는 아니나 서로 동네 선후배로 어울리며 안면이 있는 사이이고, 가해 관련 학생 P2, P3는 피해 관련 학생 V와 같은 학교지만 특별히 알고 지내던 사이는 아니다.
	가해 관련 학생들은 2025. 8. 13. 저녁 ○○역 인근 PC방에서 게임을 하던 중, 같은 PC방에 있던 V를 발견하고 화장실로 불러 "형들 게임 좀 하게 돈을 좀 달라. 지나다니면서 얼굴을 좀 본 것 같은데 안주면 앞으로 피곤해지지 않겠냐."라고 하여 겁을 먹은 V에게 3만 원을 빼앗았다.

(7) 강요·강제적 심부름

① 강요

사안 개요	가해 관련 학생 P는 □□중학교 1학년에 재학 중이고, 피해 관련 학생 V1과 V2는 ○○초등학교 6학년에 재학 중이다.
	P는 ○○초등학교를 졸업하였고, V1, V2와 함께 초등학교에 다녀 서로 알고 지내던 사이이다.
	P는 2025. 5. 30. 저녁 ○○초등학교 인근 골목길에서 "이제 ○○초등학교 짱이던 내가 졸업했으니 너희들이 싸워 새로운 짱을 가려야 한다."라며 V1과 V2의 싸움을 강요하였다.

② 강제적 심부름

<table>
<tr><td rowspan="12">사안
개요</td><td colspan="4">관련 학생들은 □□고등학교 1학년 재학 중으로, 같은 반 소속이다.

가해 관련 학생 P는 2025. 6. 중순경 점심시간 □□고등학교 1학년 5반 교실에서 "오늘 점심 급식은 맛이 없는 것들만 나온다. 빵셔틀이 매점 가서 빵이랑 우유 좀 사 와라"라며 피해 관련 학생 V에게 강제적 심부름을 시켰다.

P는 이때부터 2025. 9. 30.까지 다음 [학교폭력 사안정리표]와 같이 약 3회에 걸쳐 위와 유사한 방법으로 V에게 강제적 심부름을 시켰다.

[학교폭력 사안정리표]</td></tr>
</table>

관련 학생들은 □□고등학교 1학년 재학 중으로, 같은 반 소속이다.

가해 관련 학생 P는 2025. 6. 중순경 점심시간 □□고등학교 1학년 5반 교실에서 "오늘 점심 급식은 맛이 없는 것들만 나온다. 빵셔틀이 매점 가서 빵이랑 우유 좀 사 와라"라며 피해 관련 학생 V에게 강제적 심부름을 시켰다.

P는 이때부터 2025. 9. 30.까지 다음 [학교폭력 사안정리표]와 같이 약 3회에 걸쳐 위와 유사한 방법으로 V에게 강제적 심부름을 시켰다.

[학교폭력 사안정리표]

순번	일시	장소	P의 V에 대한 학교폭력 방법
1	2025. 6. 중순경	□□고등학교 1학년 5반 교실	V에게 매점에서 빵과 우유를 사오도록 강제적 심부름을 시킴.
2	2025. 7. 말경	위와 같음	V에게 체육복을 가져오지 못했으니 다른 반에서 빌려오도록 강제적 심부름을 시킴.
3	2025. 9. 30.	위와 같음	V에게 자신의 가방을 대신 들고 집까지 따라오라며 강제적 심부름을 시킴.

(8) 성폭력

① 성희롱

사안 개요	관련 학생들은 △△중학교 2학년에 재학 중으로, 같은 반 소속이다.
	가해 관련 학생 P는 2025. 10. 17. 카카오톡 메시지를 통해서 피해 관련 학생 V에게 가슴 크기가 작다며 "너는 딸기우유도 안 먹었냐?", "만지면 커진다는데 내가 좀 만져줄까?"라고 하여 V에게 성적 수치심을 느끼게 하였다.

② 강제추행

사안 개요	관련 학생들은 △△중학교 2학년에 재학 중이다. 관련 학생들은 현재는 반이 다르지만, 이 사건 발생 당시인 1학년 때에는 같은 반에 소속되어 있었고, 최근까지 서로 사귀는 사이였다.
	가해 관련 학생 P는 2025. 12. 25. 저녁 ㅇㅇ백화점 근처 먹자골목에서 V의 의사에 반하여 강제로 입을 맞추고, V의 엉덩이를 손으로 쓰다듬었다.

③ 카메라 등 이용 촬영

사안 개요	관련 학생들은 △△중학교 1학년 같은 반에 재학 중인 학생이다.
	가해 관련 학생 P는 2025. 6. 5. 점심시간 △△중학교 1학년 3반 교실에서 피해 관련 학생 V가 엎드려 자는 중에 상의 뒤편이 올라가 맨살이 일부 드러난 것을 발견하고 V의 의사에 반하여 스마트폰을 이용하여 이를 촬영하였다.

(9) 따돌림[8]

<table>
<tr>
<td rowspan="12">사안
개요</td>
<td colspan="5">관련 학생들은 △△중학교 2학년에 재학 중인 학생이다. 관련 학생 중 일부는 같은 학급, 일부는 다른 학급에 소속되어 있지만 1학년 재학 중에는 모두 같은 학급에 소속되어 있었다.

가해 관련 학생 P1, P2, P3은 2025. 3. 중순경. △△중학교 1학년 3반 교실에서 피해 관련 학생 V가 SNS상에서 가해 관련 학생들에 대해 험담을 하였다는 이유로 "앞으로 학교생활 어렵게 해줄게. 기대해."라고 하는 등 그때부터 2025. 6. 20.까지 다음 [학교폭력정리표] 기재와 같이 반복적으로 V가 고통을 느끼도록 따돌렸다.

[학교폭력 사안정리표]</td>
</tr>
<tr>
<td>순번</td>
<td>가해 관련
학생</td>
<td>일시</td>
<td>장소</td>
<td>학교폭력방법</td>
</tr>
<tr>
<td>1</td>
<td>P1, P2, P3</td>
<td>2025. 3.
중순경</td>
<td>1학년 3반
교실</td>
<td>"앞으로 학교생활 어렵게
해줄게. 기대해."라고 말하여
위협감을 줌.</td>
</tr>
<tr>
<td>2</td>
<td>P1, P2</td>
<td>2025. 4.
말경</td>
<td>페이스북</td>
<td>P1은 "앞으로 우리 반에서 V랑
노는 새끼 눈에 띄면 알아서 해
ㅋㅋㅋ"라는 글을 게시하고,
P2는 "리얼 장난 아니니
조심해라^^"라는 댓글을 달아
V의 교우관계를 해침.</td>
</tr>
<tr>
<td>3</td>
<td>P2, P3</td>
<td>2025. 6.
20.</td>
<td>3층 화장실</td>
<td>V의 가방과 교과서, 필기구
등을 대변기에 버림.</td>
</tr>
</table>

---

8) 학교폭력예방법에 따른 "따돌림"이 성립하기 위해서는 가해학생이 2명 이상의 집단이어야 하며(집단성), 이들이 발생시킨 학교폭력이 지속적이거나 반복적으로 이루어졌어야(반복성) 합니다. 따라서 가해학생이 1명인 경우나 가해학생이 여러 명이라도 일회적으로 발생한 학교폭력은 따돌림에 해당하지 않습니다. 때문에 "따돌림"에는 폭행, 강제적 심부름, 모욕 등 복합적인 학교폭력이 얽혀 있을 가능성이 큽니다.

사안 경위 작성 방법

／

「학교폭력 사안처리 가이드북」에서는 사안 조사 보고서 양식에 '사안 경위'를 적는 칸을 만들어두고, "사안의 전후, 사안 접수, 전담기구 조사, 양측의 주장을 포함한 전체 사건 내용 등을 시간의 흐름에 맞춰 구체적으로 기재"라고 하고 있습니다.

이를 고려하여 '사안 경위' 부분은 학교폭력 사안의 인지와 접수 경위, 피해학생과 가해학생의 분리 의사 확인, 피해학생이 부상을 입은 경우 대처한 방법, 관할 교육지원청에 대한 보고, 긴급조치의 결정 여부, 관련 학생과 보호자에 대한 상담 일시와 내용, 보호자의 이의제기, 학교장 자체해결 검토 여부, 학교폭력에 대한 자료 수집 사항(예컨대 CCTV의 확보나 목격학생에 대한 확인) 등 학교폭력 사안에 대한 학교의 처리 과정을 시간 순서로 정리하는 것이 필요합니다.

[사안 경위 기재 예시]

사안 경위	● 2025. 4. 9. 13:50경 　- 2학년 2반 복도에서 같은 반 학생 사이에 다툼이 발생하였다는 학생들의 신고를 받아 해당 교실 방문. 　- P가 V를 폭행하고 있는 모습을 발견하고 즉각 제지하였음. 　- V의 부상 상태를 확인하고 양호실에 방문하게 하여 응급처치, 중한 부상은 아닌 것을 확인함. 　- 학생들의 보호자에게 유선 연락하여 학교폭력이 발생한 사실을 통보하고 이후 학생들에 대한 사실확인이 이루어질 것을 통보. 　- 특히 V에게 오후 수업 참여 의사를 묻자, 참여 의지를 보이고, V의 보호자 역시 수업에 계속 참여하는 것을 원함.

- 이에 오후 수업 담당 교사에게 P와 V학생의 상황을 알리고, P에게 쉬는 시간 교무실에 방문하도록 하여 추가적인 다툼이 발생하지 않도록 조치.

● **2025. 4. 9. 16:00경**
- 수업 종료 후 P와 간략한 상담을 진행하고, V는 귀가하도록 함.
- 학교폭력 사안 발생 장소인 복도 CCTV를 확인하여 다툼 장면이 기록되어 있는지를 확인함.
- 간략한 다툼 경위 등을 토대로 교감과 논의를 거쳐 학교폭력 사안으로 접수하고 교육지원청에 보고.

● **2025. 4. 10. 08:50경**
- V에 대한 간략한 면담과 P의 분리를 원하는지 문의하자 원한다고 하고 있어 가해자와 피해학생 분리 의사 확인서의 내용을 설명하고 서명하도록 함.
- 이후 P를 불러 V의 의사로 분리가 이루어져야 함을 안내하고, 상담실에서 대기토록 한 후, P의 보호자에게 연락, 분리가 이루어져야 함을 안내함.
- P의 보호자는 납득하지 못하나, 학생을 귀가하도록 하기를 원하여 P를 귀가 조치 하였음.
- 학교장, 교감과 상의를 통해 P를 2일간 가정에서 분리하도록 하고, 이를 P의 보호자에게 안내.

● **2025. 4. 10. 12:30경**
- 점심시간을 이용하여 V와 상담하고 학생 확인서를 작성하도록 지도함.
- V의 보호자에게 연락하여 P와의 분리 상황, 보호자 확인서 작성을 안내함.
- V의 보호자에게 학교장 자체해결 제도에 대해서도 안내하였으나 심의위원회의 개최를 원한다는 취지.

● **2025. 4. 14. 12:30경**
- 2일 간의 분리를 마치고 출석한 P를 점심시간을 이용하여 상담하고 학생 확인서를 작성하도록 지도함.
- P의 보호자에게 보호자 확인서 작성을 안내함.

● **2025. 4. 17.**
- 전담기구 회의를 개최.
- 학교장 자체해결의 요건은 갖추었으나, V측의 요청으로 심의위원회 개최를 요청하기로 하였음.

● **2025. 4. 18.**
- 사안 조사 보고서의 작성 및 심의위원회 개최 요청(예정).

쟁점 사안 작성 방법

가) 쟁점 사안 작성의 요점

학교폭력 사안은 주로 피해학생 측의 신고로 시작되고, 심의위원회 역시 대부분 피해학생 측의 요청에 따라 개최되므로 '사안 개요' 부분은 피해학생의 주장을 토대로 작성되게 됩니다. '쟁점 사안'은 이와 반대로 가해학생 측의 입장을 확인하는 것에 주안점을 두도록 합니다.

다만, 가해학생의 의견에 주안점을 둔다고 하더라도 쟁점이란 결국 '서로 다투는 중요한 점'을 말하므로, 가해학생의 입장에 대한 피해학생의 반박 등 추가적인 입장과 이에 대한 전체적인 의견이 있다면 이를 기재합니다.

쟁점 사안에 대한 학생들의 의견이 정리되었다면 표의 오른쪽 부분에는 그에 관한 의견을 확인할 수 있는 근거자료가 무엇인지를 작성합니다. 해당 학생의 의견을 담은 확인서나 진단서, 카카오톡 대화 내용 등이 제시될 수 있을 것입니다.

나) 주요 쟁점 작성 방법

사안 개요에 대한 가해학생 측의 입장은 결국 ① 사안 개요와 같은 학교폭력을 인정함, ② 사안 개요와 같은 학교폭력을 대체로 인정하나 세부적인 내용이 다름, ③ 사안 개요와 같은 학교폭력 사실을 완전히 인정할 수 없음의 3가지로 압축됩니다.

그러므로 주요 쟁점을 작성할 때에는 먼저 위의 3가지 경우 중 어떤 때에 해당하는지를 확인하고 작성하도록 합니다.

(1) [쟁점 사안 기재 예시 1] 가해학생 측 주장 작성 방법

① 가해학생 측이 사안 개요와 같은 학교폭력을 인정하는 경우

쟁점 사안	주요쟁점	P는 V에 대한 사안 개요와 같은 학교폭력을 모두 인정하고 깊이 반성하고 있어 특별한 쟁점 사항 없음.	근거자료
	피해 (관련) 학생의 주장 내용	V는 P가 사과했지만, 진실되지 않아 보여 P가 조치를 받았으면 좋겠다는 의견임.	V의 학생확인서 (2025. 5. 8.)
	가해 (관련) 학생의 주장 내용	P는 이미 V에게 사과를 하였고, 선처를 희망하고 있음.	P의 학생확인서 (2025. 5. 8.)

쟁점 사안	주요쟁점	P는 V에 대한 사안 개요와 같은 학교폭력은 인정하나, P가 먼저 도발한 사실을 감안하길 바라고 있음.	근거자료
	피해 (관련) 학생의 주장 내용	V는 P가 때렸던 것만 이야기할 뿐, 그 이유에 대해서는 말하지 않고 있음.	V의 학생확인서 (2025. 5. 12.)
	가해 (관련) 학생의 주장 내용	P는 V를 때리게 된 이유를 V가 가족에 대한 욕을 했기 때문이라고 함.	P의 학생확인서 (2025. 5. 12.)

② 가해학생 측이 사안 개요와 같은 학교폭력을 대체로 인정하나 세부적인 내용이
다르다고 하는 경우

쟁점사안	주요쟁점	P는 V를 주먹으로 3대 때린 사실은 인정하나, 넘어진 V를 발로 밟은 것은 아니라고 하고 있음.	근거자료
	피해 (관련) 학생의 주장 내용	V는 가슴, 등 부분에 멍이 들었다는 점에서 P가 발로 밟은 것은 사실이라고 하고 있음.	V의 학생확인서 (2025. 5. 12.) 진단서 (2025. 5. 2.)
	가해 (관련) 학생의 주장 내용	P는 V가 가슴, 등 부분을 다친 것은 다른 학생이 한 일이라고 하고 있음.	P의 학생확인서 (2025. 5. 12.)

쟁점사안	주요쟁점	P는 V에게 빼앗은 돈은 15만 원으로, 30만 원이 아니라고 하고 있음.	근거자료
	피해 (관련) 학생의 주장 내용	V는 P에게 빼앗긴 30만 원 중 15만 원은 본래 자신의 돈, 나머지 15만 원은 친구에게 빌린 돈이라고 하고 있어 30만 원이라고 하고 있음.	V의 학생확인서 (2025. 6. 5.)
	가해 (관련) 학생의 주장 내용	P는 5만 원씩 3회에 걸쳐 빼앗은 것이어서 15만 원이라고 하고 있음.	P의 학생확인서 (2025. 6. 11.)

③ 가해학생 측이 사안 개요와 같은 학교폭력 사실을 완전히 인정할 수 없다고 하는 경우

쟁점 사안	주요쟁점	P는 복도에서 V를 째려보거나 일부러 어깨를 부딪히는 행동을 한 사실이 없다고 하고 있음.	근거자료
	피해 (관련) 학생의 주장 내용	V는 P가 수시로 이러한 행동을 하고 있다고 하며, 다수의 목격 학생이 있다고 함.	V의 학생확인서 (2025. 7. 10.)
	가해 (관련) 학생의 주장 내용	P는 어깨를 부딪친 적은 있으나 일부러 그러한 사실이 없다는 취지임.	P의 학생확인서 (2025. 7. 11.)
	목격 학생의 진술	V와 P가 종종 만나는 경우가 있었으나, 특별히 다툼이 발생하는 일을 본 적은 없음	A의 학생확인서 (2025. 7. 15.)

쟁점 사안	주요쟁점	P는 V의 성기를 툭툭 치는 행동을 한 적은 있으나, 장난 정도였다고 하고 있음.	근거자료
	피해 (관련) 학생의 주장 내용	V는 계속해서 P에게 이러한 행동을 그만둘 것을 요구했으나, 지속적으로 이런 행동을 계속하였다고 하고 있음.	V의 학생확인서 (2025. 8. 5.)
	가해 (관련) 학생의 주장 내용	P는 학생들 사이에 있을 수 있는 장난 수준으로, V도 함께 같은 장난을 해왔다고 하고 있음.	P의 학생확인서 (2025. 8. 8.)
	목격 학생의 진술	사실 학생들 사이에 장난식으로 이런 행동을 자주 하긴 하였음. 다만, V는 유독 이러한 일을 싫어했음.	A의 학생확인서 (2025. 8. 12.)

위 기재 예시들은 가해학생이 한 명인 경우의 예시들로, 가해학생이 다수인 때에는 어떠한 순서로, 어디에 주안점을 두고 작성을 해야 하는지에 어려움이 있을 수 있습니다.

이럴 때, 먼저 가해학생들이 모두 학교폭력 사실을 부인하거나 또는 인정하는 상황이라면, 가해학생 중 가해의 정도 또는 학교폭력 가담의 수준이 높은 학생 순으로 정리를 하는 편이 좋습니다.

한편, 일부 학생들은 학교폭력 사실을 부인하고, 일부 학생들은 인정하는 상황이라면 학교폭력 사실을 부인하고 있는 학생을 먼저 기재하고, 다른 가해학생의 주장을 적을 때 학교폭력 사실을 부인하는 학생에 대한 내용까지 함께 기재하면 좋습니다.

(2) [쟁점 사안 기재 예시 2] 가해학생 측이 여러 명일 때의 작성 방법

쟁점 사안	주요쟁점 1	P1은 P2와 친하게 지내는 과정에서 V가 소외감을 느낄 수는 있더라도 고의로 따돌림을 가한 것은 아니라고 하고 있음.	근거자료
	피해 (관련) 학생의 주장 내용	V는 P1, P2와 셋이 친하게 지내던 과정에서 P1의 이간질로 P2와의 사이도 멀어지고, 투명인간 취급하여 따돌림을 가했다고 하고 있음.	V의 학생확인서 (2025. 9. 9.)
	가해 (관련) 학생 P1의 주장 내용	P1은 V의 행동이 점차 과격하여 멀어지고, P2와 친하게 지냈을 뿐이라고 하고 있음.	P1의 학생확인서 (2025. 9. 10.)
	주요쟁점 2	P2 역시 P1과 친하게 지내는 과정에서 V가 자연스럽게 멀어졌다고 하고 있음.	근거자료
	피해 (관련) 학생의 주장 내용	위 V의 주장 부분과 같음.	V의 학생확인서 (2025. 9. 9.)
	가해 (관련) 학생 P2의 주장 내용	P2는 P1이 V의 행동이 과격하여 친하게 지내기 어려웠고, 본인의 판단에 따라 V와 점차 멀어진 것일 뿐이라고 하고 있음.	P2의 학생확인서 (2025. 9. 10.)

쟁점 사안	주요쟁점	P1은 P2가 V를 때릴 때 구경만 하고 있었다고 하고 있음.	근거자료
	피해 (관련) 학생의 주장 내용	P1이 직접 V를 때린 사실은 없음. 다만, P1이 P2에게 V에 대해 폭행을 시킨 것으로 알고 있다고 하고 있음.	V의 학생확인서 (2025. 8. 5.)
	가해 (관련) 학생 P1의 주장 내용	P1은 P2에게 V를 때리라고 한 사실이 없다고 하고 있음.	P1의 학생확인서 (2025. 8. 7.)
	가해 (관련) 학생 P2의 주장 내용	P2는 P1이 V를 때리라고 하여 V에게 시비를 걸고 때리기까지 하게 된 것이라고 주장.	P2의 학생확인서 (2025. 8. 7.)

다) 피해학생 측 주장, 가해학생 측 주장 부분의 작성 방법

가해학생 측에서 피해학생이 신고한 내용을 모두 인정하고 있다면 피해학생 측 주장 내용에 특별한 기재가 필요 없을 수 있습니다.

그러나 가해학생이 학교폭력 사실을 부인하고 있다면 가해학생의 그러한 입장에 대한 피해학생의 반박을 확인할 필요가 있을 수 있고, 이때 그러한 반박의 요지나 근거자료에 대해 기재할 수 있습니다.

마찬가지로 가해학생 측 주장은 위 작성된 피해학생 측 주장에 대한 재반박 내용을 기재할 수도 있고, 혹은 기존 주장 내용에 대한 구체적인 내용을 정리하여 담을 수도 있습니다.

[쟁점 사안 기재 예시 3] 피해학생 측 주장의 작성방법

쟁점 사안	주요쟁점	P는 V를 때린 것은 사실이나 돈을 뺏은 사실은 없다고 하고 있음.	근거자료
	피해 (관련) 학생의 주장 내용	V는 P의 요구로 돈을 인출한 내역이 있고, 일부 금액은 P가 보내라는 계좌로 이체하기도 하였다고 하고 있음.	V의 학생확인서 (2025. 8. 20.) 이체확인증
	가해 (관련) 학생의 주장 내용	P는 V의 돈을 받은 사실이 없고, V가 계좌로 이체한 돈은 본인이 받은 것이 아니라고 하고 있음.	P의 학생확인서 (2025. 8. 21.)

쟁점 사안	주요쟁점	P는 V의 성기를 간혹 툭툭 친 사실이 있지만, 이는 장난으로 이루어진 것이라고 하고 있음.	근거자료
	피해 (관련) 학생의 주장 내용	V는 P의 행동이 처음에는 장난이라고 여겼으나, 갈수록 강도가 세지고, 하지 말라고 하였음에도 계속 이루어져 불편한 마음이 커졌다고 하고 있음.	V의 학생확인서 (2025. 8. 20.)
	가해 (관련) 학생의 주장 내용	P는 이러한 행동은 학급 내에서 자연스럽게 이루어지는 장난 정도라고 하고 있음.	P의 학생확인서 (2025. 8. 22.)

시행령 19조 판단요소 기재 작성 방법

/

심의위원회에서는 가해학생의 학교폭력을 인정할 경우, ① 학교폭력의 심각성·지속성·고의성, ② 가해학생의 반성 성도, ③ 가해학생의 선도가능성, ④ 가해학생 및 보호자와 피해학생 및 보호자 간의 화해의 정도, ⑤ 피해학생이 장애학생인지를 기준으로 하여 가해학생 선도조치의 수위를 결정합니다(학교폭력예방법 시행령 제19조). 그러나 심의위원들은 심의 당일 학생들을 처음 보게 되므로 학생들의 정확한 특성과 학교생활에 대해 알기 어렵습니다. 그렇기에 해당 부분의 기재에는 다음과 같은 점을 고려하여 작성합니다.

가) 가해학생이 행사한 학교폭력의 심각성·지속성·고의성

학교폭력의 심각성은 피해학생이 얼마나 피해를 입었는지, 가해학생의 학교폭력 행위에 위험 요소가 얼마나 있는지를 검토하는 부분입니다. 따라서 피해학생의 부상 정도, 피해학생의 진단서 제출 여부, 폭행의 정도, 갈취한 금품의 많고 적음, 학교폭력에 가담한 학생의 수(집단성), 흉기 등 위험한 물건이 사용되었는지 여부, 학교폭력이 발생한 장소와 시간 등을 확인하여 기재합니다.

학교폭력의 지속성은 해당 피해학생에 대한 학교폭력이 얼마나 오랜 기간 반복되었는지에 관한 부분입니다. 가해학생의 피해학생에 대한 과거 학교폭력 가해 이력(학교장 자체해결 사안 포함), 해당 사건에서 가해가 얼마나 반복적으로 이루어졌는지, 전담기구에서 지속성을 심의한 내용 등을 기재합니다.

학교폭력의 고의성은 그 표현이 모호한 부분이 있습니다. 고의에 반대되는 말은 과실이라고 할 것인데, 애초에 순수한 과실로 친구와 부딪혀 다치게 한 행동이라면 학교 안전사고이지 학교폭력은 아니게 됩니다. 따라서 여기서 말하는 고의성이란 학교폭력의 동기에 가해학생에게 유리하던, 불리하던 참작할 만한 사정이 있는지를 확인하는 부분이라고 이해하는 게 좋습니다. 학교폭력의 동기(예컨대 피해학생이 가해학생의 부모님을 모욕하여 가해학생이 피해학생을 때리게 되었다는 등), 피해학생과 가해학생의 평소 관계, 학교폭력이 우발적으로 이루어진 것인지 혹은 계획적으로 이루어진 것인지, 학교폭력 신고를 막기 위한 것이거나 신고에 대한 보복으로 이루어진 것인지, 학교폭력 당시 교사나 다른 학생들의 만류가 있었는지 등에 관한 내용을 기재합니다.

가해학생이 행사한 학교폭력의 심각성·지속성·고의성 기재 예시

가해학생이 행사한 학교폭력의 심각성·지속성·고의성	- V가 입은 피해가 상당해 2주 이상의 입원 치료가 필요한 상황으로, 정신적 피해도 심각한 것으로 보임. P1, P2, P3가 집단적으로 V를 때렸고, 그 과정에서 P1은 버려진 파이프를 이용하였음. 이를 고려하면 학교폭력의 심각성이 매우 높아 보임. - 과거 P1과 P2가 각자 V에 대해 언어폭력을 하였다가 학교장 자체해결 된 사안이 있고, 이후에도 학교에서 간헐적인 폭력이 있던 것으로 보여 지속성이 높아 보임. - 특별한 이유 없이 V를 괴롭히는 것이 재미있다며 가해를 해왔던 것으로 보이고, 우발적으로 발생한 학교폭력이라고 보기에는 어려움이 있어 고의성도 높아 보임.

나) 가해학생의 반성 정도

가해학생의 반성 정도에는 학교폭력 사실의 인정 여부를 기본으로 가
해학생 보호자의 학생 지도 의지, 가해학생 및 보호자의 학교폭력 재발 방
지 의지, 학교폭력 사안 조사에 대한 협력 여부 등을 확인하여 기재합니다.

가해학생의 반성 정도 기재 예시

가해학생의 반성 정도	- P1은 학교폭력 가담 사실이 없다고 주장하고 있고, 방과 후 이루어지는 사안 조사를 위한 상담을 정당한 사유 없이 응하지 않는 일을 반복하여 반성하고 있다고 보기 어려워 반성 정도가 높다고 보기 어려움. 다만, 보호자(P1의 할머니)는 이런 일이 재발하지 않도록 지도하겠다고 호소함. - P2는 잘못을 인정하고 반성한다고 하는 취지이나, V와 과거부터 마찰이 있었고, V에게도 일정 부분 잘못이 있음을 참작해주기를 바라고 있음. 보호자 역시 향후 올바른 지도를 위해 노력하겠다는 의견을 표현함.

다) 가해학생 및 보호자와 피해학생 및 보호자 간 화해 정도

가해학생 및 보호자와 피해학생 및 보호자 간 화해 정도에는 사안 조사
과정에서 밝히는 피·가해학생과 보호자의 화해 의사, 피·가해학생의 사
안 발생 이후 교우 관계, 피해학생 측이 원하는 가해학생에 대한 조치, 피
해학생 측의 수사기관 신고 여부, 치료비가 발생한 경우 이에 대한 보상
여부, 합의 여부, 갈취한 금품의 반환 여부 등을 확인하여 기재합니다.

학교폭력에 대한 민감성이 높아진 현실에서, 학생 측 사이에 화해가 이
루어지지 못하는 경우가 점차 많아지고 있습니다. 다만, 그러한 경우라고
할지라도 화해를 위한 노력이 얼마나 있었는지에 대해 기재할 필요가 있
습니다.

가해학생 및 보호자와 피해학생 및 보호자간 화해 정도	- 학생들 사이에서는 화해가 이루어지고 정상적인 학교생활을 하고 있으나, 보호자 사이에 치료비와 관련한 분쟁이 있어 완전한 화해가 이루어졌다고 보기는 어려움.
	- V가 피해를 경찰에 신고한 사안에 대한 수사가 진행되고 있는 것으로 보임.
	- 관계회복 프로그램·갈등조정 등을 진행하였는지, 진행할 의사가 있는지.
	- P 측에서는 원하나, V의 보호자가 진행할 의사가 없음을 강하게 피력하고 있음.

라) 해당 조치로 인한 가해학생의 선도 가능성

해당 조치로 인한 가해학생의 선도 가능성은 기본적으로 학교폭력 사안 발생을 전후로 한 학생의 평소 생활 태도 등의 요소를 넣어 작성합니다. 구체적으로 가해학생의 과거 학교폭력 이력(학교장 자체해결 사안 포함) 및 그 조치의 이행 여부, 긴급조치가 시행된 경우 이행 여부 등을 확인하여 기재합니다. 그 외에 학생에 대한 생활교육위원회 개최 내용이나 교육활동 침해로 인한 조치 내역을 기재할 수도 있습니다.

한편, 이러한 가해학생의 징계와 관련된 내용 외에도 선도 가능성의 범위는 더욱 넓게 해석할 수 있습니다. 예컨대 가해학생에게 장애가 있어서 학교에서의 봉사와 같은 조치가 어려울 수 있다면 그러한 조치는 학생의 선도 가능성을 높이기 위한 좋은 방법이 아니게 될 것입니다. 이러한 사정을 고려하여 달라는 취지의 기재도 충분히 가능합니다.

해당 조치로 인한 가해학생의 선도 가능성 기재 예시

해당 조치로 인한 가해학생의 선도 가능성	- P에게 특별한 학교폭력 등 이력 없음. - P는 장애가 있어 학교생활에 어려움이 있고, 학교에서의 봉사, 사회봉사 등의 조치는 이행하기 어려움이 있을 것으로 보임.

마) 피해학생이 장애학생인지 여부

피해학생이 장애학생인지 여부에는 피해학생에게 장애가 있다면 그 장애 유형 및 정도, 피해학생에 대한 특수교사의 의견 청취 내용, 가해학생이 피해학생의 장애를 이용하거나 비하할 의도로 학교폭력이 일어나게 된 것인지 등을 기재합니다.

피해학생이 장애학생인지 여부 기재 예시

피해학생이 장애학생인지 여부	- V는 선천성 지체장애 3급으로, 한쪽 팔의 마비가 있어 움직이기에 어려움이 있음. - P는 V를 "외팔이"라고 불러 장애를 비하함. - V를 상담한 특수교사는 V의 스트레스가 큰 상황이라고 함.

4부

학교폭력대책심의위원회

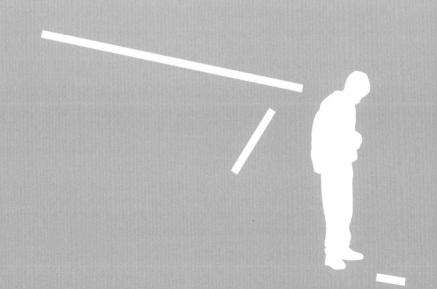

학교폭력대책심의위원회

학교폭력대책심의위원회(이하, '심의위원회'라고 합니다)는 학교폭력예방법 제12
조에 따라 학교폭력의 예방 및 대책에 관한 사항을 심의하기 위하여 교육
지원청에 설치되는 합의제기관입니다. '학폭위'라는 줄임말이 널리 사용
되고 있으나 공식적인 명칭은 '학교폭력대책심의위원회'이며 약칭은 '심
의위원회'입니다. 학교폭력예방법은 2004년 처음 제정될 때부터 학교폭
력의 예방과 대책에 관한 사항을 심의하는 합의제기관을 두었는데 2019
년 개정 전까지는 학교폭력대책자치위원회라는 이름으로 학교에 설치되
어 있었고,[9] 현재는 교육지원청에 심의위원회가 설치되어 있습니다. 세종
특별자치시의 경우 교육지원청이 없어 학교폭력예방법 제12조 제1항과
세종특별자치시교육청 행정기구 설치 조례에 따라 세종특별자치시교육
청에 설치된 세종특별자치시교육청 학교지원본부에 심의위원회를 두고
있으며, 심의위원회의 의결에 따른 조치는 세종특별자치시교육청학교지

---

9) 구 학교폭력예방법(2019. 8. 20. 법률 제16441호로 개정되기 이전의 것) 제12조(학교폭력대책자치위원회의
설치·기능) ① 학교폭력의 예방 및 대책에 관련된 사항을 심의하기 위하여 학교에 학교폭력대책자치위원회(이
하 "자치위원회"라 한다)를 둔다. 다만, 자치위원회 구성에 있어 대통령령으로 정하는 사유가 있는 경우에는 교
육감의 보고를 거쳐 둘 이상의 학교가 공동으로 자치위원회를 구성할 수 있다.

원본부장이 합니다.[10]

　2019년 8월 20일 법률 제16441호로 개정된 학교폭력예방법의 개정 이유는 '학교폭력대책자치위원회 심의 건수 증가로 담당 교원 및 학교의 업무 부담이 증가'하고 있어 학교에 두었던 학교폭력대책자치위원회를 교육지원청으로 상향 이관하여 심의위원회를 둔다고 밝히고 있습니다. 구체적 학교폭력 사안에서 피해학생의 보호와 가해학생의 선도 방법의 결정은 생활교육의 한 부분으로 학생에 대한 교육을 직접 담당하면서 학생을 가장 잘 이해하고 있는 학교에서 이루어지는 것이 바람직한 측면도 있습니다. 그럼에도 '업무 부담 증가'만을 심의위원회 설치의 이유로 들고 있는 것은 생활교육이 어떻게 이루어지는 것이 바람직한지에 대한 고민보다는 사안처리 과정이나 조치 결과에 대한 법적 분쟁만을 염두에 두고 법을 개정한 것은 아닌지 아쉬운 부분입니다.

---

10)　세종특별자치시교육청 행정기구 설치 조례 제26조(설치) ① 법 제32조에 따라 각급학교의 교육업무와 행정업무 지원 및 교육시설의 체계적인 관리 운영, 「학교폭력 예방 및 대책에 관한 법률」제12조에 따라 학교폭력 예방 및 대책, 「교원의 지위 향상 및 교육활동 보호를 위한 특별법」제18조에 따라 교육활동 침해 기준 마련 및 예방 대책 수립을 위하여 세종특별자치시교육청학교지원본부(이하 "학교지원본부"라 한다)를 둔다.
　② 학교지원본부는 세종특별자치시 한누리대로 2154에 둔다. 다만, 학교지원본부의 일부는 세종특별자치시 조치원읍 내창천로 48, 한누리대로 2270, 한누리대로 2150, 제주특별자치도 서귀포시 표선면 표선동서로 85에 둔다.
　제27조(본부장) 학교지원본부에 본부장을 두고 본부장은 교육감의 명을 받아 소관 사무를 총괄하며, 소속 공무원을 지휘·감독한다.
　제28조(업무) 학교지원본부장은 다음 각 호의 사항을 관장한다.
　　1. 각급학교의 교육업무 지원에 관한 사항
　　2. 지역교권보호에 관한 사항
　　3. 각급학교의 행정업무 지원에 관한 사항
　　4. 학생들의 해양수련·체험활동 운영 및 교직원의 수련원 이용에 관한 사항
　　5. 학교폭력대책심의위원회 운영에 관한 사항
　　6. 학교폭력 사안심의 및 처분·학교폭력 현장지원에 관한 사항
　　7. Wee센터·학교폭력제로센터 운영에 관한 사항
　　8. 각급학교의 시설업무 지원·민간투자사업(BTL) 관리에 관한 사항
　　9. 세종국민체육센터·학교수영장 운영에 관한 사항
　　10. 그 밖에 교육감이 필요하다고 인정하여 정하는 사항

심의위원회는 교육지원청이 관할하는 학교에서 발생한 학교폭력 사안 모두를 심의하여야 합니다. 때문에 관할 학교가 많은 교육지원청에 설치된 심의위원회는 하루에도 여러 건의 심의를 진행하여야 하는 상황입니다. 이로 인하여 심의 개최가 지연되거나 심의 과정에서 충분한 진술 기회를 보장하기 힘들어지는 등 여러 문제가 발생하고 있습니다.

최근에는 심의위원회가 개최 요청으로부터 4주 이내에 개최되지 못하는 상황을 문제 삼는 일도 늘어났습니다. 심의위원회가 피·가해 관련 학생과 보호자를 출석시켜 진술을 듣는 방식으로 진행되는 점을 고려하면 심의위원회가 하루에 처리할 수 있는 사안의 수는 한계가 있을 수 밖에 없습니다. 소위원회를 구성하여 여러 사안을 나누어 처리한다고 하더라도 한정된 인력과 장소, 시설이 문제됩니다. 객관적인 조건이나 요소에 대한 고민 없이 단순히 4주 이내에 처리하지 못하는지만을 문제삼는 것은 바람직하다고 보기 어렵습니다. 심의위원회 개최 요청이 계속 증가하고 있는 상황에서 현행 제도를 유지해 나가고자 한다면 인력과 시설의 충원, 심의 방식의 개선과 같은 사항에 대한 고민이 필요합니다.

학교폭력대책심의위원회의 역할

심의위원회는 학교폭력예방법 제12조 제2항과 같은 법 시행령 제13조 제2항에 따라 ① 학교폭력의 예방 및 대책, ② 피해학생의 보호, ③ 가해학생에 대한 교육, 선도 및 징계, ④ 피해학생과 가해학생 간의 분쟁조정, ⑤ 학교폭력의 예방 및 대책과 관련하여 학교의 장이 건의하는 사항을 심의합니다. 이 가운데 피해학생의 보호, 가해학생에 대한 교육, 선도 및 징계에 대한 심의·의결, 다시 말해서 구체적 사안에서 학교폭력이 인정되는지를 판단하고 그에 따라 피해학생에 대한 보호조치와 가해학생에 대한 선도조치를 심의·의결하는 역할을 중심으로 심의위원회가 운영되고 있습니다.

한편, 심의위원회는 학교폭력예방법 제18조에 따라 학교폭력과 관련하여 분쟁이 있는 경우 분쟁조정을 할 수 있습니다. 분쟁조정 대상이 되는 분쟁에는 ① 피해학생과 가해학생 간 또는 그 보호자 간의 손해배상에 관련된 합의조정이나 ② 그 밖에 심의위원회가 필요하다고 인정하는 사항이 포함됩니다. 「학교폭력 사안처리 가이드북」은 심의위원회가 필요하다고 인정하는 사항으로 심의위원회의 조치만으로는 해결이 불가능한 갈등이 있거나 제3의 전문기관을 통한 객관적, 전문적, 공정한 개입이 필요한 경우 등을 예시로 들고 있습니다. 분쟁조정은 심의위원회가 직권으로 하거나 분쟁당사자인 피해학생, 가해학생 또는 그 보호자의 서면 신청을 받아 절차를 개시하고 그 기간은 1개월입니다(학교폭력예방법 제18조 제2항). 분쟁조정이 성립되면 가해학생에 대한 조치별 적용 기준 가운데 화해의 정도로 고려하여 조치를 낮추는 요소가 될 수 있습니다. 그러나, 분쟁조정이 성립되었다 하여 심의위원회를 개최하지 않거나 가해학생에 대한 조치를 하지 않는 것은 아닙니다. 학교폭력예방법은 가해학생의 행위가 학교폭력에 해당하면 학교장 자체해결이 이뤄진 경우를 제외하고는 심의위원회를 개최하여 조치하도록 규정하고 있기 때문입니다. 분쟁당사자가 분쟁조정을 거부할 수 있고 분쟁조정이 성립하더라도 분쟁당사자 간 서면 합의가 이루어지는 것에 그쳐 조정 내용을 강제집행할 수 있는 것은 아니어서 실제로 분쟁조정이 활용되는 경우는 많지 않습니다.

학교폭력대책심의위원회의 구성과 운영

심의위원회 구성

/

심의위원회는 10명 이상 50명 이내의 위원으로 구성됩니다. 이때 해당 교육지원청 관할 구역 내 초·중·고등학교에 소속된 학생의 학부모로 위촉한 위원 수가 전체위원의 1/3 이상이 되어야 합니다(학교폭력예방법 제13조 제1항). 학교폭력 피·가해학생이 각각 다른 교육지원청 관할 구역 내 학교에 재학 중인 경우에는 교육감의 보고를 거쳐 둘 이상의 교육지원청이 공동으로 심의위원회를 구성할 수 있는데(학교폭력예방법 제12조 제1항 단서) 이 경우에도 동일하게 각 관할 구역 내 학교에 소속된 학생의 학부모가 1/3 이상이 되도록 하여 10명 이상 50명 이내의 위원으로 공동심의위원회를 구성합니다.

가) 심의위원 자격

학교폭력예방법 제13조와 같은 법 시행령 제14조에 따라서 다음에 해당하는 사람이 심의위원이 될 수 있습니다.

① 해당 교육지원청의 생활지도 업무 담당 국장 또는 과장
② 해당 교육지원청의 관할 구역을 관할하는 시·군·구의 청소년보호 업무 담당 국장 또는 과장
③ 교원으로 재직하고 있거나 재직했던 사람으로서 학교폭력 업무 또는 학생생활지도 업무 담당 경력이 2년 이상인 사람
④ 「교육공무원법」 제2조제2항에 따른 교육전문직원으로 재직하고 있거나 재직했던 사람
⑤ 해당 교육지원청 관할 구역 내 초·중·고등학교에 소속된 학생의 학부모
⑥ 판사·검사·변호사
⑦ 해당 교육지원청의 관할 구역을 관할하는 경찰서 소속 경찰공무원
⑧ 학교전담경찰관
⑨ 의사 자격이 있는 사람
⑩ 「고등교육법」 제2조에 따른 학교의 조교수 이상 또는 청소년 관련 연구기관에서 이에 상당하는 직위에 재직하고 있거나 재직했던 사람으로서 학교폭력 문제에 대하여 전문지식이 있는 사람
⑪ 청소년 선도 및 보호 단체에서 청소년보호활동을 2년 이상 전문적으로 담당한 사람
⑫ 그 밖에 학교폭력 예방 및 청소년보호에 대한 지식과 경험이 풍부한 사람

이 가운데 ① 해당 교육지원청의 생활지도 업무 담당 국장 또는 과장,

② 해당 교육지원청의 관할 구역을 관할하는 시·군·구의 청소년보호 업무 담당 국장 또는 과장, ⑤ 해당 교육지원청 관할 구역 내 초·중·고등학교에 소속된 학생의 학부모, ⑦ 해당 교육지원청의 관할 구역을 관할하는 경찰서 소속 경찰공무원과 ⑧ 학교전담경찰관의 경우 심의위원으로 활동하는 동안에도 계속 해당 자격을 갖추고 있어야 합니다. 심의위원으로 임명·위촉될 당시에는 위 자격을 갖추었더라도 퇴직, 인사발령 등의 사유로 더 이상 업무 담당 국장이나 과장의 자리에 있지 않거나 해당 교육지원청 관할 구역을 관할하는 경찰서 소속이 아니게 된 경우, 졸업, 전학 등의 사유로 자녀가 해당 교육지원청 관할 구역 내 초·중·고등학교에 소속되어 있지 않은 학부모의 경우에는 위원 자격을 상실하게 됩니다. 해당하는 사람이 심의에 관여하거나 학부모 위원 수가 전체 1/3 미만이 되는 상황이 발생하지 않도록 하여야 합니다. 이에 더하여 심의위원회의 위원에는 학교전담경찰관이 반드시 포함되어야 하므로(학교폭력예방법 시행령 제14조 제1항 제2문) 심의위원 위촉 시 빠뜨리지 않도록 주의해야합니다.

Q&A 26	학부모 위원 임기 중 자녀가 다른 교육지원청 관내 학교로 전학하였더라도 해당 심의위원이 임기를 마칠 때까지는 심의위원으로 계속 활동할 수 있나요?

임기 중이더라도 자녀가 심의위원회가 설치된 교육지원청 관내 학교에 재학하고 있지 않다면 해당 학부모 위원은 심의위원으로 활동할 수 없습니다. 학교폭력예방법 제13조 제1항과 같은 법 시행령 제14조 제1항에서 정한 학부모 위원 위촉요건은 심의위원으로 위촉할 당시뿐만 아니라 심의위원으로 활동하는 동안 계속 유지되어야 합니다. 따라서 임기 중이더라도 자녀가 더 이상 해당 교육지원청 관내 학교에 재학하지 않게 되면 그와 동시에 학부모 위원 자격을 상실합니다.

경찰 위원이 인사발령으로 다른 경찰서로 이동한 경우 어떻게 하나요?

심의위원회가 설치된 교육지원청 관할 구역을 관할하는 경찰서 소속 경찰공무원을 새로 위촉합니다. 경찰 위원을 위촉할 때에는 관할 경찰서에서 추천을 받는 등의 방법을 활용할 수 있습니다. 기존 경찰 위원의 경우 인사이동으로 관할 경찰서 소속이 아니게 된 시점에 당연히 위원 자격을 상실합니다. 다만, 필요한 경우 사임서 등을 별도로 받아 심의위원회 구성을 관리하는데 활용할 수도 있습니다.

나) 심의위원의 임명·위촉과 임기

심의위원은 위와 같은 자격을 갖춘 사람 가운데에서 교육지원청의 장인 교육장이 임명하거나 위촉합니다. 2019년 개정 이전 학교폭력예방법은 학부모전체회의에서 직접 선출된 학부모대표를 학교폭력대책자치위원으로 위촉하도록 규정하고 있어[11] 학부모위원 위촉 절차를 놓고 절차상하자가 인정된 사례가 적지 않았습니다.[12] 현행 학교폭력예방법과 같은 법 시행령은 임명·위촉할 대상자를 선정하는 방법에 대하여 별도로 규정하고 있지 않으므로 교육장은 이전과 같은 절차상 제한 없이 공모나 추천 등 적절한 방법으로 대상자를 선정하여 심의위원으로 임명·위촉할 수 있습니다.

---

11) 구 학교폭력예방법(2008. 3. 14. 법률 제8887호로 전부개정되기 이전의 것) ① 자치위원회는 위원장 1인을 포함하여 5인 이상 10인 이하의 위원으로 구성하되, 대통령령으로 정하는 바에 따라 전체위원의 과반수를 학부모전체회의에서 직접 선출된 학부모대표로 위촉하여야 한다. 다만, 학부모전체회의에서 학부모대표를 선출하기 곤란한 사유가 있는 경우에는 학급별 대표로 구성된 학부모대표회의에서 선출된 학부모대표로 위촉할 수 있다.

12) 서울고등법원 2018. 1. 24. 선고 2017누52025 판결, 대구고등법원 2018. 12. 21. 선고 2018누3814 판결, 서울행정법원 2018. 1. 18. 선고 2017구합72577 판결, 수원지방법원 2018. 7. 12. 선고 2018구합61872 판결, 서울행정법원 2019. 5. 16. 선고 2018구합80360 판결, 서울행정법원 2020. 6. 5. 선고 2019구합55910 판결 등

학교폭력예방법 시행령에서 정하고 있는 심의위원의 임기는 2년입니다(학교폭력예방법 시행령 제14조 제3항). 학교폭력예방법이나 같은 법 시행령이 심의위원의 연임이나 중임을 제한하고 있지 않아 심의위원 자격을 유지하고 있는 이상 연임하거나 중임할 수 있습니다. 심의위원 사이 임기 종료 시점이 달라지면 심의위원회 구성에 차질이 발생할 수 있습니다. 이러한 이유에서 학교폭력예방법 시행령은 심의위원이 임기 중 자격을 잃거나 사임하는 등의 사유로 공석이 발생하는 경우 해당 자리에 새로 임명·위촉되는 심의위원의 임기는 전임위원 임기의 나머지 기간이라고 정하고 있습니다(학교폭력예방법 시행령 제14조 제3항).

Q&A 28 전체 위원 수 40명, 임기 시작일을 2024년 3월 1일로 하여 심의위원회를 구성하였습니다. 이후 심의해야 할 사안이 늘어나 기존 위원 외에 심의위원 7명을 새로 위촉하려고 합니다. 새로 위촉된 심의위원의 임기는 언제까지인가요?

해당 심의위원을 위촉한 때로부터 2년입니다. 기존 심의위원을 대신하여 임명·위촉된 심의위원이 아니기 때문입니다. 만약 해당 심의위원을 2024년 5월 1일 위촉하였다면 그로부터 2년 뒤인 2026년 4월 30일로 임기가 종료합니다. 심의위원회 구성상 편의를 위하여 다른 심의위원과 임기를 맞출 필요가 있다고 하더라고 추가로 위촉한 심의위원의 임기를 2026년 2월 29일로 종료하게 하는 것은 바람직하지 않습니다. 학교폭력예방법 시행령은 심의위원의 임기를 명문으로 규정하고 있을 뿐만 아니라 위원의 해촉 사유도 별도로 정하고 있습니다. 학교폭력예방법 시행령이 이와 같이 규정하고 있는 취지는 심의위원의 임기를 보장하여 자유로운 심의가 이루어지도록 하기 위함이라 할 것입니다. 따라서 추가로 위촉한 심의위원의 임기를 임의로 단축하거나 할 수 없습니다.

학교폭력예방법 시행령은 해당 교육지원청의 생활지도 업무 담당 국장 또는 과장, 해당 교육지원청의 관할 구역을 관할하는 시·군·구의 청소년보호 업무 담당 국장 또는 과장 자격으로 임명 또는 위촉된 경우를 제외하고, 심의위원이 ① 심신장애로 인하여 직무를 수행할 수 없는 경우, ② 직무와 관련된 비위 사실이 있는 경우, ③ 직무태만, 품위손상이나 그 밖의 사유로 인하여 위원으로 적합하지 아니하다고 인정되는 경우, ④ 위원 스스로 직무를 수행하는 것이 곤란하다고 의사를 밝히는 경우에 교육장이 해당 심의위원을 해임하거나 해촉할 수 있다고 규정하고 있습니다 (학교폭력예방법 시행령 제14조 제4항, 제3조의2).

'직무와 관련된 비위사실이 있는 경우'란 심의위원으로서의 직무와 관련하여 법에 어긋난 사실이 있는 경우를 말하여 윤리적 사유와 관련된 '직무태만, 품위손상이나 그 밖의 사유'와는 구별됩니다.[13] 예를 들어 심의위원이 비밀유지의무를 위반한 경우 직무와 관련된 비위 사실이 있다고 볼 수 있을 것입니다.

'직무태만, 품위손상이나 그 밖의 사유'는 심의위원 자격을 박탈하는 것이 바람직하다고 판단할 수 있을 정도로 심의위원회의 운영에 지장을 초래하는 행위를 한 경우를 말합니다.[14] 단순히 심의위원 사이 갈등이 있다거나 심의위원회에 자주 참석하지 않는다는 것만으로 심의위원을 해임하거나 해촉할 만한 '그 밖의 사유'에 해당한다고 보기는 어렵습니다. 직무와 관련된 것은 아니더라도 심의위원 자격을 유지시키는 것이 심의위원회 자체나 그 운영에 대한 공적 기대에 악영향을 미친다고 인정할 만한

---

13) 유태동, "위원회 위원의 해촉사유 검토", 법제소식 제43호(2015. 12.), 11면 참조
14) 유태동, "위원회 위원의 해촉사유 검토", 법제소식 제43호(2015. 12.), 11면 참조

법 위반 사실이 있는 경우는 '그 밖의 사유'에 해당한다고 볼 수 있습니다.

심의위원회 운영

가) 위원장

심의위원회의 위원장은 심의위원 가운데에서 교육장이 임명하거나 위촉하는 사람이 됩니다. 위원장은 학교폭력예방법 제13조 제2항과 같은 법 시행령에 따라 심의위원회 회의를 소집하고 심의위원회의 사무를 처리할 간사를 지명하거나 분쟁조정의 결과를 교육감에게 보고하는 등의 업무를 수행합니다. 그 밖에 직접적인 근거 규정은 없더라도 심의위원회 회의 진행 시 그 진행을 주관하고 질서를 유지하는 것은 당연히 심의위원회의 장으로서 위원장의 업무 권한 범위에 포함된다고 볼 것입니다.

한편, 학교폭력예방법 제14조 제8항은 전담기구가 성폭력 등 특수한 학교폭력사건에 대한 실태조사의 전문성을 확보하기 위하여 필요한 경우 전문기관에 그 실태조사를 의뢰할 수 있다고 규정하면서 학교의 장의 명의로 그 의뢰를 하기 전에 심의위원회 위원장의 심의를 거쳐야 한다고 규정하고 있습니다. 개별 학교에 설치된 전담기구의 업무 수행에 교육지원청에 설치된 심의위원회 위원장이 관여한다는 것이 체계상 맞지 않습니다. 이는 학교폭력대책자치위원회 대신 심의위원회를 설치하는 학교폭력예방법 개정 과정에서 과거 학교에 설치된 학교폭력대책자치위원회 위원장이 수행하던 업무와 관련하여 자치위원회를 심의위원회로 명칭을 변경하면서 체계가 어그러지게 된 것으로 보입니다. 추후 학교폭력예방법 개정 시 심의위원회 위원장의 심의 대신 전담기구 심의를 거치게 하는 등으로 체계를 맞출 필요가 있는 부분입니다.

위원장이 부득이한 사유로 직무를 수행할 수 없을 때는 위원장이 미리 지정하는 위원이 그 직무를 대행합니다. 위원장이 회의에 참석할 수 없는 경우 사전에 지정한 위원이 회의를 진행하도록 하고 심의위원회 회의록에는 위원장이 미리 지정한 위원이 그 직무를 대행하였다는 취지의 문구를 남겨 놓아 관련 분쟁을 예방할 수 있습니다.

나) 간사

간사는 심의위원회가 설치된 해당 교육지원청 소속 공무원 중에서 심의위원회 위원장이 지명한 사람이 되며, 심의위원회의 사무를 처리합니다.

다) 심의위원회의 개의와 의결

심의위원회는 재적위원 과반수의 출석으로 개의하고, 출석위원 과반수의 찬성으로 의결합니다. 따라서 재적위원 과반수 출석이 이뤄지지 않은 상황에서 이뤄진 심의·의결은 부적법하고, 심의위원이 출석하였다가 회피, 기피신청 인용 등의 사유로 회의에서 제외되어 해당 위원을 제외하고 출석한 위원 수가 재적위원 과반수에 미달하게 되면 심의 진행을 중단하여야 합니다. 과반수는 반을 넘는 수를 의미하므로 의결 사항에 대하여 출석한 10명의 위원 중 찬성이 5명, 반대가 3명, 기권이 2명이라면 찬성이 다수라 하더라도 과반수가 되지 못하였으므로 부결된 것으로 보아야 합니다.

Q&A 29 | 심의위원회 개의 시에도 학부모위원이 출석위원 수 1/3 이상 출석하여야 하나요?

재적위원 과반수가 출석하였다면 출석한 위원 중에 학부모위원이 1/3 이상이 되지 않더라도 무방합니다. 학부모위원이 1/3 이상이어야 한다는 학교폭력예방법 제13조 제1항은 심의위원회 구성에 관한 규정입니다. 학교폭력예방법 시행령 제14조 제5항은 심의위원회 개의와 관련하여 재적위원 과반수 출석만을 요구하고 있습니다. 따라서 출석한 학부모위원 수와 상관없이 재적위원 과반수가 출석하였다면 적법하게 심의위원회가 진행될 수 있습니다.[15]

Q&A 30 | 심의위원회 진행 도중 심의위원이 퇴장한 경우 어떻게 해야하나요?

퇴장하고 남은 심의위원 수가 재적위원 과반수에 못 미친다면 심의 진행을 중단하여야 합니다. 학교폭력예방법 시행령 제14조 제5항에 따라 재적위원 과반수 출석은 심의위원회가 의결을 하기 위한 전제조건입니다. 개의 시에는 재적위원 과반수가 출석하였다고 하더라도 진행 도중 심의위원이 퇴장하여 재적위원 과반수에 못 미치게 되면 이후의 심의 진행은 부적법합니다.

Q&A 31 | 출석한 위원 중에 찬성하는 위원 수와 반대하는 위원 수가 같은 경우 위원장이 결정할 수 있나요?

위원장이 결정할 수 없으며 찬성이 출석위원 과반수에 미달하므로 부결된 것으로 보아야 합니다. 학교폭력예방법과 같은 법 시행령은 출석위원 과반수의 찬성으로 의결한다고 규정하고 있을 뿐(학교폭력예방법 시행령 제14조 제5항) 찬성 의견과 반대 의견의 수가 같은 경우 위원장이 결정권을 가진다고 규정하고 있지 않습니다. 가부동수인 경우 최종의견을 결정할 수 있는 권한이 별도의 규정 없이 위원장에게 당연히 인정된다고 볼 수도 없습니다. 따라서 의결에 찬성하는 위원의 수와 반대하는 위원의 수가 같다면 부결된 것으로 보아야 할 것입니다.

---

15) 서울고등법원 2023. 5. 26. 선고 2022누47256 판결(심리불속행 기각판결로 확정됨) 참조

라) 소위원회

심의위원회는 10명 이상 50명 이내의 위원으로 구성되는데 심의마다 해당 위원 과반수가 출석하여 심의를 진행하는 것은 현실적으로 제약이 많습니다. 때문에 학교폭력예방법 시행령 제14조의2는 심의위원회 업무를 효율적으로 수행할 수 있도록 심의위원회에 심의위원회의 위원으로 구성된 소위원회를 두고 심의위원회가 위임한 심의사항을 심의·의결할 수 있도록 규정하고 있습니다. 소위원회에서 심의·의결된 사항은 심의위원회에서 심의·의결된 것과 동일한 효력을 갖습니다(학교폭력예방법 시행령 제14조의2 제3항). 그 밖에 소위원회의 설치·운영에 관하여 필요한 세부 사항은 교육장이 정합니다(학교폭력예방법 시행령 제14조의2 제5항).

Q&A 32 | 소위원회 구성 시에도 각 소위원회별로 학부모위원 수가 1/3 이상이 되어야 하나요?

각 소위원회별로 학부모위원 수가 1/3 이상이 되도록 구성하는 것이 바람직합니다. 소위원회 학부모위원 수에 대하여 학교폭력예방법이나 같은 법 시행령이 별도로 규정하고 있지는 않습니다. 그러나 학교폭력예방법 제12조 제1항에서 심의위원회 구성 시 전체위원 수의 1/3 이상을 학부모위원으로 위촉하도록 한 이유는 조치의 심의·의결 과정에 학부모가 참여하게 함으로써 심의과정의 투명성을 높이고 학교구성원이 공감할 수 있는 결과를 도출하기 위함입니다. 따라서 소위원회 구성 시에도 각 소위원회별로 학부모위원 수를 1/3 이상이 되도록 구성하는 것이 그 취지에 합당합니다.

Q&A	소위원회를 10명 이하의 위원으로 구성할 수 있나요?
33	

가능합니다. 학교폭력예방법 제13조 제6항은 '심의위원회의 구성·운영에 필요한 사항'을 대통령령에 위임하고 있습니다. 이러한 위임에 따라 학교폭력예방법 시행령 제14조의2는 '심의위원회의 업무를 효율적으로 수행하기 위해 소위원회를 둘 수 있다'고 규정하면서 '소위원회에서 심의·의결된 사항은 심의위원회에서 심의·의결된 것으로 본다'고 정하고 있으며, 소위원회의 운영에 관한 구체적인 사항은 교육장이 정하도록 하고 있습니다. 그러나 소위원회 위원 수에 대하여는 학교폭력예방법이나 같은 법 시행령이 별도로 규정하고 있지 않습니다. 이러한 규정에 비추어 보면 교육장이 위와 같은 학교폭력예방법과 같은 법 시행령의 위임을 받아 '심의위원회의 업무를 효율적으로 수행하기 위하여' 소위원회를 구성하면서 그 인원을 10명 이하로 정하는 것도 가능하다고 할 것입니다.[16]

---

16) 같은 취지로 인천지방법원 2022. 5. 26. 선고 2021구합53966 판결, 의정부지방법원 2022. 10. 4. 선고 2021구합15552 판결 참조

학교폭력대책심의위원회 개최

학교로부터 심의위원회 개최 요청서가 접수되면 심의위원회 업무 담당자
는 개최 요청서와 함께 제출된 관련 학생 및 그 보호자의 확인서, 사안 조
사 보고서와 같은 자료들을 검토하고 추가로 필요한 자료가 있으면 학교
등에 요청하여 보충합니다. 이러한 사전 과정을 거친 후 해당 사안에 대한
심의위원회를 개최합니다.

심의를 위하여 필요하다고 판단하는 경우, 심의위원회는 심의위원회가
설치된 교육지원청 관할 지역에서 발생한 학교폭력에 대하여 조사하거나
학교장 및 관할 경찰서장에게 관련 자료를 요청할 수 있습니다(학교폭력예
방법 제12조 제3항). 또한 전문상담교사나 전담기구로부터 학교폭력에 관련된
피·가해학생과의 상담 결과, 사안 조사 결과 등 활동결과를 보고받을 수
있습니다(학교폭력예방법 제14조 제2항, 제5항). 이 외에도 「학교폭력 사안처리 가
이드북」은 심의위원회가 해당 학교의 관련 교원이나 전문가 등 참고인에
게 의견진술을 요청할 수도 있다고 안내하고 있습니다.

「학교폭력 사안처리 가이드북」은 학교로부터 심의위원회 개최 요청서
가 접수된 시점부터 21일 이내에 심의위원회를 개최하는 것을 원칙으로
하여 상황에 따라 7일 이내의 범위에서 그 기간을 연장할 수 있다고 안내

하고 있습니다. 그러나 「학교폭력 사안처리 가이드북」은 교육부가 관련 법령, 유권해석의 내용, 교육부 지침 등을 교육현장의 담당자들이 이해하기 쉽게 정리한 안내서로서 그 자체로 법규적 구속력을 갖는 것은 아닙니다.[17] 따라서 「학교폭력 사안처리 가이드북」에서 정한 기간 내에 심의위원회가 개최되지 못하였다는 사정만으로 바로 절차상 하자가 인정된다고 볼 수는 없습니다.

참석 안내

가) 참석 안내 일반

심의위원회 개최 일자가 정해지면 피·가해학생 소속 학교에 심의위원회 개최를 통보합니다. 피·가해학생과 그 보호자에게도 심의위원회 회의 일자와 시간, 장소, 심의하려는 사안 등을 알려야 합니다(학교폭력예방법 제13조 제4항). 구체적 참석 안내 방법에 대하여는 학교폭력예방법이 별도로 규정하고 있지는 않습니다. 그러나 참석 안내가 제대로 이루어지지 않은 경우 절차상 하자가 인정될 수 있으므로 이에 대비하여 관련 사실을 증명할 수 있도록 서면을 이용하는 것이 바람직합니다. 참석 안내 서면에는 심의위원회 개최 일시, 장소, 사안 개요 등을 기재하고, 등기우편이나 내용증명우편과 같이 송달 여부를 확인할 수 있는 방법을 활용하여 통지합니다. 불가피한 사정이 있는 경우라면 전자우편, 유선 등의 방식을 이용할 수도

---

17) 춘천지방법원 강릉지원 2018. 9. 13. 선고 2018구합30014 판결(심리불속행 기각판결로 확정됨) 참조

있으나 이 경우에도 회의 일시, 장소, 사안 개요 등을 통지하여야 합니다. 이에 더하여 통지한 일시와 방식, 그 내용 등을 기록해놓으면 분쟁을 예방하는 데 도움이 될 것입니다.

Q&A 34 참석 안내를 우편으로 보냈는데 수령하지 않는 경우 어떻게 해야하나요?

이메일을 통하거나 학교에 요청하여 학교에서 학생에게 직접 참석 안내 서면을 교부하는 방법으로 참석을 안내할 수 있습니다. 이 경우 분쟁에 대비하여 참석 안내 서면을 교부하고 수령한 사실을 증명할 수 있는 자료를 남겨 놓을 필요가 있습니다. 행정절차법 시행규칙 [별지 제6호서식] 수령확인서를 활용하는 것도 방법입니다.

참석 안내는 피·가해학생과 그 보호자가 심의를 준비할 수 있는 충분한 기간을 두고 하는 것이 바람직합니다. 다만, 학생과 보호자가 사안 조사 과정에서 확인서를 작성하고 관련 자료를 제출하는 등으로 사안 내용을 구체적으로 인지하고 있었으며 심의위원회가 개최될 것임을 알고 있었음이 인정되는 경우라면 참석 안내가 다소 촉박하게 이뤄졌다고 하더라도 그것만으로는 절차상 하자가 있다고 보기 어렵습니다.[18]

종종 가해학생이 조치 결정을 다투면서 심의위원회 참석 안내 시 행정절차법 제21조와 제22조에 따른 처분의 사전통지와 의견 청취를 하지 않은 절차상 하자가 있다고 주장하는 경우가 있습니다. 행정절차법이 당사

---

18) 서울고등법원 2020. 10. 21. 선고 2019누52135 판결 참조

자에게 의무를 부과하거나 권익을 침해하는 처분을 하는 경우에 사전통지 및 의견청취를 하도록 규정한 것은 불이익처분 상대방의 방어권 행사를 실질적으로 보장하기 위한 것입니다.[19] 학교폭력예방법 제17조 제8항에 따르면 심의위원회는 교육장에게 가해학생에 대한 조치를 요청하기전에 가해학생 및 그 보호자에게 의견진술의 기회를 부여하는 등 적정한절차를 거쳐야 하고, 이는 사전 통지 및 의견청취에 관한 행정절차법의 규정과 동일한 취지에서 행정절차에 준하는 절차를 거치도록 하는 것이므로, 행정절차법 제3조 제1항에 의하여 행정절차법의 적용이 배제되는 '다른 법률에 특별한 규정이 있는 경우'에 해당한다고 할 것이고, 이와 달리행정절차법 제21조, 제22조가 중첩 적용된다고 보더라도 학교폭력예방법제17조 제8항에 따라 가해학생과 그 보호자에게 그 조치하려는 원인이 되는 사실에 관하여 미리 고지를 하고 의견을 진술할 기회를 부여하는 등위 규정에 따른 적정한 절차를 거친 경우에는 행정절차법에 따른 사전 통지 및 의견제출 절차도 거친 것으로 봄이 타당합니다.[20]

나) 사안개요 작성

참석 안내에 포함되는 사안개요는 피해학생과 그 보호자가 주장한 피해 사실을 중심으로 작성합니다. 사안개요가 추상적이거나 불분명하여가해학생과 그 보호자가 어떠한 사안으로 심의가 개최되는지 이해할 수없을 정도라면 방어권 행사에 지장을 초래할 수 있으므로 구체적으로 작성하여야 합니다. 특히 피해학생과 가해학생의 주장이 서로 다르고 피해학생과 그 보호자가 주장하고 있는 피해 사실에 관한 내용이 가해학생이

---

19) 대법원 2016. 10. 27. 선고 2016두41811 판결, 대법원 2020. 4. 19. 선고 2017두31064 판결 등 참조
20) 서울행정법원 실무연구회, 행정소송의 이론과 실무 II, 사법발전재단(2022. 2.), 242면 참조

나 그 보호자가 제출한 확인서와 자료 등에 구체적으로 기재되어 있지 않은 경우라면 참석 안내에는 행위 일시, 장소, 내용 등을 가능한 상세하게 기재하여야 합니다.

가해학생이나 그 보호자가 조치를 다투면서 사안개요가 구체적으로 작성되지 않은 절차상 하자가 있다고 주장하는 경우가 종종 있습니다. 사안개요가 다소 간략하게 기재되었다고 하더라도 사안 조사 과정과 심의위원회 진행 전체를 살펴 가해학생과 그 보호자가 심의 대상 사안에 대하여 충분히 인지하고 있음이 인정된다면 하자가 인정되기는 어려울 것입니다. 가해학생 및 그 보호자 확인서에 피해학생과 그 보호자가 주장하고 있는 가해행위와 피해 발생에 관한 내용이 구체적으로 기재되어 있고, 가해학생과 그 보호자가 사안 조사 과정과 심의위원회에서 그에 대한 충분한 반론을 펼쳤다면 심의 대상 사안에 대하여 충분히 인지하고 있었다고 볼 수 있습니다.

다음은 사안개요 작성 예시입니다. 사안에 따라 피해학생과 그 보호자의 확인서나 사안 조사 보고서 등을 참고하여 가해행위 전후 사정을 추가하거나 내용을 가감하는 등으로 바꾸어 사용하실 수 있습니다.

사안개요 작성 예시

신체폭력	상해	P가 2025. 4. 11. 점심시간 급식실 앞 복도에서 V와 말다툼을 하다가 V의 얼굴 부위를 여러 차례 때리고 배를 차는 등의 행위를 하여 3주간 치료를 요하는 상해를 입혔다고 접수된 사안
	폭행	P가 2025. 3. 11. 2교시 쉬는 시간 교실에서 V의 뺨을 때려 피해를 입혔다고 접수된 사안
	감금	P가 2025. 5. 13. 3교시 쉬는 시간 V가 들어가 있는 화장실 용변칸 문을 밖에서 잡아 5분 가량 V가 나오지 못하게 하여 피해를 입혔다고 접수된 사안
	약취	P가 2025. 5. 16. 하굣길에 V를 만나게 되자 따라오지 않으면 죽여버리겠다고 말하는 등으로 겁을 주어 ○○중학교 인근 공사장으로 데려가 피해를 입혔다고 접수된 사안
	유인	P1이 2025. 5. 17. 18:00경 V를 혼내줄 일이 있으니 ○○공원 놀이터로 데려오라는 P2의 연락을 받고 V에게 메시지를 보내 지난번 빌린 돈을 갚겠다며 ○○공원 놀이터로 나오게 하여 피해를 입혔다고 접수된 사안
언어폭력	명예훼손	P가 2025. 3. 중순부터 4. 초까지 같은 반 학생들에게 V에 대하여 부모님이 이혼하였다거나 가출을 자주 한다는 등의 이야기를 하거나 메시지를 보내 V에게 피해를 입혔다고 접수된 사안
	모욕	P가 2025. 4. 11. 2학년 3반 반 전체 단톡방에 V을 대상으로 진지충, 설명충[21], 재수 없는 새끼 등의 글을 올려 피해를 입혔다고 접수된 사안
	협박	P가 2025. 3. 31. 18:00경 ○○아파트 놀이터에서 V에게 신고하면 죽여버린다거나 집을 찾아가겠다는 등으로 겁을 주는 말을 하여 피해를 입혔다고 접수된 사안

---

21) 가해학생이 피해학생을 진지충, 설명충으로 부른 사안에서 법원은 '○○충'이라는 표현은 사람을 벌레에 비유하여 비하·비방하기 위하여 사용하는 표현이라고 보아 학교폭력을 인정하였습니다(대구지방법원 2018. 11. 19. 선고 2018구합21875 판결 참조)

금품갈취	공갈	P가 2025. 5. 2. 3교시 쉬는 시간 화장실에서 V의 뺨을 한 차례 때리고 돈을 주지 않으면 더 때리겠다고 말하는 등으로 겁을 주어 그 자리에서 2만 원을 받아 피해를 입혔다고 접수된 사안
	강요	P가 2025. 5. 2. 19:00경 ○○놀이터에서 V1의 배를 한 대 때리고 V2를 당장 불러오지 않으면 더 맞을 것이라고 말하는 등으로 겁을 주어 V1이 V2에게 나오라고 연락하게 하여 피해를 입혔다고 접수된 사안

따돌림	P1, P2, P3가 함께 2025. 3. 동안 같은 반 학생들만 있는 단톡방에 V에 대하여 아래와 같은 취지로 글을 올려 피해를 입혔다고 접수된 사안

순번	행위자	일시	취지
1	P1	2025. 3. 17.	V가 다른 학생들과 친학 척 하려는 거 재수없다
2	P2	2025. 3. 20.	오늘도 V가 아는 척을 해서 기분이 나쁘다
3	P1, P3	2025. 3. 31.	V랑 친하게 지내는 학생과는 절교하겠다

성폭력	P가 2025. 4. 18. 16:00경 ○○학원 강의실에서 다른 학생과 이야기를 나누고 있는 V의 다리를 몰래 찍어 V에게 피해를 입혔다고 접수된 사안
사이버폭력	P가 2025. 5. 5. 오후 자신의 인스타에 V의 사진, 학년, 반, 전화번호와 함께 '○○고등학교 여미새', '연락주세요' 등의 글을 올려 V에게 피해를 입혔다고 접수된 사안
가담	P가 2025. 5. 13. 점심시간 다른 학생들의 괴롭힘을 피하여 V가 화장실칸에 들어가자 그 문에 매달려 문 위로 V를 쳐다보는 행위를 하여 다른 학생들이 V를 괴롭히는데 가담하였다고 접수된 사안[22]
	P1이 2025. 4. 29. 21:00 ○○아파트 지하주차장 P2와 P3이 V를 때리는 현장에 같이 있으면서 그 장면을 휴대폰으로 촬영하고 다른 사람이 오지 않는지를 살피는 등의 행위를 하여 P2, P3의 학교폭력 가해행위에 가담하였다고 접수된 사안

---

22) 서울행정법원 2019. 5. 23. 선고 2018구합83604 판결 참조

심의위원회 진행

심의위원회 회의는 다음의 순서로 진행됩니다.

> ① 개회 및 사안보고 → ② 피해학생 및 보호자 진술 → ③ 가해학생 및 보호자 진술
> → ④ 학교폭력 여부 심의 → ⑤ 피·가해학생에 대한 조치 심의·의결

피해학생 측으로부터 피해 사실을 먼저 확인하고 가해학생 측에 그에 대한 의견을 듣는 순서로 진행하는 것이 보통이나 사안에 따라서는 가해학생 측 진술을 먼저 듣기도 합니다.

심의위원회 회의는 심의위원이 직접 피·가해학생과 그 보호자에게 묻고 답변을 들으면서 사실관계를 파악할 수 있도록 대면하여 진행하는 것이 바람직합니다. 「학교폭력 사안처리 가이드북」도 같은 취지에서 심의위원회 회의는 대면심의를 원칙으로 한다고 서술하고 있습니다. 피·가해학생과 그 보호자가 심의위원회에 직접 출석하여 진술하되 부득이한 사정으로 출석이 어려운 경우에는 서면진술서 등을 통하여 의견을 제출할 수 있습니다. 사안을 직접 경험한 당사자는 학생이기 때문에 보호자가 학생의 진술을 듣고 심의위원에게 전달한다고 하더라도 한계가 있습니다. 그러므로 가급적 학생이 출석하여 진술하는 것이 심의위원이 사실관계를 파악하고 적정한 결론을 내리는데 도움이 됩니다. 「학교폭력 사안처리 가이드북」은 심의위원회 시간과 학교 수업 시간이 겹치는 경우 심의위원회 출석을 위한 결석을 기타 부득이한 사유로 학교장의 허가를 받아 결석하는 경우로 보아 출석으로 인정할 수 있다고 안내하고 있기도 합니다.

Q&A
35

전화나 화상 등의 방식으로 심의를 진행할 수 있나요?

전화나 화상 등의 방식을 이용한 심의 진행도 가능합니다. 「학교폭력 사안처리 가이드북」은 피·가해학생 측의 요구가 있거나 도서지역의 경우 등 특별한 여건을 고려할 필요가 있는 경우에는 전화나 화상 등의 심의 방식을 활용할 수 있다고 안내하고 있습니다. 다만 피·가해학생 측의 요구가 있다고 하여 반드시 전화나 화상 등의 방식으로 심의를 진행해야 하는 것은 아닙니다. 전화나 화상으로 심의를 진행할 경우 녹음, 녹화 등으로 심의위원회 회의가 공개될 위험성이 있습니다. 심의위원회에서 위와 같은 위험성에도 불구하고 직접 대면 이외의 방식으로 심의를 진행할 필요가 있는지 판단하여야 합니다. 전화나 화상 등의 방식으로 심의를 진행하기로 심의위원회가 결정한 경우에도 녹음이나 녹화를 방지할 대책을 갖추어 심의위원회가 공개되지 않도록 주의해야 합니다.

Q&A
36

피·가해학생이나 그 보호자가 심의위원회 질의·응답 과정을 녹음할 수 있나요?

심의 과정을 녹음해서는 안 됩니다. 학교폭력예방법 제21조 제3항은 본문에서 심의위원회의 회의는 공개하지 않는다고 규정하고 있으며, 같은 법 시행령 제33조는 피·가해학생과 그 보호자의 개인정보에 관한 사항뿐만 아니라 심의·의결과 관련된 개인별 발언 내용도 같은 법 제21조 제1항에 따른 비밀로 규정하고 있습니다. 이러한 규정에 비추어보면 심의위원회의 회의를 공개하지 않는 이유는 피·가해학생과 그 보호자의 개인정보를 보호하기 위한 취지와 더불어 위원의 발언 내용이 함부로 외부에 공개되지 않도록 하여 심의위원회에서 자유롭고 활발한 심의·의결을 보장하고 이를 통하여 심의의 공정성을 확보하기 위한 취지라고 할 것입니다. 따라서 피·가해학생이나 보호자는 피·가해학생에 대한 질의·응답 과정에서 심의위원과 대화당사자로 질의·응답을 진행하고 있다고 하더라도 이를 함부로 녹음하여서는 안 됩니다.

가) 참석 범위

학교폭력예방법 제21조 제3항에 따라 심의위원회 회의는 공개하지 않으므로 피·가해학생 측 진술 시 피·가해학생이나 그 보호자가 아닌 제3자가 심의위원회 회의에 참석할 수 없습니다. 원칙적으로 학생의 부모가 보호자로서 심의위원회에 참석합니다. 부모 이외에 학생을 실질적으로 보호, 양육하고 있는 사람이 있는 경우에는 학생의 진술을 보조하거나 학생의 성향이나 상태를 파악하기 위하여 필요하다고 심의위원회가 인정하여야 참석할 수 있습니다.

Q&A 37 | 학생의 삼촌이나 이모도 심의위원회에 참석할 수 있나요?

원칙적으로 부모가 참석하여야 합니다. 다만, 삼촌이나 이모가 학생을 실질적으로 보호, 양육하고 있는 경우와 같이 특별한 사정이 있다면 심의위원회에 참석할 수 있습니다.

Q&A 38 | 피·가해학생 측 진술 시 피·가해학생 측이 선임한 변호사가 참석할 수 있나요?

피·가해학생 측이 선임한 변호사도 피·가해학생과 함께 심의위원회에 참석할 수 있습니다. 심의위원회는 특별한 사정이 없는 한 피·가해학생 측이 진술하는 시간에 피·가해학생 측이 선임한 변호사가 동석하여 진술하는 것을 거부할 수 없습니다. 징계심의대상자가 선임한 변호사가 징계위원회에 출석하여 징계심의대상자를 위하여 필요한 의견을 진술하는 것은 방어권 행사의 본질적 내용에 해당하므로 행정청은 특별한 사정이 없는 한 이를 거부할 수 없기 때문입니다.[23] 학교폭력대책지역위원회가 변호사의 참석을 거부한 사안에서 위와 같은 법리를 들어 변호사 참석을 막

---

23) 대법원 2018. 3. 13. 선고 2016두33339 판결 참조

은 것이 절차상 하자에 해당한다고 본 판례도 있습니다.[24] 이러한 법리는 학교폭력대책지역위원회뿐만 아니라 심의위원회에도 동일하게 적용된다고 볼 것입니다. 다만, 심의위원이 사실관계 파악을 위하여 사안을 체험한 학생의 진술을 직접 들을 필요가 있으므로 심의 진행 과정에서는 학생이 직접 진술하게 함이 바람직하고 변호사가 대신 대답하는 것을 제한할 수 있습니다.

나) 제척·기피 및 회피

학교폭력예방법 시행령 제26조는 심의위원에 대한 제척, 기피와 회피에 대하여 규정하고 있습니다.

제척은 법령에서 정한 사유가 있으면 별도 요청이 없더라도 당연히 해당 사안의 심의에서 제외되는 것을 의미합니다. 학교폭력예방법 시행령 제26조 제1항은 제척사유로 ① 위원이나 그 배우자 또는 그 배우자였던 사람이 해당 사건의 피해학생 또는 가해학생의 보호자인 경우 또는 보호자였던 경우와 ② 위원이 해당 사건의 피해학생 또는 가해학생과 친족이거나 친족이었던 경우, ③ 그 밖에 위원이 해당 사건의 피해학생 또는 가해학생과 친분이 있거나 관련이 있다고 인정하는 경우를 규정하고 있습니다.

기피는 심의 당사자가 위원에게 공정한 심의를 기대하기 어려운 사정이 있다고 인정할 만한 상당한 사유가 있음을 주장하고 심의위원회에서 이를 인정하는 경우 해당 심의위원을 심의에서 제외시키는 것입니다. 기피는 당사자가 서면으로 신청하여야 하며 해당 서면에는 기피 사유가 있음을 소명하는 내용이 포함되어야 합니다. 기피 사유로서 '심의위원에게 공정한 심의를 기대하기 어려운 사정이 있다'라고 함은 우리 사회의 평균

---

24) 울산지방법원 2020. 8. 13. 선고 2019구합8291 판결

적인 일반인의 관점에서 볼 때, 심의위원회 위원과 사건 사이의 관계, 즉 심의위원회 위원과 가해학생 사이의 특수한 사적 관계 또는 심의위원회 위원과 해당 사건 사이의 특별한 이해관계 등으로 인하여 심의위원회 위원이 불공정한 심의를 할 수 있다는 의심을 할 만한 객관적인 사정이 있고, 그러한 의심이 단순한 주관적 우려나 추측을 넘어 합리적인 것이라고 인정될 만한 때를 말합니다.[25]

회피는 심의위원에게 제척이나 기피 사유가 있는 경우 심의위원 스스로 심의에서 물러나는 것을 말합니다. 기피와 달리 회피는 심의위원회의 승인이 필요하지 않고, 심의위원이 회피하여 심의위원회 회의에서 퇴장하는 것으로 충분합니다.

Q&A 39 관련 학생 측에서 기피신청을 하겠다며 심의위원회 개최 전에 심의위원의 명단을 요구하면 어떻게 해야 하나요?

심의위원회 개최 전에 심의위원 명단을 공개할 의무는 없습니다. 심의위원 명단을 공개하는 경우 오히려 심의의 공정성을 훼손할 우려가 있기 때문입니다. 학교폭력예방법과 같은 법 시행령은 심의위원회 위원의 정보 공개 여부나 방식에 대하여 따로 규정을 두고 있지 않습니다. 오히려 학교폭력예방법 제21조 제3항은 원칙적으로 심의위원회의 회의를 공개하지 않는 것으로 정하면서, 같은 항 단서에서 "피해학생·가해학생 또는 그 보호자가 회의록의 열람·복사 등 회의록 공개를 신청한 때에는 학생과 그 가족의 성명, 주민등록번호 및 주소, 위원의 성명 등 개인정보에 관한 사항을 제외하고 공개하여야 한다."고 정하고 있을 뿐입니다. 이러한 규정에 비추어 보더라도 심의위원 명단을 제공할 의무가 있다고 보기 어렵습니다.[26]

---

25) 서울고등법원 2021. 5. 21. 선고 2020누53233 판결 참조
26) 서울고등법원 2021. 7. 16. 선고 2020누57068 판결(심리불속행 기각판결로 확정됨) 참조

기피 신청이 있는 경우 어떻게 심의하나요?

기피 신청을 받은 위원을 제외하고 남은 심의위원들이 심의하여 그 과반수로 기피 신청을 받아들일지 결정합니다. 이 경우 기피 신청에 대한 심의·의결의 공정성을 확보하기 위하여 기피 신청을 받은 위원은 기피 신청에 대한 심의가 진행되는 동안에는 심의장소가 아닌 다른 장소로 이동하여 대기하는 것이 바람직합니다. 한편, 학교폭력예방법 시행령 제26조 제3항은 기피신청 대상이 된 위원은 그 의결에 참여하지 못한다고 규정하고 있으므로 심의위원회를 진행하기 위하여 재적 위원 과반수가 출석하였는지를 판단할 때는 기피 신청을 받은 위원을 포함하여 판단하되, 기피 신청 인용여부를 의결할 때는 기피 신청을 받은 위원을 제외하고 남은 출석위원 과반수의 의견으로 결정합니다.

한 번에 여러 심의위원에 대하여 기피 신청을 한 경우에는 어떻게 처리하나요?

각 심의위원별로 기피 신청 인용 여부를 판단하고 특별한 사정이 없는 한 기피 신청을 받은 심의위원이라도 다른 위원에 대한 기피 신청 인용 여부를 판단할 때에는 참여할 수 있습니다.[27] 다만 기피 사유가 공통의 원인에 기인하는 경우에는 자신에 대한 의결뿐만 아니라 다른 위원에 대한 의결에도 참여할 수 없는데, 당사자가 심의위원 전원이나 대부분에 대하여 동시에 기피 신청을 하여 심의위원회를 진행할 수 없거나 기피 신청이 절차 지연을 목적으로 함이 명백한 경우 등에는 기피 신청권의 남용에 해당하여 신청 자체가 부적법하고 이 경우에는 기피 신청 대상이 된 위원이 기피 결정에 관여할 수 있습니다.[28]

---

27) 대법원 2000. 10. 13. 선고 98두8858 판결 참조
28) 대법원 2015. 11. 27. 선고 2015다34154 판결 참조

기피 신청이 인용되거나 심의위원이 회피하여 출석한 위원 수가
재적 위원 과반수에 미치지 못하는 경우 어떻게 하나요?

심의 진행을 정지하고 재적 위원 과반수 출석 요건을 갖춰 다시 심의
를 진행하는 것이 바람직합니다. 이에 대하여 학교폭력예방법 시행령 제14조 제5항
이 재적 위원 과반수의 출석을 개의요건으로 규정하고 있고, 달리 심의·의결 중에도
그 요건을 충족하여야 한다는 규정을 두고 있지 않으므로 재적위원 과반수 출석이 심
의, 의결 중에도 유지되어야 한다고 볼 수 없다는 판결[29]도 있습니다. 그러나 절차상
하자 유무를 놓고 불필요한 분쟁이 발생하는 것을 예방하기 위하여 가급적 심의 진행
과정 전체에서 재적 위원 과반수 출석 요건을 유지하는 것이 적절합니다.

다) 아동심리 관련 전문가 의견 청취

심의위원회는 학교폭력예방법 제13조 제5항에 따라 심의 과정에서 아
동심리와 관련된 전문가로부터 의견을 청취할 수 있는데, 피해학생이나
보호자가 요청하는 경우에는 반드시 전문가의 의견을 청취해야 합니다.
심의위원회는 전문가 의견 청취 방법을 선택할 수 있으므로 반드시 전문
가를 심의위원회에 출석하게 하여 의견을 청취하여야 하는 것은 아닙니
다. 서면으로 전문가의 의견을 청취하더라도 무방합니다. 아동심리 관련
전문가에는 소아청소년과 의사, 정신건강의학과 의사, 심리학자 외에도
학교나 교육지원청에 소속된 심리상담교사, 전문상담사 등이 포함됩니다.
피해학생이나 보호자가 아동심리 관련 전문가 의견 청취 요청 의사가
있는지를 확인하는 방법에 제한은 없습니다. 심의위원회는 심의위원회
참석을 안내하는 서면을 보낼 때 아동심리 관련 전문가 의견 청취 요청

29) 서울고등법원 2022. 6. 9. 선고 2021누54042 판결

의사 유무를 확인하는 서면을 함께 보내는 등의 방법으로 그 의사를 확인할 수 있습니다. 학교폭력예방법 제13조 제5항 단서에 따라 피해학생이나 보호자가 아동심리 관련 전문가 의견 청취를 요청하는 경우 심의위원회는 반드시 전문가의 의견을 청취하여야 합니다. 그러므로 피해학생이나 보호자가 아동심리 관련 전문가 의견 청취를 요청하였으나 심의위원회 당일까지 전문가로부터 의견서가 제출되지 않았거나 당일 출석하지 않는 등으로 전문가 의견 청취가 불가능한 경우에는 조치 결정을 유보하고 전문가 의견 청취가 가능한 때 다시 심의를 진행하여 조치를 결정하는 것이 바람직합니다.

관련 학생 및 보호자 질의응답

심의위원회는 신고된 사안이 학교폭력에 해당하는지 여부와 그에 따른 피·가해학생에 대한 조치를 결정하기 때문에 학교폭력 사안 처리 절차 중 가장 중요하고 핵심적인 절차라고 할 것입니다.

이를 위해서 심의위원은 사안을 명확히 파악해야 하고, 학교폭력과 관련한 법리도 충분히 숙지하고 있어야 하며, 아울러 학생이 처해있는 개별적인 상황도 헤아려야 합니다.

그러나 이 모든 것이 충족되었다고 평가하기는 어려운 것이 현재 실정입니다. 기관마다 운영 방식에 다소 차이가 있으나, 일반적으로 심의위원은 심의 당일 사안을 처음 접합니다. 사전에 관련 자료를 배포하는 기관도 있지만, 이 경우에도 기록 자체를 전달하기보다는 간략한 개요 정도의 설명을 하는 것이 대부분입니다. 관련 자료에는 개인정보와 민감한 내용이 다수 포함되기 때문입니다. 즉, 심의위원은 안타깝게도 사안을 사전에 충분히 파악하지 못한 상태에서 심의에 출석합니다. 그래서 실제로 심의위원이 관련 학생의 이름을 틀리거나, 피·가해 관계 자체를 혼동하거나, 당사자의 입장이나 진술을 오해하거나, 증거관계에 대한 이해가 부족하거나 하는 경우가 상당히 많이 발생하고 이는 결과적으로 관련 학생 및 보호자의 불만 혹은 민원 제기, 나아가 학교폭력 사안처리 절차 자체에 대한 불신으로 이어집니다.

거듭 설명하였듯이, 심의위원회 심의 단계는 학교폭력 사안 처리 절차 중 가장 핵심적인 절차입니다. 심의위원 스스로 절차와 역할의 중요성을 인지하고 노력해야 할 것입니다.

사전 기록 검토

학교폭력 사안은 신고 사실 이외에도 배경 혹은 원인이 되는 사건이나 관계가 존재하는 경우가 많고, 사안에 따라서는 행위가 일상적이고 반복적으로 이루어져 사실관계가 매우 복잡하고 관련 학생 간의 입장이 상반되어 쟁점이 다양한 경우가 많습니다.

그래서 심의위원은 사안 파악에 어려움을 겪습니다. 그러나 또 한편으로 심의위원이 심의 전에 관련 기록을 충분히 검토할 수 있는 상황도 아닙니다. 그러므로 심의위원은 제한된 상황에서 효과적으로 사안을 파악하고 쟁점을 정리할 수 있어야 합니다.

이를 위해 심의위원은 우선 학교가 작성한 학교폭력 사안 조사 보고서를 세심히 살피는 것이 바람직합니다. 학교폭력 사안 조사 보고서에는 사안의 내용, 발생 경위, 관련 학생의 입장 및 진술 사항, 쟁점 사항, 기본판단 요소와 관련한 구체적 사실 등이 담겨 있어야 합니다. 그러므로 학교가 학교폭력 사안 조사 보고서를 누락 없이 항목에 맞게 구체적으로 작성하였다면 심의위원회 역시 이를 통해서 심의를 위한 대부분의 정보를 파악할 수 있습니다.

학교폭력 사안 조사 보고서를 검토한 이후, 관련 학생들이 직접 작성한 학생 확인서를 검토합니다. 학생 확인서 작성은 학교폭력 사안 조사의 시작이며 당사자의 직접 진술이기 때문에, 심의위원은 반드시 그 내용을 파악하고 있어야 합니다. 그리고 이와 아울러 목격자 확인서, 영상, 사진, 녹음 파일, 녹취록 등을 비롯한 관련 증거를 살피고, 관련 학생 진술의 진위 혹은 신빙성을 검토합니다.

심의위원회 간사의 경우 관련 기록을 사전에 충분히 검토합니다. 그리고 조사 과정에서 책임교사 등 학교와 적극적으로 소통하고 당사자와도 직접적인 소통을 하기 때문에, 사안의 내용을 명확히 파악하고 있습니다. 따라서 심의위원은 사전 검토 시 심의위원회 간사에게 적극적으로 질의하며 관련 사항을 파악해야 할 것이고, 간사 역시도 사실관계가 복잡하고 쟁점이 다양한 사안의 경우 심의위원의 이해를 돕기 위한 보충 설명 자료를 제작하는 등의 노력을 기울여야 할 것입니다.

질의·응답 시 유의사항

/

가) 지양해야 할 태도

심의위원의 충분한 사전 검토를 전제로 관련 학생 및 보호자에 대한 질의·응답을 진행해야 합니다. 그래서 관련 학생의 신원 사항, 당사자 관계, 사안 발생 일시 및 장소, 행위의 내용 등 기초적인 정보는 명확히 파악하고 있어야 합니다. 피·가해 학생의 이름을 바꾸어 부르거나 여러 명의 학생이 관련된 사안에서 학생별 행위 내용을 혼동해서는 안 될 것입니다.

관련 학생 및 보호자는 심의위원회에 출석하기 전 조사 과정, 심의위원회 출석 안내문, 심의위원회에 출석하여 간사의 사안 개요 설명을 통해 사안에 대하여 안내받고 그에 대한 입장 표명을 합니다. 따라서 앞선 절차 혹은 기록을 통해 다툼 없이 명백히 확인되고 인정되는 구체적 사실 대하여 심의위원회 질의·응답 시에 또다시 반복해서 질의할 이유는 없습니다. 다툼이 있는 사실, 쟁점 사항에 집중하여 질의하는 것이 바람직합니다.

학교폭력과 무관한 심의위원 본인의 단순 궁금증을 해소하기 위한 목적의 질문은 지양하는 것이 타당합니다. 예를 들어, 학생이 도박 자금 마련을 위해 다른 학생의 금품을 갈취한 사건에서 금품 갈취 행위가 학교폭력이지 도박 행위 자체는 학교폭력은 아니며, 학교폭력이 이루어진 배경 혹은 원인입니다. 그리고 도박 행위 자체는 학교폭력 사안 처리가 아닌 초·중등교육법상의 징계 절차에 따라 판단하여 처리합니다. 따라서 심의위원회는 도박과 관련한 사실관계보다는 금품 갈취 행위에 집중하여 질의를 하여야 할 것입니다.

무엇보다도 질의·응답이라는 절차의 의미와 기능에 부합하여야 합니다. 질의·응답 절차는 관련 학생 및 보호자에게 의견진술 기회를 부여하는 것입니다. 그러나 이를 훈육·훈계의 자리로 오인하는 것은 적절하지 않습니다. 그리고 학교폭력예방법의 목적은 피해학생의 보호와 가해학생의 선도 및 교육입니다. 그럼에도 불구하고 매우 공격적인 태도로 잘못을 추궁하거나 사소한 부분에 대하여까지 거짓말 찾기에 집착하는 경우도 질의·응답 절차의 의미와 기능에 부합하지 않는 태도입니다.

또한 가해학생 및 보호자와의 논쟁은 피해야 합니다. 거듭 설명하듯이 질의·응답은 심의 당사자에게 의견진술 기회를 부여하는 것이지, 심의위원과 토론하거나 논쟁하는 자리가 아닙니다.

나아가 객관적이고 공정한 입장에서 질의·응답을 실시하여야 합니다. 이는 피해학생 및 보호자에 대한 질의·응답을 할 때나 가해학생 및 보호자에 대한 질의·응답을 할 때 모두 마찬가지입니다.

가해학생에 대한 질의·응답 시, 가해학생 및 보호자가 위원의 판단이나 생각에 부합하지 않는 답변을 할 수 있고 위원이 기대한 답변을 하지 않을 수 있습니다. 심지어 객관적인 증거에 배치되는 답변을 할 수도 있습니다. 이에 대하여 심의위원이 이를 잘못이라 지적하고 반성을 유도하는 것은 타당하지 않습니다.

반대로 피해학생 및 보호자에 대한 질의·응답시에도 과도하게 공감하는 태도를 보이는 것은 당사자에게 결과에 대한 오해를 불러일으킬 수 있습니다. 그리고 무엇보다도 심의 순서상 피해학생 및 보호자에 대한 질의·응답이 먼저 이루어진다는 점에 비추어 갈등 관계 일방의 진술에만 의존하여 섣불리 편향된 판단을 하는 것은 적절하지 않습니다.

심의위원의 역할은 사안이 학교폭력에 해당하는지 여부와 학교폭력에 해당하는 경우 피·가해학생에 대한 조치를 결정하는 것입니다. 따라서 심의위원의 질의 역시도 이에 집중하여 진행하여야 합니다.

학교폭력 해당성을 판단하기 위해서는 우선 구체적 사실관계를 확정하여야 합니다. 이를 위해서는 사전에 관련 기록을 통해 피해학생의 신고 사실에 대하여 가해학생이 인정하고 있는지 부인하고 있는지, 일부는 인정하고 일부는 부인하고 있는지 등을 먼저 파악한 이후 부인 혹은 일부 부인하고 있는 사항에 집중하여 증거를 세심히 살피고 관련 학생 진술의 진위와 신빙성을 판단하여야 합니다. 이를 통해서 명확한 사실관계를 확정할 수 없을 때 불분명한 부분을 질의·응답을 통해 보다 구체적으로 확인하여야 합니다.

그리고 피해학생에게 현재 심경, 치료 진행 여부, 필요한 조치 등을 질의하고 이를 확인하여 피해학생에게 실제적으로 필요한 보호조치가 이루어질 수 있도록 해야 합니다.

또한 가해학생에게게는 가해학생 조치의 기본판단 요소(① 심각성, ② 지속성, ③ 고의성, ④ 반성정도, ⑤ 화해정도)와 관련한 사항을 질의합니다. 사안의 조사 시점과 심의 시점 사이에는 상당한 시차가 존재하고, 그 시차 동안에 당사자 간의 관계가 충분히 달라질 수 있습니다. 기본판단 요소 다섯 가지 중 반성정도와 화해정도는 행위 자체에 대한 평가라기보다는 행위가 이루어진 이후 사정에 대한 고려이기 때문에 이에 관하여는 질의·응답 시 필수적으로 확인하여야 할 것입니다. 그리고 반성정도와 화해정도는 가해학생의 진술만으로 판단할 수는 없으므로 피해학생 질의·응답 시에도 확인하여야 할 것입니다.

결정

사실 확정

심의위원회는 관련 학생 및 보호자에 대한 질의·응답을 마치고 나서 가장 먼저 신고 사실이 인정되는지에 대한 판단을 하여야 합니다.

피해학생의 신고 사실에 대하여 가해학생이 모두 인정하거나, 신고 사실을 확인할 수 있는 객관적 증거가 존재한다면 사실인정에 어려움은 없을 것입니다. 그러나 학교폭력이라는 갈등의 특성상 관련 학생 간 진술이 불일치하는 경우가 많고, 일상적으로 반복하여 발생하는 만큼 이를 확인할 수 있는 객관적 증거가 존재하지 않는 경우가 대부분입니다.

그렇기 때문에 심의위원회는 학교의 조사 내용 및 결과, CCTV, 녹음파일, 사진 등 관련 증거, 목격자 진술서, 관련 학생 및 보호자 질의·응답 내용 등을 종합적으로 고려하여, 피해학생의 신고 사실을 어디까지 인정하여 조치사유로 삼을 것인지 판단하여야 합니다.

학교폭력으로 인정될 경우 가해학생에 대한 징계 조치가 이루어지기 때문에 신중하게 사실인정을 판단해야 합니다. 그리고 추후 조치 결정 사항에 대하여 행정심판 혹은 행정소송이 제기될 경우, 학교폭력을 행사하였다는 점에 대한 증명책임은 처분을 하는 자에게 있습니다. 그러므로 심의위원회는 사실인정의 근거와 합리적인 논리가 있어야 합니다.

그러나 간혹 학교폭력의 사실인정을 하는 과정에서 마치 형사범죄를 판단하듯이 객관적 증거가 없는 경우 피해학생의 주장을 인정하지 않는 경우가 있는데, 이 역시도 적절하지 않습니다. 학교폭력예방법상 가해 학생의 조치원인이 되는 사실의 인정은 형사소송에서와 같이 엄격한 증거 능력을 갖춘 증거에 의할 것을 요하지 않고, 합리적 의심을 배제할 정도의 엄격한 증명을 필요로 하지는 않습니다.[30] 따라서 피해학생의 진술이 직접 경험하지 않고서는 진술하기 어려운 세부적인 사항까지 포함하고 있고, 신고 당시부터 심의에 이르기까지 일관된 진술을 하고 있고, 이와 모순되는 특별한 사정이 없고, 피해학생의 진술에 부합하는 정황이 존재한다면 피해학생의 주장을 인정할 수 있을 것입니다.

가) 관련 학생 간 진술 일치 여부 및 정도 파악

【 사례 】

V와 P는 같은 중학교 같은 학급 학생입니다. V는 P가 평소 교실에서 때리고, 욕하고, 심부름을 시켰다고 하며 이에 대한 고통을 호소하며, P의 행위를 학교폭력으로 신고하였습니다. V가 신고한 P의 행위는 다음과 같습니다.

V의 신고 내용 : 4월 20일 2교시 쉬는 시간 V는 본인 자리에 앉아있었고, P가 V에게 다가오더니 V의 어깨를 치고 갔고 V가 항의하자 P는 "어쩌라고 이 XX 새끼야"라고 욕설을 하였음. 4월 25일 하교하는 길에 P가 V에게 오더니 5천 원만 빌려달라고 하였고, 이에 V는 빌려주기 싫었지만 거절하면 계속 빌려달라고 할 것 같아서 빌려주었으며 수일이 지난 현재까지도 갚지 않고 있음. 5월 1일 오후 다음 수업을 위해 음악실로 이동해야 했는데, P가 V에게 자신의 책과 필통을 옮겨 놓으라고 심부름을 시킴.

---

30) 수원지방법원 2020. 8. 27. 선고 2019구합73537

> **P의 주장 :** 이에 대하여 P는 4월 20일 어깨를 친 것이 아니라 V가 앉아있는 자리를 지나가던 중 A라는 다른 친구가 자신에게 물건을 던지려는 장난을 쳐서 이를 피하는 과정에 부딪히게 된 것이고, 욕설을 한 것은 맞지만 이는 V가 먼저 "왜 치냐 이 XX 새끼야"라고 욕을 해서 그에 대한 대응으로 한 것이라고 주장. 4월 25일 돈을 빌려달라고 한 것과 V가 실제로 돈을 빌려준 것은 사실이지만 이는 그야말로 빌린 것이며, 이후 돈을 빌린 사실을 잊어버려 갚지 못한 것이라고 주장. 5월 1일 V에게 심부름을 시킨 사실은 전혀 없다고 주장.

위 사례에서 피해학생이 신고한 가해학생의 행위는 ① 4월 20일 어깨를 친 행위, ② 4월 20일 욕설을 한 행위, ③ 4월 25일 돈을 빌려 간 행위, ④ 5월 1일 심부름을 시킨 행위로 총 4가지입니다.

심의위원회는 피해학생이 신고한 가해학생의 네 가지 행위에 대하여 각각 인정 여부를 판단하여야 합니다. 우선 피해학생의 신고 사실에 대하여 가해학생은 4월 20일 어깨를 친 행위, 4월 20일 욕설을 한 행위, 4월 25일 돈을 빌려 간 행위 자체는 인정하고 있습니다.

가해학생이 어깨를 치게 된 것은 다른 친구의 장난을 피하는 과정에서 부딪히게 된 것이지 일부러 피해학생을 때린 것은 아니고, 욕설도 피해학생의 욕설에 대응하는 차원에서 하게 된 것이라고 하고 있고, 돈을 빌려 간 것은 맞지만 갚을 생각이었고 이후 잊어버려서 갚지 못했다는 등 학교폭력이 아니라고 주장하고는 있습니다. 그러나 이와 같은 가해학생의 주장은 인정된 사실관계가 학교폭력에 해당하는지 여부를 판단할 때 고려하여야 할 사항이지 신고 사실의 존부를 판단할 때 고려할 사항은 아닙니다.

다만, 심부름에 대하여는 전면 부인하고 있기 때문에 심의위원회는 심부름 행위의 존재 여부에 대한 판단을 해야 합니다. 피해학생이 주장하는 심부름 행위가 발생한 시점은 이동 수업이 이루어지는 과정이었기 때문에 만일 가해학생이 심부름을 시켰다면 다른 학생들도 들었거나 보았을 가능성이 있습니다. 따라서 심부름 행위에 대한 목격자가 있는지, 있다면 그들의 진술이 어떠한지 등에 대한 확인이 필요합니다.

그리고 피해학생을 통해 당시 구체적 상황 묘사, 실제로 심부름을 하였는지 여부, 가해학생의 정확한 발언 내용과 태도, 그에 대한 피해학생의 대응, 이전에도 동일한 행위가 있었는지 여부, 평상시 피해학생과 가해학생의 관계 등을 확인하여야 합니다. 가해학생은 심부름 행위를 전면 부인하고 있으므로, 목격 학생이 없다면 이에 관하여는 피해학생을 통해 확인할 수밖에 없습니다.

특히, 가해학생의 주장처럼 4월 20일 피해학생이 먼저 욕설을 하였는지에 대한 확인이 필요합니다. 피해학생의 욕설 여부는 가해학생 욕설이 이루어진 배경 및 원인이므로 가해학생의 욕설에 대한 학교폭력 해당성을 판단함에 있어 중요한 사실이 되는 것은 물론이고, 평상시 피해학생과 가해학생의 관계를 추단할 수 있는 요소일 것입니다. 만일 가해학생의 주장과 같은 피해학생의 욕설이 존재하였다면, 학급 내 가해학생과 피해학생의 고정된 지위의 우위와 열위를 인정하기는 다소 무리가 있을 것이며, 이를 통해 가해학생이 피해학생에게 강압적으로 심부름을 시킬 수 있을 것이라고 선뜻 인정하기는 어려울 것입니다.

나) 증거 검토

> ### 【 사례 】
>
> V는 중학교 3학년 학생이고, P는 고등학교 1학년 학생입니다. 그리고 V와 P는 작년에 같은 중학교에 재학하였습니다. P는 자신이 졸업한 이후에 V를 비롯한 후배들이 전과 다르게 자신의 말을 잘 듣지 않는다고 하며, V를 포함하여 4명의 후배를 불러냈습니다.
>
> **V의 신고 내용 :** 위 상황에서 P는 V를 포함한 4명의 후배들에게 욕설을 하며 위협적인 태도로 이야기함. 그리고 V의 얼굴과 다리를 주먹과 발로 가격하였으며, 이로 인해 V에게 4주의 치료를 요하는 상해가 발생하였다고 주장하며 학교폭력으로 신고함. 그리고 이와 관련하여 상해진단서를 제출하였음.
>
> **P의 주장 :** V를 포함한 4명의 후배들을 불러낸 것은 사실이나, 후배들이 P가 같은 학교에 다닐 때에는 친하게 지내며 자주 만나 같이 놀기도 하였는데, 졸업한 이후에는 자신을 배제하고 무시하기까지 하여 화가 나서 이를 따지려고 후배들을 불러낸 것임. 후배들을 불러내서 왜 나를 무시하냐고 그러지 말라고 따져 묻고 서운함을 표출하기는 하였고, 이 과정에서 욕설이 섞여 나온 것은 사실임. 그러나 V를 때린 적은 없고, 정확한 기억은 나지 않지만 만일 신체접촉이 있었더라도 이는 때린 것이 아니라 따져 묻는 과정에서 자연스럽게 발생한 신체접촉임.
>
> **참고사항 :** 당시 상황에 동석하고 있던 나머지 3명의 학생 중 2명은 P가 V를 때린 적은 없다고 진술하였고, 나머지 1명은 V의 주장과 동일하게 P가 주먹과 발로 V의 얼굴과 다리를 가격하였다고 진술함.

위 사례에서 피해학생은 상해에 의한 학교폭력을 신고하였습니다. 불러낸 행위, 욕설을 한 행위 모두 학교폭력에 해당할 소지는 있으나, 이에 관하여 신고되지는 않았고 조사가 이루어지지도 않았습니다. 따라서 심의위원회는 상해에 의한 학교폭력에 한정하여 심의를 진행하여야 합니다.

위 사례의 사실관계를 확정하기 위해 가장 중요한 사항은 함께 있던 3명의 진술일 것입니다. 이들이 별도로 학교폭력 신고를 하지는 않았기 때문에 심의 대상으로 삼을 수는 없으나 P의 학교폭력 피해학생입니다. 동시에 P의 V에 대한 행위의 목격자이기도 합니다. 그러나 이 3명의 진술이 일치하지 않습니다. 2명은 P가 V를 때리지 않았다고 하고, 1명은 때렸다고 하고 있습니다. 우선 조사 과정에서 3명의 학생이 처음 모일 때부터 상황이 종료될 때까지 전 과정에 걸쳐 V와 함께 있었던 것인지부터 확인하여야 합니다. 만일 함께 있었다고 한다면, 양 진술 중 어느 하나는 허위의 진술일 수밖에는 없습니다.

심의위원회는 때리지 않았다고 진술한 2명 학생의 진술이 P의 요청이나 강박 혹은 회유에 의해 이루어진 것은 아닌지, 아니면 반대로 때렸다고 진술한 1명 학생의 진술이 V의 요청 혹은 강박 및 회유에 이루어진 것은 아닌지를 살펴야 합니다. 3명 학생의 진술이 조사 과정에서 달라진 것은 없는지, 구체적 상황에 대하여 묘사하고 있는지, 자체적인 모순은 없는지 등을 살펴야 합니다. 특히, 때렸다고 진술한 1명 학생의 진술과 V의 진술이 세세한 사항까지 일치하고 있는지, 때렸다고 진술함으로써 P로부터 보복을 당할 염려는 없는지 등을 고려하여야 할 것입니다. 만일 P로부터 보복을 당할 염려가 있거나 위협을 받았다면, 해당 학생이 허위의 진술을 하면서까지 그와 같은 위험을 감수할 이유가 없는 것은 아닌지 고려하여야 합니다.

그리고 V는 상해진단서를 제출하였습니다. 많은 학교폭력 사안에서 피해학생들은 진단서를 제출합니다. 형사 절차에서는 피해자가 제출하는 상해진단서는 의사가 피해자의 진술을 토대로 상해의 원인을 파악한 후 의학적 관찰과 판단을 하여 상해의 부위와 정도 등을 기재한 것이므로 상해진단서에 기재된 상해가 곧바로 가해자의 행위로 인하여 발생하였다는 사실을 직접 증명하는 증거가 되기에는 부족하다고 봅니다. 다만, 상해 진단일자, 상해진단서 작성 일자가 상해 발생 시점과 근접하고 상해진단서 상의 상해 부위와 정도가 피해자가 주장하는 원인 및 경위와 일치하고, 특별히 상해진단서 발급 경위를 의심할 만한 사정이 없고, 피해자가 달리 상해를 입을만한 정황이 없는 경우에 상해진단서는 상해 사실에 대한 유력한 증거가 되고 합리적인 근거 없이 그 증명력을 함부로 배척할 수 없습니다.[31]

따라서 심의위원회는 V가 상해진단서를 제출하였다는 점만을 가지고 V의 주장을 인정하고 P의 주장을 거짓이라고 단정하여서는 안 되고 그 내용을 살펴야 합니다. 상해진단서의 작성일자, 진단일자와 사안 발생 시점 간의 시차를 확인하고, 상해진단서 기재 상해 부위 및 정도를 V가 진술하는 내용과 비교하여 일치하는지를 살피고, V가 P 이외에 다른 사건을 이유로 상해가 발생할 사정이 있었는지를 종합적으로 확인하여 P의 학교폭력 사실과 그 피해의 정도를 인정하여야 할 것입니다.

---

31) 대법원 2016. 4. 28. 선고 2016도1832 판결 참조

학교폭력에 해당하는지 판단

/

심의위원회는 사실관계를 확정하고 나면, 인정된 사실이 학교폭력에 해당하는지를 판단하여야 합니다. 그리고 이때 심의위원은 학교폭력의 정의 및 성립요건을 살펴야 합니다.

학교폭력예방법에서는 학교폭력을 다음과 같이 정의하고 있습니다. 2025년 8월 1일부터 시행하는 법률을 기준으로 설명하겠습니다.

학교폭력예방 및 대책에 관한 법률

제2조 (정의) 이 법에서 사용하는 용어의 정의는 다음 각 호와 같다.

1. "학교폭력"이란 학교 내외에서 학생을 대상으로 발생한 상해, 폭행, 감금, 협박, 약취·유인, 명예훼손·모욕, 공갈, 강요·강제적인 심부름 및 성폭력, 따돌림, 사이버폭력 등에 의하여 신체·정신 또는 재산상의 피해를 수반하는 행위를 말한다.

1의2. "따돌림"이란 학교 내외에서 2명 이상의 학생들이 특정인이나 특정집단의 학생들을 대상으로 지속적이거나 반복적으로 신체적 또는 심리적 공격을 가하여 상대방이 고통을 느끼도록 하는 모든 행위를 말한다.

1의3. "사이버폭력"이란 정보통신망(「정보통신망 이용촉진 및 정보보호 등에 관한 법률」 제2조제1항제1호의 정보통신망을 말한다)을 이용하여 학생을 대상으로 발생한 따돌림, 딥페이크 영상 등(인공지능 기술 등을 이용하여 학생의 얼굴·신체 또는 음성을 대상으로 성적 욕망 또는 불쾌감을 유발할 수 있는 형태로 편집·합성·가공한 촬영물·영상물 또는 음성물을 말한다)을 제작·반포하는 행위 및 그 밖에 신체·정신 또는 재산상의 피해를 수반하는 행위를 말한다.

위 학교폭력예방법 제2조에 의할 때, 학교폭력의 성립요건은 ① 객체 (학교 내외에서 학생을 대상), ② 행위 태양(상해, 폭행, 감금, 협박, 약취·유인, 명예훼손·모욕, 공갈, 강요·강제적인 심부름 및 성폭력, 따돌림, 사이버폭력 등), ③ 결과 발생(신체·정신 또는 재산상의 피해를 수반)입니다.

심의위원회에서 학교폭력 해당성을 판단할 때 주로 살펴야 할 요건은 행위 태양 요건입니다. 만일 학생을 대상으로 한 행위가 아니었다면 처음부터 학교폭력으로 신고·접수가 이루어지지 않았을 것이고 심의위원회 역시 개최되지 않았을 것입니다. 그리고 결과 요건의 경우 정신적 피해를 포함하고 있는 만큼, 이는 피해학생의 진술로서 충분히 판단할 수 있습니다. 따라서 심의위원회가 결과 요건을 판단하는 데 특별한 어려움은 없습니다.

그러나 행위 요건은 그 내용상 "상해, 폭행, 감금, 협박, 약취·유인, 명예훼손·모욕, 공갈, 강요·강제적인 심부름 및 성폭력, 따돌림, 사이버폭력 등"이라고 규정하고 있기 때문에, 피해학생이 피해를 호소하고 있다고 하여 전부 학교폭력으로 인정되는 것은 아닙니다. 인정된 사실관계가 위 행위 요건에 해당하는지, 해당한다면 어떤 행위에 해당하는지를 검토하여 판단하여야 합니다. 그리고 이때, 학교폭력 관련 법리의 충분한 이해가 전제되어야 합니다.

심의위원회에서 가해학생이 피해학생을 때린 행위, 욕설한 행위, 위협하며 돈을 빼앗은 행위 등 전형적인 학교폭력 행위를 두고 해당성을 고민하지 않습니다. 심의위원들은 장난으로 보이는 행위, 일상적인 갈등 상황, 협박 혹은 명예훼손과 같은 다소 낯선 행위, 학교폭력예방법에 명시적으로 규정하고 있는 행위는 아니지만, 피해학생이 피해를 호소하는 경우 등에서 사안이 학교폭력인지 아닌지를 고민합니다.

가) 학교폭력예방법에서 규정하고 있는 행위만 학교폭력인지

> ### 【 사례 】
>
> V는 초등학교 2학년 학생이고, P는 초등학교 5학년 학생입니다. P는 V가 친구들과 만화 캐릭터가 그려진 카드를 가지고 대결을 하며 놀고 있는 모습을 보았습니다. 그리고 V와 P는 처음 만난 사이입니다.
>
> P는 V에게 "나랑도 대결하자."라고 했고, V는 싫다고 했습니다. 이어 P는 자신의 카드를 내보이며 V에게 "이거랑 아까 니 카드랑 바꾸자."라고 하였고, V는 싫다고 했습니다. 그러자 P는 V가 친구들과 카드 놀이를 하고 있을 때, V의 가방을 들고 달렸고, 가방 안에서 카드를 꺼내 갔습니다.
>
> **V의 주장 :** 초등학교 5학년인 P가 계속 자기랑도 카드놀이를 하자고 해서 싫었고, 싫다고 했는데도 계속 하자고 해서 피하고 싶었다. P가 가방을 가지고 도망가서 쫓아갔지만 따라잡을 수 없었고, P는 그것을 보며 놀렸음.
>
> **P의 주장 :** 단순히 V와 카드 놀이를 하고 싶어서 제안한 것이고, V가 계속 거절해서 화가 나 가방에 들어 있던 카드를 훔쳐 달아난 것임.
>
> **참고사항 :** P는 V가 자신에게는 없는 카드를 가지고 있는 것을 보며 갖고 싶은 마음이 있었던 건 사실이라고 진술하였음.

심의위원회는 P가 V에게 카드놀이를 하자고 요구한 것과 V의 카드를 꺼내 달아난 것이 학교폭력에 해당하는지에 대하여 판단하여야 합니다.

이를 위해서는 P의 행위가 학교폭력예방법 제2조에서 규정하고 있는 학교폭력의 행위 중 어느 행위에 해당하는지, 해당하는 행위 태양이 없다고 이를 학교폭력으로 인정할 수 없는 것인지 등을 살펴야 합니다.

이에 관하여 판례는 학교폭력의 정의 규정에서 학교폭력을 한정적으로 열거하고 있다고 할 수 없고 예시하고 있다고 판단합니다. 즉 학교폭력

행위가 학교폭력예방법 제2조에서 규정하고 있는 행위에 국한되는 것이 아니라, 예시한 행위와 유사하거나 그에 준하는 피해를 발생시키는 행위이고, 실제로 피해학생이 피해를 호소하고 있으며, 피해학생을 보호하고 가해학생을 선도 및 교육할 필요가 인정된다면 학교폭력으로 판단하여야 합니다.

위 사례와 같이, 초등학교 저학년인 V로서는 처음 본 상급생인 P가 카드 대결을 하자고 반복하여 요구하는 것에 대해 겁을 먹거나 불안감을 느끼기 충분합니다. 그리고 P가 자신에게는 없는 카드를 V가 가지고 있는 것을 보며 갖고 싶은 마음이 있었던 건 사실이라고 진술한 내용에 비추어, P가 세 살이나 어린 V와 단순히 놀이를 하거나 친하게 지낼 목적으로 놀이를 제안한 것은 아니었을 것으로 인정할 수 있습니다. 그리고 V가 거부하자 화가 나서 V의 가방을 들고 도망가면서 가방 안에 있던 카드를 꺼낸 것 가져간 것은 단순한 절취행위가 아니라 상급생인 P가 V의 물건을 빼앗은 것으로 학교폭력으로 인정하기에 충분하다고 할 것입니다.

나) 학교폭력 행위와 형사상 범죄 행위가 동일한 것인지

【 사례 】

P와 V1, V2는 중학생으로 모두 같은 반 친구이며 친한 친구 사이였습니다. 그러던 중 P가 V1에게 "너 내 뒷담화 좀 하고 다니지 마, 진짜 한번 만 더 그러다 걸리면 죽는다. 이 XX 새끼야."라는 메시지를 비롯하여 수개월에 걸쳐 욕설을 포함한 메시지를 보냈습니다. 그리고 V2에게도 "너 V1이 내 욕하고 다니는 거 알았지?, 근데 왜 나한테 얘기 안했냐 이 XXX아, 너도 이제 아웃이야."라는 SNS 메시지를 비롯하여 수개월에 걸쳐 욕설을 포함한 SNS 메시지를 보냈습니다.

V1, V2의 주장 : V1은 P의 뒷담화를 한 적 없다고 주장. V2는 V1이 P의 뒷담화 하는 것을 본 적 없다고 주장. P의 메시지로 인해 상당한 스트레스를 받았고, P의 메시지를 받고 나서 실제로 본래 친하게 지냈던 친구들이 자신들을 피했고, 대화를 하다가도 P가 나타나면 서둘러 자기 자리에 돌아가 앉는 등 학교 생활에 있어서도 어려움을 겪고 있음.

P의 주장 : 친구로부터 V1이 자신의 뒷담화를 하였다는 사실과 그 자리에 V2도 같이 있었다는 사실을 전달받음. V1, V2와 평소 친하게 지냈기 때문에, 이들의 행동에 배신감과 충격을 받았음. 그래서 더이상 친하게 지내지 않겠다는 의사를 다소 과격한 방식으로 전달한 것이고, 여러 사람이 있는 단체 대화방에 메시지를 전송한 것이 아니라 개인적으로 한 명씩 메시지를 보냈음.

참고사항 : P, V1, V2와 친하게 지냈던 학생들은 모두 P가 V1, V2과 친하게 지내지 말라고 요청했고, 실제로 P의 눈치가 보여 V1, V2에게 전과 다르게 행동하였다고 진술하였음.

위 사례에서 주요한 쟁점은 P가 V1과 V2에게 각각 개인적으로 한 명씩 메시지를 보낸 것이 학교폭력에 해당하는지 입니다.

학교폭력예방법 제2조에서 규정하고 있는 학교폭력의 행위 유형 따돌림을 제외한 나머지 행위 즉, 상해, 폭행, 감금, 협박, 약취, 유인, 명예훼손, 모욕, 공갈, 강요, 성폭력 행위는 표현 자체만 보았을 때 모두 형사상 범죄 행위에도 해당합니다. 그렇다면, 학교폭력예방법에서 규정하고 있는 위 각 행위가 형사상 범죄 행위에서의 개념 혹은 인정 범위까지도 동일한 것인지 판단하여야 합니다.

이에 관하여 판례는 학교폭력예방법 제2조에서 규정하고 있는 명예훼손·모욕 등은 형법상 명예훼손죄, 모욕죄와 동일하게 보아 그 성립요건 구비 여부에 따라 판단할 것이 아니라 학생의 보호 및 교육 측면에서 달리 해석하여야 할 필요가 있다고 판단하였습니다.

위 사례에서 P는 자신이 한 명씩 개별적으로 SNS 메시지를 보냈다는 점을 강조하고 있습니다. 이는 모욕죄의 구성요건인 공연성이 존재하지 않으므로 자신의 행위가 학교폭력에 해당하지 않는다는 주장입니다. 그러나 앞서 설명한 바와 같이 학교폭력으로서의 모욕과 형사상 범죄 행위로서의 모욕죄는 그 범위가 다르고, 모욕죄의 성립요건 구비 여부를 가지고 학교폭력으로서의 모욕 인정 여부가 그대로 동일하게 판단되는 것은 아닙니다.

P가 수개월에 걸쳐 V1과 V2에게 욕설이 담긴 SNS 메시지를 보낸 점은 인정되고, 메시지의 내용과 횟수 등을 고려할 때 V1과 V2가 해당 메시지로 인해 상당한 정신적 피해를 입었음을 인정할 수 있습니다. 그리고 실제로 V1과 V2가 피해를 호소하기도 하였습니다. 더욱이 P가 학급 학생들에게 V1, V2와 친하게 지내지 말 것을 요청한 사실이 인정되고 V1과 V2가 이로 인한 피해를 주장하고 있습니다.

그러므로 P가 V1과 V2에게 욕설이 담긴 SNS 메시지를 보낸 행위와 친하게 지내던 무리에서 제외시킨 것은 학교폭력에 해당합니다.

【 사례 】

V와 P1, P2는 같은 고등학교 같은 반 학생입니다. 중간고사 시험 중 P1은 V가 몸을 옆으로 숙이고는 바닥을 쳐다보는 모습을 목격하였습니다. P1은 V의 행동을 부정행위라고 생각했습니다.

그래서 P1은 쉬는 시간에 V에게 가서 "너 아까 컨닝했지?"라고 물어보았고, 이에 V는 아니라고 하였습니다. P1은 V가 쳐다보았던 바닥에 있던 책을 뒤지며 "야 여기 종이 있네, 너 아까 이거 본 거잖아."라고 하였습니다. V는 시험 공부를 하며 정리해둔 종이이며, 시험시간에 어떻게 이걸 꺼내 보냐고 하였습니다.

P2은 P1과 V의 실랑이를 보고, P1에게 무슨 일이냐고 물어보았습니다. 그런데 쉬는 시간이 끝나서 대화를 이어가지는 못했습니다.

다음 쉬는 시간에 P2는 P1에게 가서 이전 상황에 대해 물어보았고, 이에 P1은 V가 부정행위를 한 것 같다고 하며, 당시 상황을 설명하였습니다. 그리고 P1과 P2의 대화를 주변에 있던 다른 학생들도 듣고 있었고, V도 듣게 되었습니다. 이에 V는 P1에게 "내가 아까 아니라고 했는데, 뭐 하는 거냐"라고 따져 물었고, 이에 P1과 P2는 미안하다고 하였습니다.

하지만, V는 다른 학생들이 자신이 부정행위를 하였다고 생각하는 것이 억울하여 P1과 P2를 학교폭력 가해학생으로 신고하였습니다.

앞서 살펴본 바와 같이, 학교폭력 행위는 형사상 범죄 행위와 그 범위와 요건이 다릅니다. 형사상 범죄 행위에 이르지 않은 행위라 하더라도 피해학생에게 발생한 피해의 정도와 크기, 가해학생에 대한 선도 및 교육의 필요 등을 고려하여 학교폭력으로 판단할 수 있습니다.

그러나 피해학생이 피해를 호소하고 있다는 사정만으로 그 원인으로 지목한 행위 전부가 학교폭력에 해당하는 것은 아닙니다. 이에 대해 판례는 학교폭력에 해당하는 '명예훼손'이 반드시 형벌 규정이 정한 구성요건에 해당하는 행위에 국한된다고 할 수는 없다고 하면서도, 형법의 명예훼손죄의 구성요건을 이루는 구체적 사실의 적시, 허위성, 공연성, 고의 등은 학생의 행위가 학교폭력예방법에서 정한 '명예훼손'에 해당하는지를 검토함에 있어서도 여전히 핵심적인 판단요소가 된다고 하였습니다. 따라서 학생이 일상적인 학교생활 중에 다른 학생에 대하여 부적절한 언행을 하였다는 사실만으로는 곧바로 학교폭력예방법상 학교폭력에 해당하는 명예훼손 행위를 하였다고 단정할 수는 없고, 해당 언행의 구체적 내용과 그 수위, 발언 횟수, 언행 전후의 맥락, 그와 같은 언행을 하게 된 경위, 표현의 정도, 불특정 또는 다수인이 인식할 수 있는 상태 등을 종합적으로 고려하여 학교폭력에 해당하는지 여부를 판단하여야 한다고 하였습니다.

위 사례에서 P1으로서는 V가 보인 시험시간 중 행동에 대하여 충분히 부정행위라고 의심할 수 있었을 것입니다. 이에 대해 V에게 사실확인을 하고자 하였던 것입니다. 또한 P1이 P2를 찾아가 V가 부정행위를 하였다고 전달한 것이 아니라, P2가 P1과 V의 대화를 우연히 듣고 이에 대한 호기심으로 P1을 찾아가 상황 설명을 요구한 것입니다. 그리고 이에 대해 V가 항의하자 P1과 P2는 사과하였습니다.

비록 P1과 P2가 부주의하여 둘의 대화를 주변 학생들이 듣게 된 결과가 발생하였다고 하더라도, 이와 같은 행위가 이루어진 목적, 배경, 경위, 전후 상황 등을 고려해볼 때, P1과 P2가 V의 사회적 가치 혹은 평가를 실추시킬 목적으로 사실 또는 허위의 사실을 여러 사람이 인지할 수 있도록 한 것은 아니라고 할 것입니다.

따라서 P1과 P2의 행위가 V에 대한 학교폭력이라고 볼 수는 없습니다.

다) 장난이라고 주장하는 경우

【 사례 】

P와 V1, V2, V3를 포함한 총 10명의 중학교 학생은 친한 친구들이며, 모임을 함께 하고 있습니다. 이들은 생일인 친구가 있으면, 나머지 친구들이 돈을 모아 선물을 사주고, 파티를 하였습니다. 그리고 선물과 파티 준비는 돌아가면서 담당했습니다.

멤버 중 1인인 A의 생일이 다가왔고, 이번에는 P가 선물과 파티를 준비하였습니다. 그래서 P는 A를 제외한 나머지 9명의 친구들만 참여하는 SNS 단체 대화방을 만들어 다음날까지 5천 원씩 내라고 하였습니다.

그러나 V1, V2, V3를 비롯하여 6명의 학생은 돈을 내지 않았습니다. 이에 P는 위 SNS 단체 대화방에 "아 XX 돈 좀 갖고 오라고 제발", "내일까지 안 가져오면 싸대기 맞는다."라고 하였습니다.

V1, V2, V3의 주장 : 실제로 다음날 P가 찾아와 어깨를 잡고 흔들고 뺨을 밀 듯이 때렸음. V1, V2, V3는 P의 각 행위를 서로 목격하였음. P의 행위가 불쾌하기도 했지만 무서웠음.

P의 주장 : 돈을 내지 않아서 짜증이 났음. 돈을 내라고 재촉한 것과 V1, V2, V3를 찾아간 것은 사실임. 하지만 이들은 때린 적은 없고, 신체접촉이 있었다고 하더라도 이는 장난식으로 밀었을 것임.

참고사항 : 위 10명의 학생 중 P를 비롯한 7명의 학생은 초등학교 시절부터 친한 사이였고, V1, V2, V3는 중학교에 올라온 이후 친해진 사이임.

위 사례와 같이, 실제로 많은 학교폭력 사안에서 가해학생들은 장난이었다고 주장하며 오히려 억울함을 호소합니다. 그러나 상식적인 이야기이지만 장난은 상호 모두 장난이라고 생각할 때 성립하는 것입니다. 그리고 행위의 객관적인 모습, 당사자의 평상시 관계, 행위가 이루어진 경위 및 그 결과 등을 고려하여 단순한 장난인지 혹은 장난을 넘은 학교폭력에

해당하는지를 판단해야 합니다.

위 사례에서 V1, V2, V3는 조사 단계에서 심의위원회에 이르기까지 일관하여 P가 어깨를 잡고 흔들었고 뺨을 밀 듯이 때렸다고 진술하였습니다. 그리고 V1, V2, V3는 서로 P의 각 행위를 목격하였다고까지 하였습니다. 또한 P 스스로도 잘 기억은 나지 않지만 신체접촉이 있었다고 하더라도 이는 장난이었을 것이라는 주장을 하고 있습니다. 이에 P의 V1, V2, V3에 대한 유형력의 행사 및 신체접촉은 존재하였음을 인정할 수 있습니다.

P는 신체접촉이 있었다고 하더라도 이는 장난이었을 것이라고 주장합니다. 그러나 V1, V2, V3는 P의 행위에 대하여 불쾌함은 물론이고 이를 넘어 두려움을 느꼈다고 하고 있습니다. P와 V1, V2, V3가 평소 친한 친구 사이였던 것은 인정됩니다. 그리고 돈을 걷어 친구의 생일을 챙겨주는 관행이 있던 것도 사실입니다. 그러나 돈을 제때 내지 않았다고 하며 이를 재촉하며 어깨를 잡아 흔들고 뺨을 미는 행동은 단순한 장난을 넘은 행동에 해당할 수 있습니다.

더욱이, 돈을 제때 내지 않은 학생은 V1, V2, V3 이외에도 3명의 학생이 더 있었습니다. 그러나 P는 그 다른 3명의 학생에게는 이와 같은 방식으로 재촉하지 않았습니다. 그리고 V1, V2, V3를 제외한 나머지 7명의 학생은 초등학교 시절부터 친한 사이였습니다. 이에 V1, V2, V3로서는 P의 차별적 행동으로 무리에서 배제된다는 불안감까지 느꼈습니다. 동시에 이를 통해 P가 의도적으로 V1, V2, V3에게만 폭력적인 방식으로 돈을 재촉하였음을 인정할 수 있습니다.

따라서 P는 장난이었다고 혹은 장난이었을 것이라고 주장하고 있지만, 행위의 객관적 내용과 발생 경위, V1, V2, V3의 심리 상태 등에 비추어 이는 학교폭력에 해당한다고 할 것입니다.

【 사례 】

중학생인 P는 쉬는 시간에 A와 레슬링과 유사한 방식으로 서로 밀거나 넘어뜨리는 장난을 하고 있었습니다. 이를 지켜보던 V가 P에게 "나랑도 한번 하자"라고 하였습니다.

　이에 P와 V가 서로 밀고 넘어뜨리는 장난을 하던 중 V가 넘어지면서 다리가 부러지는 상해가 발생하였습니다.

　이에 V의 부모님은 P의 행동은 학교폭력이라고 주장하며 신고하였습니다. 참고로 V의 부모님은 V가 이전에도 학교폭력 피해를 입은 사실이 있기 때문에 현재 힘들어하고 있고, 이와 같은 V의 상황을 학교에 전달하고 더욱 세심한 관리를 요청하였음에도 이와 같은 일이 발생하였다며 불만을 제기하였습니다.

참고사항 :

1. 목격 학생들의 진술에 의할 때, V는 P와 웃으며 장난을 쳤고, 넘어진 상태에서도 웃으며 "아 졌네"라고 하였음.
2. V는 심의위원회에 참석하지 않았고, 학생확인서에 P와 장난치다가 넘어져서 다쳤다고 기재하였음.

앞서 설명하였듯이 장난이라고 주장하는 행위, 장난으로 가장한 행위도 학교폭력에 해당할 수 있습니다. 그러나 위 사례와 같이 학생들끼리 그야말로 장난치고 노는 과정에서 발생한 불의의 사고를 그 결과만을 가지고 학교폭력이라고 할 수 있는지 살펴야 할 것입니다.

위 사례에서 V가 먼저 P에게 "나랑도 한번 하자."고 하였습니다. 만일 P가 제안하고, P의 체격이 V보다 월등히 크고, 학급 내 우월적 지위가 인정된다면 달리 판단할 여지가 있겠으나, V가 먼저 제안하였습니다.

그리고 학교폭력 신고자는 V 당사자가 아닌 V의 부모님입니다. 법정대리인인 부모님이 학교폭력 신고를 할 수 있는 것은 물론이나, 학교나 심의위원회는 학생의 의견과 입장을 반드시 확인해야 합니다. 학교폭력의 성립요건 중 신체·정신·재산상 피해는 학생에게 발생한 것이지 학생의 부모님 등에게 발생한 것이 아닙니다. 실제로 많은 경우 정작 학생의 입장과 의견 보다 부모님의 의사에 따라 학교폭력 사안 처리 절차가 진행되고 판단이 이루어지는 경우가 있는데, 보다 주목하여야 할 것은 학생의 의견입니다.

V는 특별히 P의 행동이 학교폭력이라고 주장하고 있지 않고, 학교폭력으로 인한 피해를 호소하고 있지도 않습니다. 사안이 발생한 상황을 보아도 V는 P와 웃으며 장난을 쳤고, 넘어진 상태에서도 웃으며 "아 졌네."라고 하였습니다. 그리고 P는 V에게 사과하였고, V를 부축하여 보건실까지 함께 이동하였습니다.

이상과 같은 발생 경위, 피해학생의 진술 및 태도, 전후 상황 등에 비추어 P의 V에 대한 행위를 학교폭력이라고 할 수는 없습니다.

라) 일상적인 학교생활 중 발생한 갈등

【 사례 】

V, P1, P2는 초등학교 3학년 학생이며, 모두 같은 반입니다. 이들은 평소 친한 사이입니다. P1은 V가 자신과의 약속을 잊어버리자 서운한 마음에 "너랑 절교야"라고 하였습니다. 이에 V가 왜 그러냐고 이유를 묻자, "원래부터 너 마음에 안 들었어, P2도 나보고 너랑 놀지 말라고 했어"라고 하였습니다.

그다음 날 V가 P1에게 "아직도 화났어?"라고 물어보니, P1은 "너랑 안 논다니까"라고 하고는 자리를 떠났습니다. 그리고 P2도 V와 대화를 나누지 않았습니다.

이에 V는 평소 친하게 지내던 친구들이 전과 다른 태도를 보이자 부모님에게 학교 생활의 어려움을 호소하였고, V의 부모님은 P1과 P2를 학교폭력으로 신고하였습니다.

학생들이 학교생활을 하는 과정에서 친구 사이에 크고 작은 갈등이나 분쟁이 발생하는 것은 어찌 보면 당연합니다. 그리고 이 모든 것을 잘못된 행동이라 지적하며 행정적으로 처리할 사항은 아닐 수 있습니다.

그러나 실제로 위 사례와 같은 안타까운 혹은 아쉬운 일들이 많이 발생합니다. 학교는 조사를 진행하기 때문에 피·가해학생이나 보호자들에게 상호 입장을 전달하지 않고 조사 주체라는 점에서 전달하기가 쉽지 않습니다. 그리고 심의위원회 개최 요청이 이루어진 이후에는 불가능한 것은 아니지만 현실적으로 당사자 간의 자발적인 의사에 기초한 갈등 해결이 쉽지 않습니다. 그래서 위 사례처럼 학생들 간에 뒤늦게나마 오해를 해소하고 관계를 해소하고자 하는 마음을 오히려 제도와 절차가 방해하는 경우가 존재합니다.

그렇기 때문에 심의위원회는 학교폭력 해당성을 신중하게 판단하여야 하며, 특히 행위 자체에 대한 검토와 평가는 물론이고 이와 아울러 전후 상황, 발생 경위, 당사자 관계, 당사자의 의사 등도 함께 고려하여야 합니다.

판례도 위 사례와 같은 사실관계에 관하여, 초등학생들이 같은 반 생활을 하는 과정에서 흔히 예상되는 갈등의 범위이고, 학생들끼리 친소 집단을 형성하는 과정에서 흔히 있을 수 있는 갈등 내용이라고 판단하였습니다.

학생들은 서로 장난스레 혹은 일시적인 불쾌한 감정의 표출로서 친한 친구에게 "절교하자", "너랑 절교야", "너랑 안 놀아", "말 걸지 마" 등의 이야기를 합니다. 위 사례에서 P1은 이전 P2에게도 절교하겠다는 이야기를 한 적이 있고, 이는 V와 P2 모두 마찬가지였습니다.

따라서 관련 학생의 의사 및 관계 등에 비추어 일시적인 갈등 상황을 모두 학교폭력이라 평가하는 것은 타당하지 않습니다.

【 사례 】

V와 P는 모두 중학생이며 같은 반 학생입니다. 이들은 초등학교 시절부터 친한 친구였습니다. V와 P는 함께 팀을 이뤄 게임을 하였습니다. 게임 진행 중 V가 실수하여 팀이 지게 되었습니다. 그리고 P는 V에게 전화하여 "야 이 새끼야 게임을 그따위로 하냐", "너 같은 새끼랑 어떻게 게임을 하냐"라고 하였습니다.

그리고 다음 날 학교에서 다른 학생들에게 전날 게임 중 있었던 V의 실수에 대해 이야기하며, "아 진짜 X발 이 새끼 게임 X나 못해", "이 새끼랑 다시는 안 해"라고 하였습니다.

V는 순간 화가 나서 P의 발언을 학교폭력으로 신고하였습니다.

V의 주장 : 본인이 실수한 게 있으니 전화로 뭐라고 한 것은 참을 수 있었지만, 다른 학생들 앞에서까지 망신을 주는 건 참을 수 없었음.

P의 주장 : 게임에 져서 순간 화가 나서 전화한 것이고, V도 "아 X발 미안, 제대로 할게"라고 하였고, 다음 날 학교에서 이야기한 것은 그저 전날 있었던 일을 이야기한 것임.

학교폭력예방법 제1조에서는 "이 법은 학교폭력의 예방과 대책에 필요한 사항을 규정함으로써 피해학생의 보호, 가해학생의 선도·교육 및 피해학생과 가해학생 간의 분쟁조정을 통하여 학생의 인권을 보호하고 학생을 건전한 사회구성원으로 육성함을 목적으로 한다."라고 규정하고 있습니다. 제2조에서는 학교폭력의 개념과 유형에 대하여 상세히 규정하고 있습니다. 제3조에서는 "이 법을 해석·적용하는 경우 국민의 권리가 부당하게 침해되지 아니하도록 주의하여야 한다."라고 규정하고 있습니다.

이에 대하여 판례는 위와 같은 학교폭력예방법 규정은 "학교폭력 개념의 확대해석으로 인하여 지나치게 많은 학교폭력 가해자를 양산하거나, 같은 행위를 두고서도 그것을 학교폭력으로 문제를 삼는지에 따라 위법에 따른 조치 대상이 되는지 여부가 달라지는 것을 방지하기 위한 취지의 규정으로 볼 수 있다."라고 하였습니다.

그리고 이어 학교생활 내외에서 학생들 사이에 크고 작은 갈등이나 분쟁의 발생은 당연히 예상되는 점과 이와 같은 갈등이나 분쟁 전부가 잘못이라고 평가하기 어려운 점, 학교폭력으로 인하여 학교폭력예방법 제17조 제1항에 열거된 조치를 받은 경우 이를 학교생활기록부에 기재하고 일정 기간 동안 보존하게 되는 점 등을 고려할 때, "일상적인 학교 생활 중에 일어난 어떤 행위가 학교폭력예방법에서 말하는 학교폭력에 해당하는지 여부는 그 발생 경위와 상황, 행위의 정도 등을 신중히 살펴 판단하여야 한다."고 하였습니다. 그리고 "일상적인 학교생활 중에 일어난 행위가 학교폭력예방법 제2조 제1호의 "학교폭력에 해당하려면, 고의적인 상해, 폭행, 협박, 모욕, 공갈, 강요, 강제적 심부름 등 같은 호에서 열거한 방법 및 이에 준하는 방법으로 신체·정신 또는 재산상의 피해를 가한 경우에 해당하여야 한다고 봄이 타당하다."라고 하였습니다.

즉, 학생들 사이에 갈등은 발생할 수밖에 없는 점, 학교폭력에 따른 조치로 인한 불이익이 적지 않은 점 등에 비추어 학생들 사이의 갈등 전부를 학교폭력에 해당한다고 보는 것은 적절하지 않습니다.

위 사례에서 P가 부적절한 언행을 한 것은 사실입니다. 그러나 이와 같은 언행을 곧바로 학교폭력에 해당한다고 볼 수는 없고 그 구체적 내용, 발언 횟수, 전후 대화의 맥락, 발언을 하게 된 경위, 모욕적 표현의 비중과 정도, 대화 과정에서 단순히 저급하고 거친 단어를 사용한 것에 불과한지 아니면 직접적으로 V를 비하할 목적이 인정되는 것인지 등을 종합적으로 살펴야 할 것입니다.

P가 V에게 전화하여 발언 중 '새끼'라는 단어를 사용한 것은 사실입니다. 그러나 V 역시도 욕설을 사용하며 대화하였습니다. 그리고 다음 날 있었던 발언에서 P가 역시 욕설을 섞어 가며 발언을 한 것은 사실이나, 이는 대화 중 단순히 저급하고 거친 단어를 사용한 것이지 V를 비하할 목적까지 인정하기는 어렵습니다. 더욱이 V와 P가 오랜 시간 친한 친구로 지냈다는 점에 비추어 이들 사이 대화 중 오고 간 욕설을 학교폭력으로 판단하는 것은 적절하지 않습니다.

마) 따돌림

【 사례 】

V와 P1, P2는 같은 중학교 같은 반 학생이고, V는 다문화가정 학생입니다. 담임
선생님은 학급 내에서 V에 대한 따돌림이 이루어진다는 것을 직감하고 V와 면담
을 실시하였습니다.

　V는 P1과 P2가 주동하여 사신에게 욕설을 하고, 투명인간 취급하며 무시하고,
경멸스런 눈빛을 보인다는 이야기를 하며, "학교를 그만두고 싶다", "살고 싶지
않다"는 등 심각한 피해를 호소하였습니다.

　그리고 담임선생님은 P1과 P2, 그리고 나머지 학급 학생들을 대상으로 V에 대
한 학급 내 따돌림 행위에 관하여 조사하였습니다. 이에 대해 학급 학생들은 대
부분 V의 진술에 부합하는 답변을 하였습니다. 그러나 P1과 P2는 V에게 욕설을
한 것은 사실이지만 집단적으로 괴롭히거나 학교생활을 하기 어려울 정도로 따
돌림 행위를 한 적은 없다고 하였습니다.

　조사 결과를 종합해 보았을 때, 인정된 P1과 P2의 V에 대한 행위는 다음과 같
습니다.

1. P1은 쉬는 시간에 엎드려 자고 있는 V에게 다가와 귀에 대고 큰 소리를 질렀고,
   V가 깜짝 놀라자 P1과 P2가 웃으며 좋아했음.
2. P1과 V는 바로 옆자리에 앉았는데, P1은 일상적으로 수차례에 걸쳐 V의 냄새
   를 맡는 시늉을 하며, 주변 학생들에게 큰소리로 "아 씨X 얘한테 이상한 냄새
   나, 맡아봐"라는 말을 하였고, 주변 학생들은 크게 웃었음.
3. P2는 이동 수업 시간에 V의 책상과 의자를 교실 뒤쪽으로 치워 놓고는 "V자
   리임, 가까이 가지 말 것"이라는 종이를 붙여 놓았음.
4. P1과 P2는 학급 내에서 혼자 있는 학생들을 보며 "왜 이러고 있어, V냐?",
   "V짓 하지마"라고 하며, V의 이름을 조롱의 의미로 사용하였음.
5. 조별 활동 시간에 P1과 P2는 V가 발언하지 못하게 하거나, V의 발언 순서를
   그냥 지나치거나, V가 발언을 하여도 못들은 체 하거나 일부러 V의 발언을 방
   해하고자 다른 이야기를 하였음.
6. P1과 P2는 점심시간이나 쉬는 시간에 복도에 V가 있으면, V를 향해 손가락질
   하며, 지나가는 다른 반 학생들에게 "얘가 걔야"라고 하며, 조롱하듯이 V에 대
   해 언급하였음.

학교폭력예방법 제2조에서는 다른 행위와는 달리 '따돌림'에 관하여는 그 내용을 구체적으로 규정하고 있습니다. 앞서 설명한 것처럼, '따돌림' 이외의 다른 학교폭력 행위 태양은 형사상 범죄 행위와 동일한 것은 아니지만, 행위의 내용과 성격이 상당 부분 유사하고 형사상 범죄 성립요건이 학교폭력 해당 여부를 판단할 때에도 중요한 요소가 됩니다. 그러나 '따돌림'은 형사상 범죄 행위와는 다른 기준과 관점으로 살펴야 할 행위이기 때문에 행위의 구체적 모습과 발생 경위, 당사자 관계 등을 세심히 살펴 학교폭력 해당 여부를 판단하여야 합니다.

다시 한번 규정 내용을 살펴보면, "따돌림이란 학교 내외에서 2명 이상의 학생들이 특정인이나 특정집단의 학생들을 대상으로 지속적이거나 반복적으로 신체적 또는 심리적 공격을 가하여 상대방이 고통을 느끼도록 하는 모든 행위를 말한다."라고 규정하고 있습니다.

따라서 학교폭력으로서의 따돌림에 해당하는지 여부는 행위의 지속성 혹은 반복성, 피해학생에게 신체적 또는 심리적인 공격을 가할 의도가 있었는지, 실제로 피해학생에게 발생한 피해는 어떠한지 등을 고려하여 판단하여야 합니다.

위 사례에서 P1과 P2는 상당 기간에 걸쳐 V에게 욕설과 조롱을 하였습니다. 그러므로 행위의 지속성과 반복성이 인정됩니다.

그 내용 자체만 보아도 괴롭히고자 했던 의도, 모멸감과 굴욕감을 느끼게 하고자 했던 의도 등을 충분히 인정할 수 있습니다. 더욱이, P1과 P2는 주변 학생들도 V에 대한 조롱에 동조하도록 유도하였고, 이는 V를 잘 모르는 다른 반 학생들에게까지도 확대되었습니다. 그리고 이에 대하여 V는 심각한 피해를 호소하며, P1과 P2에 대한 엄벌을 요구하고 있습니다.

따라서 P1과 P2의 행위는 따돌림에 의한 학교폭력에 해당합니다.

【 사례 】

V와 P1, P2, P3, P4, P5은 모두 같은 고등학교 같은 반 학생들입니다. V와 P1~P5의 학생들은 역사 시간에 같은 조에 편성되어 발표 준비를 하였습니다. V는 발표 준비를 하는 과정에서 P1~P5로부터 따돌림을 당하였다고 하며 학교폭력으로 신고하였습니다.

V의 주장 :
1. 역할 분담을 협의할 때, V에게 "괜찮아?"라고 물은 것이 전부임.
2. V도 의견을 말하고 싶었지만 이미 다 정해진 것 같아서 말하지 못했고, 원하지 않은 부분을 맡았음.
3. V는 담당 선생님을 찾아가 다른 애들끼리만 얘기하고 정했다고 하였고, 담당 선생님은 P1~P5를 불러 민주적인 방법으로 배분할 것을 지도하였음.
4. 이에 P1~P5는 V를 찾아와 "아까 너가 얘기하면 되지 왜 그런걸 선생님한테 얘기하나?", "우리만 쓰레기 됐잖아"라고 하였음.
5. 이후 발표 준비 과정에서 P1~P5는 서로 다정하게 대화를 나누며 준비하였지만, V의 질문에 대하여는 "어 맞을걸", "나도 몰라"라고만 대답하였고, 유독 V의 준비 자료에 대하여만 사소한 부분까지 지적하며 수정을 요구하였음.
6. V가 발표를 하는 중에 P1~P5는 서로 쳐다보면서 V를 비웃었음.

P1~P5의 주장 :
1. 역할 분담 협의 시, V는 핸드폰만 보고 있었고, 어느 부분을 하고 싶냐고 물어보면 "지금은 모르겠어"라고 하였음.
2. 그리고 담당 선생님의 지도 이후 V가 원하는 부분을 하도록 역할을 다시 분담하였음.
3. V가 준비한 자료에 대하여만 다른 기준으로 평가하여 지적한 적 없고, 심지어 V의 준비 사항 중 미흡한 부분을 도와주기도 하였음.
4. V야말로 발표 준비 과정에서 P1~P5에게 짜증내고, 회의 중에도 본인 마음에 안 든다고 이탈하는 등 P1~P5에게 상당한 피해를 주었음.
5. 발표하는 V를 비웃은 적 없음.

참고 사항: 학생들이 자유롭게 원하는 학생과 조를 편성한 것이 아니라 담당 교사의 지도하에 무작위로 편성되었음.

거듭 설명하였듯이, 학교폭력은 직접적인 물리력 행사뿐만 아니라 언어폭력이나 비아냥거림, 조롱 등의 은밀하고 간접적인 방법으로도 이루어질 수 있습니다. 그리고 따돌림은 학생들의 관계, 발생 경위와 상황, 행위의 정도, 지속성, 반복성, 공격성 등을 고려하여 판단해야 합니다.

위 사례에서 P1~P5가 V의 준비 자료에 대하여만 사소한 부분까지 지적하며 수정을 요구하였고, V가 발표를 하는 중에 서로 쳐다보면서 비웃었다는 점은 P1~P5가 부인하고 있고, 이를 인정할 수 있는 객관적인 증거는 물론이고 정황조차 존재하지 않았습니다. 따라서 이는 사실인정이 되지 않기 때문에 학교폭력 해당성의 판단 대상이 될 수 없습니다.

위 사례에서 조 편성은 무작위로 이루어졌습니다. 그러므로 P1~P5가 서로 친분이 있었던 것은 아니고 V에 대한 적개심이 있었던 것도 아닙니다. 그리고 V가 담당 선생님을 찾아간 이후에 P1~P5가 V에게 따져 물은 것은 인정되지만 이는 V의 행동에 대한 불만 표출이고, 이를 두고 지속적이거나 반복적인 공격 행위라고 보기는 어렵습니다.

또한 V는 발표 준비과정에서 P1~P5가 자신에게만 차갑고 딱딱하게 말하였다고 하고 있으나, P1~P5 역시도 V가 짜증을 내어 힘들었다고 하였습니다. V와 P1~P5가 좋지 않은 감정과 불친절한 태도로 서로를 대하였던 것은 인정할 수 있습니다. 그러나 마찬가지로 이와 같은 정서 상태와 태도를 지속적이거나 반복적인 공격 행위라고 보기는 어렵습니다.

V가 발표 준비 과정에서 어려움을 겪었다는 점은 충분히 공감할 수 있지만 그 원인행위를 P1~P5의 따돌림에 의한 학교폭력이라고 평가하기는 어렵습니다.

바) 협박

【 사례 】

V와 A는 같은 반 초등학교 3학년 학생이고, P는 같은 학교 6학년 학생입니다. V와 A 사이에 다툼이 있었고, 이에 A는 평소 친하게 지내는 P에게 V의 잘못을 전달하였습니다. 그리고 V도 A와 P가 평소 친한 사이라는 것을 알고 있었습니다.

다음 날 학교에 가서 P는 V와 A 교실에 찾아갔고, "V가 누구냐, 나와", "너야?"라는 발언을 수차례 하였습니다. 그러나 당시 V는 교실에 없었습니다. P는 해당 학급 학생들에게 "V 어디갔어?", "나 다시 온다. 기다리고 있으라고 해 가만 안 둘테니까."라고 하였습니다.

이후 교실로 돌아온 V는 P가 자신을 찾았다는 사실을 알게 되어 두려움을 느꼈고, 부모님에게 전달하였으며, V의 부모님은 P를 학교폭력으로 신고하였습니다.

P의 주장 : V에게 앞으로 A와 잘 지내라는 말을 하려고 찾아간 것이지, 때리거나 겁을 주려고 간 것은 아님, 실제로 V를 만난 것도 아니기 때문에 이를 협박이나 학교폭력이라고 할 수 없음.

V의 주장 : 친구들이 'P가 찾아와 너를 찾았다.', '표정이 너무 무서웠다.', '아마 너가 있었으면 큰일 났을 것 같다.'고 하였고, 다시 또 찾아올까 봐 너무 무서웠음.

위 사례에서 P가 V의 교실에 가서 V를 찾았던 것은 확인할 수 있습니다. P는 V에게 앞으로 A와 잘 지내라고 이야기하려고 갔다고 하고 있지만, 당시 교실에 있던 학생들의 진술을 통해서 P가 무섭게 혹은 V에게 위협을 가할 것 같은 발언과 태도로 V를 찾았던 것을 인정할 수 있습니다.

V 입장에서는 A와 전날 다퉜고 A와 P가 평소 친한 관계라는 점까지 알고 있기 때문에 P가 교실에 찾아와 무서운 표정으로 V를 찾고, 다시 온다고 하고, 가만 안 둔다고 한 행위에 대하여 두려움을 느끼기에 충분할 것입니다.

P는 직접 V를 만난 것은 아니기 때문에 V에 대한 학교폭력이 아니라고

주장하고 있습니다. 그러나 P의 "나 다시 온다. 기다리고 있으라고 해."라는 발언 내용에 비추어 P는 자신의 방문 사실 및 목적 그리고 감정 상태가 V에게 전달되도록 하였고, 실제로 전달하라고 지시한 것은 아니라고 하더라도 V에게 전달될 것을 충분히 알 수 있었을 것입니다.

참고로 협박은 공포심을 일으키게 할 목적으로 해악을 고지하는 행위를 의미합니다. 이때 해악의 고지는 반드시 명시의 방법으로 해야 하는 것은 아니고 언어나 거동만으로도 상대방으로 하여금 어떠한 해악에 이르게 할 것이라는 인식을 갖게 하는 것이면 충분하며, 또한 직접적인 방법이 아니더라도 제3자를 통해서 간접적으로 할 수도 있습니다.[32] 따라서 P가 V의 교실에 갔을 때 V가 없어서 직접 V에게 한 행위가 없다는 주장은 P의 V에 대한 행위가 학교폭력에 해당하지 않는다는 근거가 될 수 없습니다.

따라서 위 사례에서 P의 행위는 V에 대한 학교폭력에 해당합니다.

사) 학교폭력 현장에 같이 있기만 해도 학교폭력 가해학생이 되는 것인지

【 사례 】

V와 A, B, C 그리고 P는 같은 중학교 2학년 학생입니다. A, B, C, P는 같은 반이고, V는 다른 반입니다. V는 점심시간에 축구를 하고 있었고, V가 찬 공에 A가 얼굴을 맞았습니다. V는 A에게 사과하지 않고, "야 거기 빨리 공 던져"라고 하였습니다. A는 얼굴에 공을 맞추고 사과도 하지 않은 V의 행동과 태도에 화가 났지만, V가 누구인지 몰랐고, 상급생일수도 있기 때문에 곧바로 화를 내지는 않았습니다.

A는 곧바로 교실로 들어왔고, 흥분하여 같은 반 친구들에게 방금 있었던 일을 설명하며 V가 누구인지 물어보았습니다. 그리고 이 중 P가 V를 안다고 하였고, P는 A에게 V의 이름, 학년, 반을 알려주었습니다. A는 V가 같은 학년인 것을 알고 나서 다음 쉬는 시간에 P의 안내에 따라 B, C와 함께 V의 교실로 찾아갔습니다.

---

32) 대법원 2003. 5. 13. 선고 2003도709 판결 등

> A는 V의 교실에 가서 "V 어딨어 나와"라고 하였고, P는 A를 가리키며 "저기있네, 쟤야"라고 했습니다. A, B, C가 V에게 다가갔고, V는 도망가려고 했지만 B, C가 막아섰습니다. 그리고 A는 V의 멱살을 잡고 주먹으로 얼굴을 가격하였습니다.
>
> V는 A, B, C, P를 전부 학교폭력으로 신고하였습니다.
>
> **P의 주장** : V가 어디 있는지 알려준 것뿐이고 V를 때리거나 욕설을 하거나 한 적은 없음.

위 사례에서 A는 V를 직접 가격하였고 B와 C는 벗어나려는 V를 가로막았기 때문에 그 자체로 학교폭력에 해당합니다.

그러나 P의 경우, A가 V에 대해 물어보아서 대답해준 것이고, V가 어디있는지 가리킨 것이 전부입니다. 이러한 P의 행위가 학교폭력에 해당하는지 판단하기 어려울 수 있습니다.

P가 처음에는 A가 V에 대해 물어보아서 대답해준 것일 수 있습니다. 그러나 A가 V를 찾아 나설 때에는 이미 A의 V에 대한 감정 상태를 알고 있었고, B와 C까지 함께 갔기 때문에 다툼이 생길 수 있다는 사실을 충분히 알았거나 예상할 수 있었을 것입니다. 그런 상황에서 P는 교실에 가서 V를 가리키며 A에게 알려주었습니다.

이에 대해 V 입장에서는 A, B, C, P가 무리지어 교실에 와서 공포감을 조성하며 V를 찾은 것 자체에 심리적 압박이나 두려움을 느꼈을 것입니다. 또한 V는 A, B, C를 비롯하여 P까지 함께 신고하며 학생들이 몰려와 공포감을 조성했고, 폭행을 가했다고 하고 있습니다.

따라서 P가 V를 직접적으로 때리지는 않았다고 하더라도 V가 P를 지목하여 A, B, C와 무리지어 있음으로 V에게 심리적 압박 등을 유발한 이상 이는 학교폭력에 가담하였다고 평가할 수 있습니다.

V와 A, B, C, D, E 그리고 P는 모두 고등학교 1학년 학생입니다. 이 중 V와 A가 SNS 상에서 시비가 생겼고, A가 V에게 시간과 장소를 전달하며 나오라고 했습니다. 그리고 V와 A는 모두 혼자 나오기로 했습니다.

그러나 A는 B, C, D, E에게 V와의 시비 내용을 설명했고, V랑 싸울건데 함께 나가자고 했습니다. 그리고 이 중 D가 P에게도 같이 가자고 했습니다.

그래서 V와 A, B, C, D, E가 먼저 만났고, V와 A는 말싸움을 시작했습니다. 그리고 A가 먼저 V를 가격했고 싸움이 시작되었습니다. 이 과정에서 B, C, D, E 역시 V에게 욕설과 조롱을 하였습니다. 그리고 V와 A의 싸움이 시작되고 나서 P가 현장에 도착했습니다.

결과적으로 A가 일방적으로 V를 폭행하였습니다. 이에 V는 A를 비롯하여 현장에 있던 B, C, D, E, P 전원을 학교폭력으로 신고하였습니다.

P의 주장 : V와 A의 갈등 상황이 있다는 것 정도만 들었지, 왜 만나는지, 만나서 싸우려고 한 것인지 등까지는 모르고 현장에 간 것이고, 싸움이 시작되고 나서야 도착했음. V에게 욕설이나 조롱을 한 적 없음.

V의 주장 : 자신은 약속대로 혼자 나왔는데 A가 여러 친구들을 함께 데리고 왔고, 여러 명에게 둘러싸여 있는 상황 자체가 너무 무서웠음. P가 언제 왔는지까지는 모르고, P가 직접 욕설이나 조롱을 한 것은 없지만 A의 친구로 현장에 있었음. 그리고 P가 경찰에 신고하거나 병원에 데려가거나 하지는 않았음.

참고 사항 : D가 P에게 함께 가자고 제안했을 때, V와 A가 만나서 싸울 것이라는 점을 설명하지 않았음.

위 사례에서 A 행위의 학교폭력 해당은 그 자체로 명백하고 심의위원회에서 이에 관하여 고민하지는 않을 것입니다.

그리고 B, C, D, E에 대하여도 어렵지 않게 학교폭력에 해당함을 인정할 수 있습니다. B, C, D, E는 A로부터 V와 만나는 목적과 배경 설명을 들었고, 심지어 싸울 것이라는 점까지도 들었습니다. 나아가 실제 현장에서 V에게 욕설과 조롱을 하며 심리적으로 공격하였습니다. V 입장에서는 A 와의 갈등 상황이 심화되어 단둘이 만나기로 하였는데, 만나기로 한 장소 에 가보니 A 측에 여러 명이 친구들이 있다는 점이나 이들이 자신을 둘러 싸고 있는 상황 자체에 극도의 공포를 느꼈을 수밖에 없습니다. 따라서 이 들의 행위는 학교폭력에 해당합니다.

한편, P의 행위에 대하여는 세심히 살펴보아야 합니다. 우선 P는 V와 A 의 갈등 상황을 명확히 알고 있지는 못했고, 이 둘이 실제로 싸울 것이라 는 점을 몰랐으며 예상하기 어려웠습니다. 그리고 P는 싸움이 시작되고 나서야 현장에 도착했고, V에게 욕설이나 조롱을 한 바는 없습니다.

학교폭력예방법 제2조 제3호에서는 "가해학생이란 가해자 중에서 학 교폭력을 행사하거나 그 행위에 가담한 학생을 말한다."라고 규정하고 있 습니다. 그러므로 '가담'의 의미와 범위에 따라 학교폭력 가해학생 해당 여부를 판단하여야 합니다.

앞서 학교폭력 행위 태양을 판단할 때 형사상 범죄 행위의 성립요건에 한정하여 판단하는 것은 아니라고 하였고, 범죄행위에 이르지 않은 행위 도 피해학생의 보호, 가해학생의 선도 및 교육의 필요에 따라 학교폭력으 로 인정할 수 있다고 하였습니다. 가담 역시 마찬가지입니다. 학교폭력예 방법 상 가해학생을 정의함에 있어서 사용하고 있는 '가담'의 의미가 형 법에서 규정한 공모 또는 방조에 한정한다고 할 수는 없습니다.

그러나 학교폭력 가해학생으로 인정되면 학교폭력예방법 제17조가 정 한 조치를 받게 되고, 학교생활기록부에 기재되어 일정기간 보존될 수 있 으며, 피해학생의 보호조치에 발생하는 비용은 결과적으로 가해학생 보 호자가 부담하게 되는바, 학교폭력 가해학생 해당 여부와 그에 수반한 조치는 가해학생 및 보호자에게 침익적 처분에 해당합니다.

위 사례와 같은 사실관계에 대하여 판례는 학교폭력 개념이나 가담 개념을 확대해석하거나 가담 사실을 쉽게 인정하여 지나치게 많은 학교폭력 가해자를 양산하는 것은 방지할 필요가 있다고 하며, P가 비록 현장에 있었고, V에 대한 적극적인 보호조치를 하지 않았다고 하더라도 그것만으로 P가 학교폭력에 위력을 더하여 가담하였다고 볼 수는 없다고 하였습니다.

아) 장애학생 사안

【 사례 】

V, P는 모두 초등학교 6학년 학생이며 같은 반입니다. 그리고 V는 지적장애 아동입니다. P는 V에게 게임캐릭터 카드를 주겠다고 하고는 V를 운동장 구석으로 불렀습니다.

P는 V에게 카드를 고르라고 했습니다. 그러나 V가 카드를 고르자 P는 나뭇가지로 V의 팔을 때리고는 다른 걸 고르라고 했습니다. V가 다른 카드를 고르자 이번에는 다리를 때리고는 다른 걸 고르라고 했습니다. P는 이와 같은 행위를 수차례 반복하였고, V가 아프다고 소리를 지르며 울자 그만두었습니다.

V의 부모님은 V의 팔과 다리에 생긴 멍 자국을 발견하고는 V에게 왜 이런 거냐고 물어보았지만, V는 명확하게 설명하지 못했습니다. 이에 V의 부모님은 일상적인 활동 중 발생한 상처라고 보기는 어렵다고 생각하여 담임선생님에게 상황을 전달하였습니다.

위 사례에서 P의 V에 대한 행위가 학교폭력에 해당함은 분명합니다. 다만, 본 사례에서는 특수교육대상학생과 관련한 사안 처리 전반에 관하여 살펴보고자 합니다.

(1) 학교폭력예방법상의 장애학생

학교폭력예방법 제2조 제5호에서는 "장애학생이란 신체적·정신적·지적 장애 등으로 장애인 등에 대한 특수교육법 제15조에서 규정하는 특수교육이 필요한 학생을 말한다."라고 규정하고 있습니다. 그리고 장애인 등에 대한 특수교육법(이하 "특수교육법"이라고 합니다.) 제15조 제1항에서는 특수교육대상자 선정 사유를, 제2항에서는 특수교육대상자를 선정할 때에는 특수교육운영위원회의 심사를 거쳐야 한다는 등 절차를 규정하고 있습니다. 즉, 학교폭력예방법에서 규정하고 정하고 있는 장애학생의 범위는 특수교육법상의 특수교육대상자를 의미합니다.

다만, 「학교폭력 사안처리 가이드북」에서는 "그러나 특수교육을 받지 않는 학생이라 하더라도 이러한 장애가 다소 있는 학생의 경우는 입법 취지를 고려하여 보다 세심한 주의를 기울여야 할 대상이라는 점을 유의한다."라고 안내하고 있습니다. 특수교육법에서의 특수교육대상자와 장애인복지법에서의 장애인은 그 개념과 사유에 있어서 동일하지 않습니다. 예를 들어 ADHD, 틱장애, 학습장애는 특수교육대상자 선정 사유에는 해당하거나 해당할 수 있지만, 장애인복지법 상의 장애에 해당하지 않을 수 있습니다. 반면, 경증 발달장애의 경우 당사자나 보호자의 의사 혹은 교육적 필요 등에 따라 특수교육대상자가 아닌 경우도 많이 있습니다. 따라서 학교폭력 사안 처리 과정에서 장애학생의 범위를 특수교육대상자로 한정하는 것은 입적 목적 및 취지에 부합하지 않을 것이고, 「학교폭력 사안처리 가이드북」의 안내 사항을 보다 적극적으로 반영하는 것이 타당합니다.

(2) 장애학생 사안 처리 관련 규정

학교폭력예방법 제16조의2에서는 장애학생의 보호에 관하여 규정하고 있습니다.

> 제16조의2(장애학생의 보호) ① 누구든지 장애 등을 이유로 장애학생에게 학교
> 폭력을 행사하여서는 아니 된다.
>
> ② 심의위원회는 피해학생 또는 가해학생이 장애학생인 경우 심의과정에 「장애
> 인 등에 대한 특수교육법」 제2조제4호에 따른 특수교육교원 등 특수교육 전
> 문가 또는 장애인 전문가를 출석하게 하거나 서면 등의 방법으로 의견을 청
> 취할 수 있다.
>
> ③ 심의위원회는 학교폭력으로 피해를 입은 장애학생의 보호를 위하여 장애인
> 전문 상담가의 상담 또는 장애인전문 치료기관의 요양 조치를 학교의 장에게
> 요청할 수 있다.
>
> ④ 제3항에 따른 요청이 있는 때에는 학교의 장은 해당 조치를 하여야 한다. 이
> 경우 제16조제6항을 준용한다.

위 규정을 살펴보면 제1항은 장애학생 보호 원칙의 확인이고, 제2항은 심의위원회는 장애 전문가 등의 의견을 청취할 수 있다는 내용입니다. 제3항은 심의위원은 피해를 입은 장애학생에 대하여 전문 상담 혹은 치료기관에서 조치가 이루어지도록 요청할 수 있다는 내용이고, 제4항은 위 전문 상담 혹은 치료기관에서 조치가 이루어지는 경우 그 비용은 가해학생 보호자의 부담이 원칙이지만 학교안전공제회를 통한 부담과 상환청구권 행사가 이루어질 수 있다는 내용입니다.

나아가 「학교폭력 사안처리 가이드북」에서는 조사 과정에서도 장애학생 사안 조사의 경우 특수교육 전문가 등의 참여를 통해 진술 기회 확보

및 조력 제공을 하도록 안내하고 있습니다. 즉, 장애학생에게 진술 기회를 부여하는 것은 물론이고, 충분히 진술을 할 수 있는 적절한 방법까지도 마련하여 제공해야 하며, 이는 보호자가 장애인인 경우에도 마찬가지입니다.

그리고 학교폭력예방법 시행령에서는 학교폭력 가해학생 조치 시 고려 사항으로 가해학생이 행사한 학교폭력의 심각성, 지속성, 고의성, 가해학생의 반성 정도, 가해학생의 선도 가능성, 가해학생 및 보호자와 피해학생 및 보호자 간의 화해정도, 피해학생이 장애학생인지 여부를 규정하고 있습니다.

또한 학교폭력 가해학생 조치별 적용 세부기준 고시의 [별표] 학교폭력 가해학생 조치별 적용 세부 기준에서는 피해학생이 장애학생인 경우에는 가해학생에 대한 조치를 가중할 수 있다고 명시하고 있습니다.

(3) 장애학생 관련 사안 처리 시 유의 사항

학교폭력예방법 규정과 「학교폭력 사안처리 가이드북」의 내용에 의할 때, 장애학생 관련 사안 처리 시 유의해야 할 사항은 결국 조사, 심의, 조치 전 과정에서 장애의 유형과 정도를 고려하여야 한다는 것입니다. 이를 위해서는 가장 우선적으로 장애학생 및 보호자에게 충분하고 적절한 의견진술 기회와 그 방법까지 마련해서 제공하여야 하고, 조사와 심의 과정에서 장애 또는 특수교육전문가의 의견을 청취할 수 있습니다.

위 사례에서 V는 P의 행위에 대하여 명확히 설명하지는 못했습니다. 이에 V의 부모님도 가해학생과 행위 사실을 특정하여 신고할 수는 없었습니다. 다만, 상황을 전달받은 담임선생님은 특수교사와 함께 V와 면담을 실시하여 P의 행위에 대한 구체적 사항을 확인할 수 있었습니다.

그리고 내용상 P가 따로 V를 불러낸 점, 실제로 카드를 줄 생각이 없었다고 인정되는 점을 통해 P는 처음부터 V를 때리고 괴롭힐 목적이 있었음을 인정할 수 있습니다. 또한 행위의 내용과 방식, 그 결과를 종합적으로 살펴보았을 때, V에게 심각한 피해가 발생하였음을 인정할 수 있습니다.

무엇보다도 V가 지적장애 아동이고, P는 V가 지적장애 아동이라는 점을 알고 이를 이용하여 학교폭력 행위를 하였는바, 이는 조치를 가중해야 할 충분한 사유라고 할 것입니다.

【 사례 】

V와 P는 초등학교 2학년 같은 반 학생입니다. P는 자폐성장애 아동입니다. V와 P는 학년 초 처음 알게 되어 친하게 지냈습니다. 아직 어린 V로서는 P가 자폐성장애 아동이라는 점을 알거나 이해할 수는 없었습니다. 하지만, P가 도움이 필요한 친구라고는 생각하였고, 밥을 먹을 때나 다른 교실로 이동할 때 P와 함께하였습니다.

그러던 중 4월 중순 경, 교실에 V와 P가 나란히 앉아있었는데, P가 V의 발등을 만졌고, 이에 V는 깜짝 놀라 P에게 "뭐하는 거야, 하지마"라고 하였습니다. P 역시 깜짝 놀라 울음을 터트렸고, 담임선생님께서는 V와 P 부모님께 상황을 전달하였습니다. 그리고 V의 부모님은 P를 성폭력에 의한 학교폭력으로 신고하였습니다.

P의 주장 : V가 맨날 도와주어서 고마워서 만졌음.

참고 사항 :
- P는 "인지기능 및 대인관계에서의 사회인지기능 부족" 소견을 받은 바 있음.
- P는 "아동 및 청소년 심리평가" 결과 정서적 공감, 감정표현 능력에 익숙하지 않고, 상황에 맞는 말과 행동의 적용에 익숙하지 않다는 의견을 받은 바 있음.
- P는 가정 내에서도 기분이 좋거나 상대방에게 고마움을 표시할 때 적극적으로 신체 접촉을 함.

위 사례와 같이, 장애학생이 학교폭력 가해학생인 경우 어떻게 처리해야 하는지 고민이 있을 수 있습니다. 앞서 설명한 바와 같이 장애학생 학교폭력 사안을 처리할 때는 장애의 유형과 정도를 고려하여야 합니다. 그

러나 장애학생이 학교폭력 가해학생인 사안이라고 하여 별도의 절차가 존재하거나 장애 학생은 학교폭력 가해학생에 해당하지 않는 것은 아닙니다. 즉 장애학생의 경우에도 비장애학생과 동일한 절차로 조사, 심의, 조치가 이루어집니다. 「학교폭력 사안처리 가이드북」에서도 장애학생의 경우에도 사안처리 과정은 동일함을 안내하고 있습니다.

판례는 학교폭력예방법 시행령에서 '고의성'을 고려사항으로 명시하고 있는 점, 고의 없는 행위도 '학교폭력'에 해당한다고 본다면 이는 결과책임을 묻는 것이 되어 학교폭력예방법의 목적에 반하는 점 등을 근거로 제시하며, "어떠한 행위가 '성폭력'으로서 '학교폭력'에 해당하기 위해서는 적어도 해당 행위자가 자신이 하는 행위로 인해 피해학생의 성적 자기결정권을 침해하여 신체·정신 또는 재산상 피해를 입힐 수 있다는 사실을 인식하면서도 그러한 행위로 나아가는 주관적 요건이 필요하다고 봄이 타당하다."라고 하였습니다.

즉 위 사례에서 P의 행위가 성폭력에 해당하기 위해서는 P가 V의 발등을 만지는 행위 자체와 해당 행위가 V의 성적자기결정권을 침해하여 피해를 입힐 수 있다는 점을 인식하였거나 인식할 수 있어야 합니다.

P는 평소 교우 관계에 어려움을 겪고 있었습니다. 그렇기 때문에 자신에게 친절하게 언제나 옆에 있어주는 V에게 큰 고마움을 느끼고 있었습니다. P는 V의 발등을 만진 이유에 대해 '고마워서'라고 진술하였습니다.

그 밖에 P의 나이, 평상시 행동 특성, 장애의 유형 및 정도 등을 종합하여 보았을 때, P가 V의 발등을 만진 것에 성적인 의미가 담겨있다거나, V의 성적자기결정권을 침해한다는 점을 인지하지는 못하였을 것이고, 이를 넘어 V가 불쾌감을 느낄 것이라는 생각조차 하지 못하였을 것입니다. 이에 위 사례와 유사한 사실관계에 대하여 판례는 학교폭력에 해당하지 않는다고 판단하였습니다.

장애학생이라고 하여 학교폭력 가해학생에 해당하지 않거나 해당할 수 없는 것은 아닙니다. 다만, 사안처리 과정에서 장애유형과 정도를 면밀히 검토하여야 함을 다시 한번 강조합니다.

자) 성폭력

> **【 사례 】**
>
> V는 중학교 1학년 여학생이고, P1, P2, P3, P4는 중학교 3학년 남학생입니다. 그리고 이들은 모두 같은 중학교 학생입니다.
>
> P1은 학교 내에서 V와 마주쳤고, V가 계단을 올라가는 뒷모습을 자신의 휴대전화 카메라로 촬영하였습니다. 그리고 그 사진을 P2, P3, P4가 함께 있는 카카오톡 단체 대화방에 올렸습니다.
>
> P1, P2, P3는 단톡방에서 V의 사진을 보고, "와 죽인다", "얘 누구냐", "언제 찍었냐", "다음에 또 찍어라", "누구든 얘 보면 찍자", "다음에는 동영상으로 하자", "나 잠깐 XX하고 올게" 등 V의 신상정보를 공유하고, V의 몸매를 평가하거나 V를 두고 성적인 대화를 나누었습니다.
>
> 그리고 P3는 단톡방에 없는 다른 친구인 P5에게 V의 사진을 전송하였습니다.
>
> 이를 전송받은 P5는 사진을 보고, "이거 누구냐", "누가 찍은 거냐", "이거 나한테 왜 보낸 거냐" 등의 질문을 하여 확인하고는 V에게 전달하였고, 다음날 이를 선생님께 전달하였습니다.

위 사례에서 학교폭력에 해당하는지 살펴봐야 하는 행위는 ① P1의 촬영행위, ② P1이 촬영한 사진을 단톡방에 공유한 행위, ③ P1, P2, P3의 성적인 대화 및 발언, ④ P4의 사진 확인 행위, ⑤ P3의 P5에 대한 사진 전송 행위, ⑥ P5의 사진 확인 행위입니다.

(1) 학교폭력예방법 제2조에서 규정하고 있는 '성폭력'의 개념 및 범위

위 다섯 가지 행위를 검토하기에 앞서서 우선 학교폭력예방법 제2조에서 규정하고 있는 '성폭력'의 의미와 범위에 대한 파악이 필요합니다.

그리고 이는 구체적으로 학교폭력예방법 제2조에서 규정하고 있는 '성폭력'이 형사법에서 규정하고 있는 성폭력범죄에 한정하는 것인지, 형사법상의 성폭력범죄에 이르지 않는 행위도 포함하는 것인지에 대한 파악입니다. 참고로 이에 관하여 두 입장에 해당하는 판례가 각각 모두 존재합니다.

우선, 학교폭력예방법 제2조에서 규정하고 있는 '성폭력'이 형사법에서 규정하고 있는 성폭력범죄에 한정된다는 입장을 먼저 살펴보겠습니다.

이와 관련한 판례[33]에서는, "학교폭력예방법은 다른 법률에 의하여 전형적인 범죄행위로 규정된 행위 유형에 대해서는 따로 정의규정을 두고 있지 않다. 그렇다면 따로 정의규정을 두고 있지 않은 '성폭력'도 다른 법률에 의하여 전형적인 범죄행위로 규정된 것을 의미하는 것으로 볼 수 있다."는 점을 근거로 제시합니다. 즉, 학교폭력예방법에서는 전형적인 범죄행위가 아닌 따돌림에 대하여는 별도로 정의규정을 두고 있지만 폭행, 상해, 명예훼손 등 전형적인 범죄행위에 대하여는 별도로 정의규정을 두고 있지 않다는 것입니다.

그리고 이어 성폭력에 대하여는 성폭력방지 및 피해자보호 등에 관한 법률(이하, '성폭력방지법'이라고 합니다) 제2조 제1호 및 성폭력처벌법 제2조 제1항에서 강간, 강제추행 등 전형적인 성폭력범죄를 열거하고 있음을 설명합니다.

---

33) 수원고등법원 2020. 5. 20. 선고 2019누12971 판결

또한 학교폭력예방법 제5조 제2항에서 "제2조 제1호 중 성폭력은 다른 법률에 규정이 있는 경우에는 이 법을 적용하지 아니한다."라고 규정하고 있는 점을 근거로 "이는 성폭력 피해학생의 프라이버시를 보호하기 위하여 성폭력 사건을 학교폭력예방법에 따라 공개적으로 해결하는 것을 제한하기 위한 규정으로, 위 규정에서 말하는 '다른 법률'이란 성폭력방지법, 성폭력처벌법 등을 의미하는 것으로 보인다."라고 설명하며, "학교폭력예방법 제2조 제1호에서 행위유형의 하나로 언급하고 있는 '성폭력'이란 성폭력방지법 제2조 제1호의 '성폭력', 즉 성폭력처벌법 제2조 제1항의 '성폭력범죄'를 의미하는 것으로 해석된다."라고 하였습니다.

이 입장은 학교폭력예방법이 성폭력에 대하여 별도의 정의 규정을 두고 있지 아니한 점에 주목하여 학교폭력으로서의 성폭력도 성폭력방지법상의 성폭력과 성폭력처벌법상의 성폭력범죄를 의미하는 것이라고 설명합니다.

반면, 형사법상의 성폭력범죄에 이르지 않는 행위도 포함한다는 입장을 살펴보겠습니다. 이에 관한 판례[34])에서는 "학교폭력예방법의 입법목적, 가해학생에 대한 조치의 제도적 특성 등을 고려하면 학교폭력예방법상 가해학생에 대한 조치는 형사처벌과는 그 목적과 성격을 달리하고, 위법 제2조 제1호가 학교폭력의 행위 태양으로 규정하고 있는 행위 중에는 형사상 범죄에 해당한다고 보기 어려운 '따돌림', '사이버 따돌림' 등도 포함되어 있으므로, 학교폭력에 해당하는 '성폭력'이 형벌 규정이 정한 구성요건에 해당하는 행위로 국한된다고 보기는 어렵다."라고 하고 있습니다.

이는 결국 앞서 살펴본 바와 같이, 학교폭력은 피해학생을 보호하고 가

---

34) 부산지방법원 2021. 4. 16. 선고 2020구합25480 판결

해학생을 선도 및 교육하기 위해 판단하는 것이므로 형사상 범죄 행위의 내용과 범위가 동일하지 않다는 입장과 태도가 학교폭력으로서의 성폭력을 판단할 때에도 그대로 적용된다는 것입니다.

그리고 이어서 "한편 학교폭력예방법상 '성폭력'은 학교폭력의 한 유형인데 위 법은 '학교폭력'을 '학교 내외에서 학생을 대상으로 발생한 … 신체·정신 또는 재산상의 피해를 수반하는 행위'라고 정의하고 있는 점, 성폭력·성범죄에 있어서 주된 보호법익은 피해자의 성적자기결정권이므로 학교폭력예방법에서 정한 성폭력에 관하여도 피해자의 성적자기결정권이 주된 고려요소가 될 수밖에 없는 점, 학교폭력예방법 제5조 제2항은 "학교폭력 중 성폭력은 다른 법률에 규정이 있는 경우에는 이 법을 적용하지 아니한다."고 규정하고 있는 점 등을 종합하면, 학교폭력예방법상 '성폭력'은 형사상 처벌의 대상이 되는 성폭력에 이를 정도는 아니더라도 피해학생의 의사에 반하여 피해학생의 성적자기결정권을 침해하여 피해학생의 신체, 정신 또는 재산상 피해를 수반하는 행위로 평가될 수 있다면 학교폭력예방법이 적용되는 '학교폭력'에 포함될 수 있으며,"라고 하고 있습니다.

이 입장은 학교폭력예방법의 입법목적, 가해학생에 대한 조치와 형사처벌과의 차이, 학교폭력으로서의 성폭력은 형사상 범죄 성립요건이 아니라 성적자기결정권의 침해 여부를 중심으로 판단하는 것이라는 점을 근거로 학교폭력으로서의 성폭력은 형사상 처벌 대상이 되는 성폭력에 국한되는 것은 아니며 그에 이르지 않더라도 학교폭력에 해당한다고 설명합니다.

위 두 입장 중 후자의 입장, 학교폭력으로서의 성폭력은 형사상 처벌 대상이 되는 성폭력에 국한되는 것은 아니며 그에 이르지 않더라도 학교폭력에 해당한다는 입장이 타당하다고 봅니다. 이와 같은 입장에서 「학교폭력 사안처리 가이드북」에서도 학교폭력의 개념과 유형을 설명하며 성폭력에 "성적인 말과 행동을 함으로써 상대방이 성적 굴욕감, 수치감을 느끼도록 하는 행위"를 포함하는 것으로 설명하고 있습니다.

그리고 학교폭력이 형사범죄에 국한되지 않는다는 학교폭력 관련 법리와 판례의 입장, 학교폭력과 형사범죄는 관련 법률의 입법목적과 운영방식이 전혀 다른 점, 실제로 형사상 성범죄에 이르지 않는 행위에 대하여도 피해학생의 보호와 가해학생의 교육 및 선도가 필요한 점 등에 비추어, 형사상 성폭력에 이르지 않더라도 학교폭력에 해당할 수 있다고 할 것입니다.

(2) 성폭력 사안 처리 시 유의 사항

심의위원회는 성폭력 사안을 심의할 때 피해학생이 처한 특별한 상황을 참작하고 고려하여 판단하는 성인지 감수성을 지녀야 합니다.

이와 관련하여 판례[35]는 "법원이 성희롱 관련 소송의 심리를 할 때에는 그 사건이 발생한 맥락에서 성차별 문제를 이해하고 양성평등을 실현할 수 있도록 '성인지 감수성'을 잃지 않아야 한다(양성평등기본법 제5조 제1항 참조). 그리하여 우리 사회의 가해자 중심적인 문화와 인식, 구조 등으로 인하여 피해자가 성희롱 사실을 알리고 문제를 삼는 과정에서 오히려 부정적 반응이나 여론, 불이익한 처우 또는 그로 인한 정신적 피해 등에 노출되는 이른바 '2차 피해'를 입을 수 있다는 점을 유념하여야 한다."라고 명시하였습니다. 즉, 성 관련 사안은 피해자의 입장에서 이를 이해하고자 하

---

35) 대법원 2018. 4. 12. 선고 2017두74702 판결

는 태도에서 시작하여야 합니다.

그리고 이어 "피해자는 이러한 2차 피해에 대한 불안감이나 두려움으로 인하여 피해를 당한 후에도 가해자와 종전의 관계를 계속 유지하는 경우도 있고, 피해사실을 즉시 신고하지 못하다가 다른 피해자 등 제3자가 문제를 제기하거나 신고를 권유한 것을 계기로 비로소 신고를 하는 경우도 있으며, 피해사실을 신고한 후에도 수사기관이나 법원에서 그에 관한 진술에 소극적인 태도를 보이는 경우도 적지 않다. 이와 같은 성희롱 피해자가 처하여 있는 특별한 사정을 충분히 고려하지 않은 채 피해자 진술의 증명력을 가볍게 배척하는 것은 정의와 형평의 이념에 입각하여 논리와 경험의 법칙에 따른 증거판단이라고 볼 수 없다."라고 하였습니다.

심의위원이 본래부터 갖고 있는 성범죄 피해자의 모습을 사안의 피해학생에게 관철하여 그에 부합하지 않는다고 하여 피해학생의 주장을 허위라고 판단해서는 안 될 것입니다. 성 사안이 발생한 이후에도 피해학생과 가해학생이 잘 지냈던 것처럼 보인다거나, 성 사안이 발생하고 나서 한참 뒤에 신고하였다거나, 조사가 이루어질 때에는 진술하지 않은 내용을 심의위원회에 출석하여 갑자기 진술하는 피해학생의 태도에 주목하여 이를 모순이라고 판단하거나 피해학생의 진술을 신뢰할 수 없다고 단정하여서는 안 될 것입니다.

(3) 사안 설명

1 P1의 촬영행위는 학교폭력에 해당합니다. 성폭력처벌법 제14조 제1항에서는 "카메라나 그 밖에 이와 유사한 기능을 갖춘 기계장치를 이용하여 성적 욕망 또는 수치심을 유발할 수 있는 사람의 신체를 촬영대상자

의 의사에 반하여 촬영한 자는 7년 이하의 징역 또는 5천만 원 이하의 벌금에 처한다."라고 규정하고 있습니다.

그러나 타인을 단순히 촬영하였다고 하여 모두 학교폭력 또는 성폭력처벌법 제14조 제1항 위반에 해당하는 것은 아닙니다. 촬영한 사람의 신체가 "성적 욕망 또는 유발할 수 있는 타인의 신체"일 때 비로소 해당합니다. 그리고 이에 해당하는지는 피해자의 옷차림, 노출 정도, 촬영 장소·각도·거리, 특정 신체 부위의 부각 여부, 그리고 촬영자의 의도와 촬영에 이르게 된 경위 등을 종합적으로 고려하여 판단[36]하여야 합니다.

본 사례의 경우 P1이 계단을 올라가는 V의 뒷모습을 아래에서 촬영하였고, 이후 사진을 단톡방에 공유하고 성적인 대상으로 삼아 대화를 나눈 사정을 통해 촬영된 사진의 모습과 촬영 의도 등을 충분히 파악할 수 있고, 이를 통해 해당 사진은 '성적 욕망 또는 유발할 수 있는 타인의 신체'를 촬영한 것임을 인정할 수 있습니다.

2 P1이 촬영한 사진을 단톡방에 공유한 행위 역시 학교폭력에 해당합니다. 성폭력처벌법 제14조 제2항에서는 "제1항에 따른 촬영물 또는 복제물(복제물의 복제물을 포함한다. 이하 이 조에서 같다.)을 반포·판매·임대·제공 또는 공공연하게 전시·상영(이하 '반포 등'이라 한다.)한 자 또는 제1항의 촬영이 촬영 당시에는 촬영대상자의 의사에 반하지 아니한 경우(자신의 신체를 직접 촬영한 경우를 포함한다.)에도 사후에 그 촬영물 또는 복제물을 촬영대상자의 의사에 반하여 반포 등을 한 자는 7년 이하의 징역 또는 5천만 원 이하의 벌금에 처한다."라고 규정하고 있습니다.

---

36) 대법원 2008. 9. 25. 선고 2008도7007 판결

여기서 '반포'는 불특정 또는 다수인에게 무상으로 교부하는 것을 의미합니다. 그리고 1인에게 교부하였어도 계속적이고 반복적인 전달을 통해 다수인에게 반포하고자 할 의도가 있었다면 이 역시 반포에 해당합니다. '제공'은 반포에는 이르지 않는 무상교부를 의미하며 1인에게 무상으로 교부하는 것은 제공에 해당합니다.[37]

따라서 P1이 자신이 촬영한 V의 사진을 단톡방에 공유한 것은 반포 또는 제공에 해당하므로 이 역시 학교폭력에 해당합니다.

3 P1, P2, P3이 단톡방에서 V의 사진을 보며 성적인 대화 및 발언을 한 것은 학교폭력에 해당합니다. 이때 해당 단톡방에 V가 없었다는 점에 주목하여 이들의 행위가 직접적으로 V에게 피해를 발생시킨 것은 아니라거나 공연성이 없다고 보아 학교폭력에 해당하지 않는다고 생각하거나 실제로 이와 같이 결정하는 경우도 존재합니다.

그러나 대화의 내용 및 목적, V를 대상으로 한 점, 단톡방에서 대화가 함께 이루어진 점 등을 통해 이들의 행위는 V에 대한 명예훼손 또는 모욕에 해당하며, 단톡방에 V가 없다고 하여 전파 가능성이 부인되는 것은 아니고 실제로 V가 알게 된 점을 고려하면 공연성은 인정됩니다.

다만, 이들의 행위가 성폭력처벌법 제13조 통신매체를 이용한 음란행위에 해당하지는 않습니다. 성폭력처벌법 제13조에서는 "자기 또는 다른 사람의 성적 욕망을 유발하거나 만족시킬 목적으로 전화, 우편, 컴퓨터, 그 밖의 통신매체를 통하여 성적 수치심이나 혐오감을 일으키는 말, 음향, 글, 그림, 영상 또는 물건을 상대방에게 도달하게 한 사람은 2년 이하의

---

37) 대법원 2016. 12. 27. 선고 2016도16676 판결

징역 또는 2천만 원 이하의 벌금에 처한다."라고 규정하고 있습니다.

통신매체 이용 음란행위는 성적 욕구 충족을 목적으로 통신매체를 이용해서 성적 수치심이나 혐오감을 일으키는 사진, 영상 등을 상대방에게 도달하게 한 행위이며, 이는 '성적 자기결정권에 반하여 성적 수치심을 일으키는 그림 등을 개인의 의사에 반하여 접하지 않을 권리'를 보장하기 위한 것입니다.[38] 따라서 이들이 사진을 V에게 전송한 것은 아니기 때문에 통신매체 이용 음란행위에는 해당하지 않습니다.

4 주어진 사실관계만을 토대로 판단할 때, P4가 사진을 확인한 것은 학교폭력에 해당한다고 보기는 어렵습니다. 우선 성폭력처벌법 제14조 제4항에서는 "제1항 또는 제2항의 촬영물 또는 복제물을 소지·구입·저장 또는 시청한 자는 3년 이하의 징역 또는 3천만 원 이하의 벌금에 처한다." 라고 규정하고 있습니다.

P4가 해당 단톡방에서 사진을 확인한 것은 인정됩니다. 하지만 P4는 사진 또는 V에 관한 대화에 참여하지 않았고, 별도의 반응을 보이거나 의견을 제시한 바 없습니다. 따라서 단톡방에 참여하고 있는 상황에서 우연한 기회에 공유된 사진을 확인하였다는 것만으로 P4에게 V에 대한 학교폭력의 고의가 존재한다고 인정하기는 어렵습니다.

다만, P4가 해당 사진을 확인한 후 저장하였다거나 해당 단톡방 자체가 음란물의 공유와 대화를 목적으로만 이용된다거나 P1이 친구들에게 V 사진의 존재를 알렸고 확인 의사를 밝힌 친구들만 선별하여 초대함으로써 해당 단톡방이 만들어졌다거나 하는 특별한 사정이 존재한다면 P4의 사진 확인 행위는 학교폭력에 해당합니다.

---

38) 대법원 2018. 9. 13. 선고 2018도9775 판결

5 P3이 P5에게 사진을 전송한 행위는 학교폭력에 해당합니다. P3가 심의위원회에 출석하여 P3가 전송한 사진은 자신이 아닌 P1이 촬영한 사진이라는 점이나 P5 한 명에게 전송하였다는 점을 주장하며 자신은 학교폭력 가해자가 아니라는 주장을 할 수 있습니다.

그러나 대부분의 학생들이 스마트폰을 가지고 있고 이를 통해 정보가 급속도로 전파됩니다. 이에 성적 욕망 또는 유발할 수 있는 타인의 신체를 촬영한 사진이나 영상을 유포한 행위는 피해자에게 촬영행위 자체보다 더 큰 피해를 유발합니다. 그래서 성폭력처벌법 제14조에서도 촬영행위와 유포 행위에 동일한 처벌 기준을 두고 있는 것이고 이때 촬영자와 유포자가 동일인이어야 하는 것은 아니며 누가 촬영했는지는 고려사항이 아닙니다.[39]

그리고 앞서 설명한 바와 같이, 1인에게 교부한 것은 '제공'에 해당하므로 P3의 P5에 대한 사진 전송 행위는 학교폭력에 해당합니다.

6 P5가 사진을 전송받아 확인하고 이를 V에게 전송한 행위는 학교폭력에 해당하지 않습니다. 앞서 P4에 대한 부분에서 설명하였듯이 P3으로부터 수동적으로 사진을 전송받은 것을 두고 P5에게 V에 대한 학교폭력의 고의가 있다고 인정할 수는 없습니다. 그리고 P5는 V에게 피해사실을 고지하기 위한 목적으로 사진을 전송한 것이기 때문에, P5에게 '자기 또는 다른 사람의 성적 욕망을 유발하거나 만족시킬 목적'이 있다고 보기 어렵습니다. 따라서 P5가 V에게 사진을 전송한 것은 통신매체 이용 음란 행위에 해당할 수 없습니다.

---

39) 대법원 2016. 10. 13. 선고 2016도6172 판결

그러나 P5가 P3에게 사진을 요청하였다거나, V에 대한 전송도 피해사실 고지라는 명목을 가장한 것일 뿐이라거나 하는 등 별도의 사정이 있다면 P5의 사진 확인 행위와 V에게 전송한 행위 모두 학교폭력에 해당할 수 있습니다.

【 사례 】

P는 고등학교 2학년 남학생이고, V는 고등학교 2학년 여학생이며 P와 V는 같은 학교 학생입니다. P와 V는 친한 사이는 아니었지만, 과거 같은 반이었던 적이 있어서 연락처와 이름 등을 서로 아는 사이였습니다.

P는 인터넷 검색 중 특정 텔레그램 방에 들어가게 되었고, 그 텔레그램 방은 나체 사진과 음란 영상에 다른 사람의 얼굴을 합성하고 이를 공유하는 방이었습니다. 해당 텔레그램 방에 있던 사람들은 P에게 아는 사람 사진을 합성하여 올리라고 하였습니다. P는 처음에는 합성하는 방법을 모른다고 하며, 이를 거절하였습니다. 그러나 다른 사람들은 P에게 합성봇 프로그램으로 하면 된다고 하면서 프로그램 링크까지 보내주었습니다.

P는 사람들이 알려주는 방법대로 SNS에 게시된 V의 얼굴 사진을 캡쳐하여 나체사진에 합성하였습니다. 그리고 위 텔레그램 방에 있는 사람들은 P에게 합성했으면 공유해달라고 하였고, P는 V의 얼굴을 합성한 사진을 위 텔레그램 방에 업로드 하였습니다. 그리고 P는 V의 이름과 연락처까지 공개하였습니다.

지난 몇 해 동안 위 사례와 같은 소위 딥페이크 성범죄가 심각한 문제가 되고 있습니다. 이는 교육현장에서도 마찬가지입니다. 딥페이크 성범죄는 합성된 사진 및 영상이 불특정 다수인에게 유포되기 때문에, 매우 중대하고 심각한 피해를 발생시킵니다. 그리고 위 사례에서 P는 고등학생이므로 행위의 위법성이나 불법성을 충분히 인식하고 있었다고 인정됩니다. 이에 P의 행위는 학교폭력에 해당하며, 매우 엄중한 조치가 이루어져야 함이 타당합니다.

딥페이크 성범죄의 심각성으로 인해, 지난 2025년 1월 31일 개정된 학교폭력예방법에서는 딥페이크 영상 등을 제작하거나 반포하는 행위를 학교폭력의 유형과 내용으로 규정하는 개정을 하였습니다. 그리고 이는 2025년 8월 1일 시행됩니다. 개정 학교폭력예방법에서는 인공지능 기술 등을 이용하여 학생의 얼굴·신체 또는 음성을 대상으로 성적 욕망 또는 불쾌감을 유발할 수 있는 형태로 편집·합성·가공한 촬영물·영상물 또는 음성물을 딥페이크 영상 등이라고 하며, 이를 제작하거나 반포하는 행위는 학교폭력 유형 중 사이버폭력에 해당하는 것으로 명시하였습니다.

그리고 이와 같은 딥페이크 성범죄는 성폭력범죄의 처벌 등에 관한 특례법에서 규정하고 있는 성범죄에 해당합니다. 성폭력범죄의 처벌 등에 관한 특례법 제14조의 2에서는 허위영상물 등의 반포 등에 관하여 규정하고 있습니다.

성폭력범죄의 처벌 등에 관한 특례법

제14조의2(허위영상물 등의 반포 등) ① 사람의 얼굴·신체 또는 음성을 대상으로 한 촬영물·영상물 또는 음성물(이하 이 조에서 "영상물 등"이라 한다)을 영상물 등의 대상자의 의사에 반하여 성적 욕망 또는 수치심을 유발할 수 있는 형태로 편집·합성 또는 가공(이하 이 조에서 "편집 등"이라 한다)한 자는 7년 이하의 징역 또는 5천만 원 이하의 벌금에 처한다. 〈개정 2024. 10. 16.〉

② 제1항에 따른 편집물·합성물·가공물(이하 이 조에서 "편집물 등"이라 한다) 또는 복제물(복제물의 복제물을 포함한다. 이하 이 조에서 같다)을 반포 등을 한 자 또는 제1항의 편집 등을 할 당시에는 영상물 등의 대상자의 의사에 반하지 아니한 경우에도 사후에 그 편집물 등 또는 복제물을 영상물 등의 대상자의 의사에 반하여 반포 등을 한 자는 7년 이하의 징역 또는 5천만 원 이하의 벌금에 처한다. 〈개정 2024. 10. 16.〉

③ 영리를 목적으로 영상물 등의 대상자의 의사에 반하여 정보통신망을 이용하여 제2항의 죄를 범한 자는 3년 이상의 유기징역에 처한다. 〈개정 2024. 10. 16.〉

④ 제1항 또는 제2항의 편집물 등 또는 복제물을 소지·구입·저장 또는 시청한 자는 3년 이하의 징역 또는 3천만 원 이하의 벌금에 처한다. 〈신설 2024. 10. 16.〉

⑤ 상습으로 제1항부터 제3항까지의 죄를 범한 때에는 그 죄에 정한 형의 2분의 1까지 가중한다. 〈신설 2020. 5. 19., 2024. 10. 16.〉

위 성폭력범죄의 처벌 등에 관한 특례법 제14조의 2는 지난 2024년 10월 16일 개정된 내용입니다. 성폭력범죄의 처벌 등에 관한 특례법 제14조의 2 제1항에서는 딥페이크 영상물 등을 제작한 행위에 관하여 규정하고 있습니다. 2024년 10월 16일 개정 이전까지는 "반포 등을 할 목적으로" 딥페이크 영상물 등을 제작하는 것을 형사처벌 대상으로 삼았었는데, 위 개정을 통해 "반포 등을 할 목적으로"라는 내용은 삭제되었습니다. 즉, 목적을 불문하고 딥페이크 영상물 제작 그 자체를 형사처벌 대상으로 삼았습니다.

성폭력범죄의 처벌 등에 관한 특례법 제14조의 2 제2항에서는 딥페이크 영상물 등에 대한 반포 등 행위에 관하여 규정하고 있습니다. 2024년 10월 16일 개정 이전까지 딥페이크 영상물 등 반포 등 행위의 법정형은 "5년 이하의 징역 또는 5천만 원 이하의 벌금"이었습니다. 위 개정을 통해 딥페이크 영상물 등에 대한 반포 등 행위도 딥페이크 영상물 제작 행위와 동일하게 "7년 이하의 징역 또는 5천만 원 이하의 벌금"으로 법정형을 상향하였습니다.

성폭력범죄의 처벌 등에 관한 특례법 제14조의 2 제4항에서는 딥페이크 영상물을 소지, 구입, 저장, 시청한 경우까지도 형사처벌 대상으로 규정하고 있습니다. 이는 2024년 10월 16일 개정을 통해 신설된 내용입니다.

딥페이크 성범죄로 인한 다수의 피해자가 생겨나고, 그 피해가 중대하고 심각한 만큼 이를 예방하고 관리하기 위한 제도적 변화가 이루어지고 있습니다.

차) 학생 선수 학교폭력

【 사례 】

P와 V는 모두 같은 고등학교 축구부 학생입니다. P는 고등학교 2학년이고, V는 고등학교 1학년입니다.

위 학교 축구부는 2월경 전지훈련을 갔습니다. 당시 V는 입학예정자 자격으로 훈련에 참여하였습니다. P와 V는 훈련을 마치고 숙소에 있었습니다. P는 V가 샤워를 하고 있을 때 샤워실에 들어가 V의 신체를 만지고 나왔습니다. 그리고 그다음 날에도 P는 훈련을 마치고 V가 숙소에서 쉬고 있을 때, V 앞으로 가서 바지와 속옷을 내리고 자신의 신체를 노출하였습니다. 이후에도 V에게 성적인 말을 하였습니다.

위 사례에서 P는 V와 친해지기 위해 장난을 한 것이라고 하였습니다. 그러나 전지훈련 중 합숙하는 숙소는 외부와 단절된 장소이고, 당시 V는 입학예정자이고 P는 운동부 선배입니다. 그렇기 때문에 V는 P의 위와 같은 행위를 친해지기 위한 장난으로 받아들이기는 어려웠을 것입니다. 그래서 P의 V에 대한 행위는 학교폭력에 해당할 것입니다.

위 사례의 경우 P와 V가 학생 선수라는 점에 주목하여야 합니다. 2021년 2월 교육부·문체부 및 관계 기관의 "학교운동부 폭력근절 및 스포츠

인권보호 체계개선방안"에 따라, 학생 선수가 학교폭력 가해학생으로 조치를 받게 되면 대회 참가가 제한되는 등의 조치가 이루어집니다.

현재 대한체육회 기준에 의하면, 학생 선수가 학교폭력예방법 제17조 제1호(서면사과), 제2호(접촉·보복 등 금지), 제3호(교내봉사) 조치를 받은 때는 3개월 동안 대회 참가가 제한되고, 제4호(사회봉사), 제5호(특별교육이수), 제6호(출석정지), 제7호(학급교체) 조치를 받은 때는 6개월 동안 대회 참가가 제한되며, 제8호(전학) 조치를 받은 때에는 12개월 동안 대회 참가가 제한됩니다. 그리고 만일 제9호(퇴학) 조치를 받은 때에는 그 사유에 따라 선수 등록 자체가 금지됩니다. 강간, 유사 강간 및 이에 준하는 성폭력을 이유로 퇴학 조치를 받은 때에는 10년 동안 선수 등록이 금지되고, 성추행, 성희롱, 폭력 등으로 퇴학 조치를 받은 때에는 5년 동안 선수 등록이 금지됩니다. 또한, 제8호(전학) 조치를 받은 학생 선수는 고입 체육특기자 선발에서 제외됩니다. 이외에도 학생 선수가 학교폭력예방법에 따른 조치를 받은 정보는 국민체육진흥법 상 징계정보시스템에 기록됩니다.

학생 선수 관련 학교폭력 사안에서는 위와 같이 해당 학생 선수에게 발생하는 불이익의 내용과 크기까지 아울러 살펴야 할 것입니다.

카) "맞폭" 사안

【 사례 】

V와 P1, P2는 모두 같은 중학교 학생입니다. V와 P1은 SNS상에서 서로 언쟁이 있었습니다. 그리고 다음 날 V와 P1은 학교에서 만나서도 서로 언쟁을 벌였고, 이 과정에서 가벼운 몸싸움도 있었습니다. 주변에 있던 학생들이 이를 말려 심각한 싸움으로 이어지지는 않았습니다.

그러나 P1은 이후 토요일에 V에게 연락해서 학교 근처에 있는 공사장 공터로 나오라고 하였습니다. P1은 V에게 "나는 혼자 나갈 거니까 너도 혼자 나와."라고 하였습니다. 하지만 P1은 P2와 함께 위 공터로 갔고, V는 혼자 나왔습니다.

V는 P1에게 욕설과 함께 왜 혼자 나온다고 해놓고, P2랑 같이 나왔냐고 하였습니다. 그러나 P1과 P2는 V에게 다가가며 욕설을 하며 비웃었습니다. 그리고 곧바로 P1은 V에게 달려들어 V의 목을 감아 넘어뜨리고, 바닥에 넘어져 있는 V를 주먹과 발로 가격하였습니다. 이 과정에서 P2는 V가 P1에게 반격하려고 할 때마다 이를 제지하였고, P2는 V를 조롱하며 P1의 V에 대한 폭행 과정을 영상으로 촬영하였습니다. P1과 P2의 행위로 인해 V에게는 심각한 상해가 발생하였습니다.

V는 P1과 P2의 행위를 학교폭력으로 신고하였습니다. P1은 V이 자신을 학교폭력으로 신고한 사실을 알고 나서, V가 욕설을 하였고, V도 자신을 때렸다고 하며 V를 학교폭력으로 신고하였습니다.

P1과 P2의 V에 대한 행위는 이견의 여지 없이 학교폭력에 해당합니다. 다만, V의 P1의 행위는 여러 가지 사항을 고려하여 판단해야 할 것입니다.

학교폭력으로 신고되는 많은 사안들을 살펴보면 실제로 쌍방의 행위가 병존하는 경우가 많이 있습니다. 한쪽에서 욕설이나 폭행을 하면, 다른 쪽에서도 그에 맞서 욕설과 폭행을 하는 경우가 많이 있습니다. 이와 같은 사안은 한쪽의 행위와 다른 쪽의 행위를 분리하여 각각 별도로 판단하는 것이 원칙입니다. 그리고 그 과정에서 갈등이 발생한 경위와 원인, 당사자

간의 평소 관계, 다툼 이후의 관계 등을 종합적으로 고려하여 조치를 결정해야 합니다.

그러나 단순 쌍방 사건과 달리, 자신에게 제기된 학교폭력 사건을 무마시키거나 경감된 조치를 받고자 하는 목적에서 학교폭력 신고를 하는 경우가 있습니다. 위 사례의 경우가 그러할 것입니다. 위 사례에서 V는 P1에게 욕설을 하였고, 바닥에 넘어진 상태에서 P1의 팔과 다리를 붙잡은 적이 있고, 바닥에서 일어나기 위해 손과 발로 P1을 밀치는 등의 유형력을 행사하였습니다. 그리고 V의 행위로 인해 P1에게 그 어떤 상해도 발생하지는 않았습니다.

이에 대해 판례는 V의 행위는 P1과 바닥에 뒤엉켜 있는 과정에서 P1의 폭행에 방어적 태세로 대응한 것일 뿐 이를 학교폭력이라고 할 수는 없고, V의 욕설 역시도 P1과 P2의 위협에 소극적으로 대응한 것으로 학교폭력에 해당하지 않는다고 하였습니다. 그러면서, P1의 V에 대한 학교폭력 신고에 대하여, P1의 폭행으로 인해 V가 심각한 상해를 입었음에도 불구하고 P1이 반성하지 않고, 자신의 학교폭력에 관하여 처분을 경감하기 위해 이루어진 맞학폭으로 볼 여지가 있다고 하며, V의 발언으로 인해 P1이 정신상의 피해를 입었다고 보기는 어렵다고 하였습니다.

피·가해 학생 간 쌍방의 행위가 있는 경우, 이를 기계적으로 행위를 분리하여 각각을 별도로 판단하는 것은 타당하지 않습니다. 사안의 구체적인 사실관계, 행위로 인해 발생한 결과, 사건 발생 경위, 신고의 동기와 목적 등을 종합적으로 고려해야 하고, 가해학생 측의 신고가 사건의 무마나 처분의 경감을 목적으로 이루어진 맞폭에 해당하는 경우에는 달리 판단하여야 할 것입니다.

조치 결정

심의위원회는 학교폭력 해당 여부에 대한 판단을 마치고 나면 그에 따라 조치를 결정합니다. 사안에서 문제된 행위가 학교폭력에 해당한다고 판단하였다면 피해학생과 가해학생에 대한 조치를 심의·의결합니다. 모든 사안이 피·가해학생에 대한 보호 내지 선도조치로 끝나는 것은 아닙니다. 학교폭력 피·가해사실을 인정하기 어렵다면 '조치 없음' 결정을 합니다. 사실관계 확인을 위하여 수사나 재판 결과를 기다릴 필요가 있는 경우나 불가피한 사유로 관련 학생이 출석할 수 없고 서면 진술서로 대체할 수도 없는 경우 등 조치 결정을 잠시 미뤄야 할 필요가 있다면 조치 결정을 유보할 수도 있습니다.

가) 피·가해학생 조치 결정

(1) 피해학생 보호조치

학교폭력예방법 제16조 제1항에 따라 심의위원회는 피해학생에 대한 보호조치로 ① 학내외 전문가에 의한 심리상담 및 조언, ② 일시보호, ③ 치료 및 치료를 위한 요양, ④ 학급교체와 ⑤ 그 밖에 피해학생의 보호를 위하여 필요한 조치 가운데 하나에서 여러 개의 조치를 의결할 수 있습니다. 학교폭력예방법 제17조 제1항이 학교폭력이 인정되면 반드시 서면사과 이상의 조치를 하도록 규정하고 있는 것과 달리 같은 법 제16조 제1항은 피해학생 보호조치는 피해학생 보호를 위하여 필요하다고 인정하는 때에 할 수 있다고 규정하고 있습니다. 그러므로 심의위원회는 사안에서 학교폭력이 인정되더라도 보호조치가 필요하지 않다고 판단하는 경우에는 보호조치를 의결하지 않을 수 있습니다.

피해학생 보호조치 가운데 ① 학내외 전문가에 의한 심리상담 및 조언과 ② 일시보호, ③ 치료 및 치료를 위한 요양 조치는 학교 위(Wee)클래스나 교육지원청 위(Wee)센터를 이용하는 경우가 아니면 비용이 듭니다. 이와 관련하여 학교폭력예방법 제16조 제6항 단서는 피해학생의 신속한 치료를 위하여 학교의 장이나 피해학생 보호자가 원하는 경우 학교안전공제회 등이 위 조치에 따른 비용을 부담할 수 있다고 규정하고 있습니다. 다만 학교안전공제회가 모든 비용을 부담하는 것은 아니며 부담하는 비용의 범위는 다음 표와 같습니다. [40)]

보호조치	지급 범위	대상 기간
학내외 전문가에 의한 심리상담 및 조언	교육감이 정한 전문심리상담기관에서 심리상담 및 조언을 받는 데 드는 비용	2년(추가적인 치료 등이 필요한 경우 피해학생 및 보호자의 요청에 따라 학교안전공제보상 심사위원회의 심의를 거쳐 1년 범위 연장 가능)
일시보호	교육감이 정한 기관에서 일시보호를 받는 데 드는 비용	30일
치료 및 치료를 위한 요양 조치	「의료법」에 따라 개설된 의료기관, 「지역보건법」에 따라 설치된 보건소·보건의료원 및 보건지소, 「농어촌 등 보건의료를 위한 특별조치법」에 따라 설치된 보건진료소, 「약사법」에 따라 등록된 약국 및 같은 법 제91조에 따라 설립된 한국희귀·필수의약품센터에서 치료 및 치료를 위한 요양을 받거나 의약품을 공급받는 데 드는 비용	2년(추가적인 치료 등이 필요한 경우 피해학생 및 보호자의 요청에 따라 학교안전공제보상 심사위원회의 심의를 거쳐 1년 범위 연장 가능)

---

40) 학교안전사고 예방 및 보상에 관한 법률 제18조 제1항, 같은 법 시행규칙 제9조의3

한편, 가해학생의 보호자는 학교폭력예방법 제16조 제6항에 따라 피해학생이 위 조치에 따른 상담 등을 받는 데 사용되는 비용을 직접 부담하거나, 학교안전공제회 등이 부담한 비용을 구상해줘야 합니다. 이와 관련하여 인용되지는 않았으나 가해학생이 피해학생 보호조치를 취소해달라는 소송을 제기한 사례가 있기도 합니다.[41] 그 밖에도 피해학생 보호조치에 따른 비용 부담 문제를 둘러싸고 피해학생과 가해학생 측 사이 분쟁이 발생하는 경우가 적지 않습니다. 조치 결정 시 가해학생 선도조치 뿐만 아니라 피해학생 보호조치도 분쟁의 대상이 될 수 있음을 유의할 필요가 있습니다.

피해학생 보호조치는 학교폭력예방법 제16조 제3항에 따라 피해학생 보호자의 동의를 얻어 실시합니다. 따라서 교육장이 심의위원회의 의결에 따라 보호조치를 피해학생과 그 보호자에게 통보하였더라도 피해학생 보호자가 동의하지 않으면 보호조치를 시행할 수 없습니다.

(가) 학내외 전문가에 의한 심리상담 및 조언

피해학생이 학교폭력에 따른 정신적 피해를 회복할 수 있도록 심리 전문가로부터 상담을 비롯한 도움을 받게 하는 조치입니다. 학교에 설치된 위(Wee)클래스 뿐만 아니라 위(Wee)센터, 시·도교육청에서 지정한 피해학생 전담지원 기관 등 학교 내·외부 기관을 가리지 않고 관련 전문가·기관을 통하여 진행합니다. 피해학생이나 그 보호자가 스스로 전문기관을 찾아 심리상담과 조언을 받는 것도 가능합니다. 피해학생 전담지원 기관은 시·도교육청마다 지정한 기관이 다를 수 있으므로 피해학생이 쉽게 접근

---

41) 춘천지방법원 2018. 8. 21. 선고 2018구합50244 판결, 서울행정법원 2019. 9. 27. 선고 2018구합90619 판결, 창원지방법원 2022. 6. 22. 선고 2022구단10338 판결

할 수 있도록 학교에서 소속교육청이 지정한 피해학생 전담지원 기관을 확인하여 안내할 필요가 있습니다.

(나) 일시보호

피해학생을 안정시키고 추가적인 피해 발생을 방지하기 위하여 일시적으로 학교 상담실이나 집 기타 보호시설에서 보호하는 조치입니다.

Q&A 43 심의위원회에서 조치를 결정하는 때는 학교폭력 사안이 발생하고 어느 정도 시간이 지난 후이니 일시보호 조치를 할 필요성이 낮은 것 아닌가요?

심의위원회에서도 일시보호 조치를 할 필요가 있습니다. 학교폭력에 따른 피해는 학교폭력 사안이 있었던 시점에 잠깐 발생하였다가 끝나지 않습니다. 사안이 발생하고 나서도 정신적 피해가 계속되는 경우가 있으며, 상황에 따라서는 기억을 떠올리는 것만으로도 심각한 충격을 받는 경우도 있습니다. 이러한 경우에는 피해학생을 안정된 장소에서 보호할 필요가 있으므로 심의위원회에서도 일시보호 조치를 결정할 수 있습니다.

Q&A 44 피해학생 출석인정이 필요한 경우 반드시 일시보호 조치를 하여야 하나요?

피해학생 출석인정을 위하여 반드시 일시보호 조치를 하여야 하는 것은 아닙니다. 학교폭력예방법 제16조 제4항은 학교장이 출석으로 인정할 수 있는 결석을 일시보호 조치에 필요한 경우로만 한정하고 있지 않습니다. 따라서 심의위원회에서 일시보호 조치 외 다른 보호조치를 요청한 경우나 심의위원회에서 보호조치를 의결하지 않았더라도 학교장이 피해학생 긴급보호조치를 하였던 경우, 그 밖에 학교장이 피해학생 보호를 위하여 필요하다고 인정하는 경우에는 출석으로 인정할 수 있습니다. 다만, 출석 인정 기간은 진단서나 의사 소견서 등 객관적인 자료를 토대로 신중하게 결정해야 합니다.

(다) 치료 및 치료를 위한 요양

피해학생이 학교폭력으로 입은 신체적·정신적 상처를 전문적인 의료기관 등에서 치료 받고 그에 필요한 기간 동안은 의료기관이나 집과 같은 안정된 장소에서 쉴 수 있게 하는 조치입니다.

Q&A 45 심의위원회에 출석할 당시 피해학생이 치료를 마친 경우라도 치료 및 치료를 위한 요양 조치를 할 수 있나요?

심의위원회가 피해학생에 대한 추가적인 치료나 치료 비용 지원이 필요하다고 판단하는 경우라면 치료 및 치료를 위한 요양 조치를 할 수 있습니다. 정신적 피해의 경우 신체적 피해와 달리 지속적인 치료와 지원을 요하는 경우도 많으므로 신체적 피해에 대한 치료를 마쳤다고 하여 피해학생 보호조치를 할 필요성이 사라졌다고 할 수는 없습니다. 따라서 심의위원회에서 피해학생의 피해 정도, 관련 비용 지원이 필요한지, 추가 치료가 필요한 것은 아닌지 등을 살펴 보호조치를 할지 결정하여야 합니다.

(라) 학급교체

생활환경을 변화시켜 피해학생이 학교폭력 상황에 계속 노출되는 것을 막고 안정을 찾을 수 있도록 피해학생 소속 학급을 바꾸는 조치입니다.

Q&A
46

어떤 경우에 피해학생 보호조치로 학급교체를 결정할 수 있나요?

피해학생 측에서 적극적으로 피해학생의 반 변경을 요청하고 있는 경우로서 사안의 경중을 살폈을 때 객관적으로 보아 가해학생에 대하여 학급교체 조치를 하여야 할 정도는 아니라도 가해학생과 피해학생을 분리할 필요성이 어느 정도 인정된다면 피해학생 보호조치로 학급교체를 결정할 수 있습니다. 학급은 학생들이 교우관계를 형성해나가는 기초가 되므로 학급을 바꾸는 것은 학생의 생활에 큰 변화를 가져오게 됩니다. 피해학생 입장에서는 학급교체가 새로운 피해를 가하는 것으로 받아들여질 우려도 있습니다. 따라서 피해학생 측에서 요청한 적이 없는데도 그러한 의사가 있는지를 먼저 묻거나 학급교체를 결정하는 것은 적지 않은 반발을 불러일으킬 우려가 있으니 주의해야 합니다.

(마) 그 밖에 피해학생의 보호를 위하여 필요한 조치

앞서 설명한 보호조치들 외에도 피해학생을 보호하기 위하여 학교의 적극적인 도움이 필요한 경우가 있을 수 있습니다. 그러한 경우 도움을 줄 수 있는 근거가 되는 조치가 '그 밖에 피해학생의 보호를 위하여 필요한 조치'입니다. 예를 들어 법률적 도움을 줄 수 있는 기관을 안내하거나 해당 기관에 협조와 지원을 요청하는 것도 그 밖에 피해학생의 보호를 위하여 필요한 조치 내용에 포함됩니다.

피해학생이 심의위원회에서 피해학생 보호조치로 전학을 요청하는 경우 어떻게 해야 하나요?

피해학생 보호조치로 직접 피해학생의 전학을 결정할 수는 없습니다. 2012년 학교폭력예방법 개정 이전에는 피해학생에 대한 전학권고도 피해학생 보호조치로 규정되어 있었으나 피해학생에 대한 두터운 보호를 위하여 학교폭력예방법을 개정하면서 삭제되었습니다.

(2) 가해학생 선도조치

(가) 가해학생 선도조치의 종류

학교폭력예방법은 제17조 제1항에서 심의위원회가 가해학생에 대한 선도조치로 ① 피해학생에 대한 서면사과, ② 피해학생 및 신고·고발 학생에 대한 접촉, 협박 및 보복행위의 금지, ③ 학교에서의 봉사, ④ 사회봉사, ⑤ 학내외 전문가, 교육감이 정한 기관에 의한 특별 교육이수 또는 심리치료, ⑥ 출석정지, ⑦ 학급교체, ⑧ 전학, ⑨ 퇴학처분 가운데 하나에서 여러 개의 조치를 할 것을 교육장에게 요청할 수 있다고 규정하고 있습니다. 이 조치들 가운데 서면사과나 접촉, 협박 및 보복행위 금지, 학교에서의 봉사 조치를 의결하는 경우에는 학교생활기록부 기재유보와 관련하여 이행 여부를 판단할 수 있도록 이행 기한을 함께 정해야 합니다.

① 피해학생에 대한 서면사과

서면사과는 가해학생으로 하여금 피해학생에게 가해행위에 대한 사과의 의사를 글로 전하도록 하는 조치입니다. 사과의 뜻을 담아 서면으로 작성하여야 한다는 것을 제외하고는 형식이나 분량, 내용에 있어서 제한은 없습니다. 서면사과 조치가 가해학생 선도조치 가운데 가장 낮은 단계의 조치이고 불이행하더라도 추가조치를 해야 할 부담이 없어서 가장 무난한 조치로 선택하게 되는 경우도 있습니다. 그러나 가해학생이 사과를 불성실하게 하는 경우에는 피해학생에게 또다른 피해를 줄 수 있으므로 가해학생이 성실히 이행할 것인지 신중히 살펴 서면사과 조치를 결정하실 필요가 있습니다.

Q&A 48 | 서면사과 조치를 결정할 때 심의위원회가 사과문에 담길 내용도 함께 정할 수 있나요?

사과문의 내용을 정해서는 안 됩니다. 심의위원회가 서면사과 조치를 하는 것을 넘어서서 사과문의 내용을 구체적으로 정하게 되면 학생이 자신의 의사와 상관없이 특정한 내용의 의사표시를 하도록 강제 받는 것이 되어서 학생의 양심의 자유나 인격권에 대한 침해에 해당할 수 있습니다. 헌법재판소는 서면사과 조치가 '내용에 대한 강제 없이 자신의 행동에 대한 반성과 사과의 기회를 제공하는 교육적 조치'라고 판시하기도 하였습니다. [42]

---

42) 헌법재판소 2023. 2. 23. 선고 2019헌바93, 2019헌바254(병합) 전원재판부 결정

Q&A 49	서면사과는 양심의 자유나 인격권을 침해하는 것이 아닌가요?

서면사과 조치 자체가 가해학생의 양심의 자유와 인격권을 침해한다고 보기는 어렵습니다. 헌법재판소도 서면사과 조치를 단순히 의사에 반한 사과 명령의 강제나 강요가 아닌 학교폭력 이후 피해학생의 피해회복과 정상적인 교우관계 회복을 위한 특별한 교육적 조치라고 보면서, 서면사과가 가해학생의 양심의 자유와 인격권을 침해한다고 보기 어렵다고 판단한 바 있습니다. [43]

② 피해학생 및 신고·고발학생에 대한 접촉, 협박 및 보복행위의 금지

가해학생이 피해학생이나 신고·고발학생에게 의도적으로 접근하는 것을 막는 실질적인 의미의 분리 조치입니다. 추가적인 학교폭력 발생을 예방하고 피해학생과 신고·고발학생이 안전하게 학교생활을 할 수 있도록 하는 데 목적이 있습니다. 따라서 심의위원회가 피해학생과 신고·고발학생의 보호를 위하여 필요하다고 인정하는 경우에는 기본 판단 요소 판정 점수와 상관없이 부과할 수 있습니다.

금지되는 접촉의 범위에는 오프라인에서뿐만 아니라 SNS와 같이 정보통신망을 이용하는 경우도 포함됩니다. 그러나 가해학생이 의도적으로 피해학생에게 접촉하는 것을 막는 것이므로 교육활동이나 일상생활에서 이뤄지는 의도하지 않은 접촉까지 모두 금지하는 것은 아닙니다. [44]

접촉 등 금지 조치를 결정할 때 별도로 기간을 정하지 않은 경우 해당 학교급을 졸업할 때까지 조치가 유효합니다. 모든 사안에서 졸업 시까지 접촉 등 금지 조치를 유지시키는 것이 관계회복을 비롯한 분쟁의 실질적

---

43) 헌법재판소 2023. 2. 23. 선고 2019헌바93, 2019헌바254(병합) 전원재판부 결정
44) 헌법재판소 2023. 2. 23. 선고 2019헌바93, 2019헌바254(병합) 전원재판부 결정 참조

해결에 도움이 되는 것은 아닙니다. 학교폭력의 내용이나 가해학생의 태도 등을 고려하여 적절한 기간을 정하는 것이 바람직합니다.

③ 학교에서의 봉사

말 그대로 학교 내에서 봉사활동을 하도록 하는 조치입니다. 심의위원회에서 학교에서의 봉사 조치를 결정하는 경우 봉사 시간도 함께 정해야 하는데 가해학생과 그 보호자, 학교가 명확히 이해할 수 있도록 일 단위보다는 시간 단위로 부여하는 것이 바람직합니다. 그 밖의 봉사활동 내용이나 시기 등은 학교에서 별도로 계획을 수립하여 진행합니다.

Q&A 50 심의위원회에서 학교에서의 봉사 내용에 사과문 작성을 포함시켜도 될까요?

봉사 활동 내용에 사과문 작성을 포함시킬 수 없습니다. 학교폭력예방법 제17조 제1항은 서면사과와 학교에서의 봉사를 구별하여 규정하고 있기 때문입니다. 선도위원회에서 의결한 초·중등교육법 시행령에 따른 학교에서의 봉사 조치가 문제 되었던 사안이기는 하나, 학교에서의 봉사와 사과문 작성이 엄격히 구별됨을 이유로 봉사 활동 내용 가운데 사과문 작성을 포함시킬 수 없다고 판단한 판례[45]도 있습니다.

④ 사회봉사

학교 밖 사회봉사 관련기관을 통하여 봉사활동에 참여하도록 하는 조치입니다. 학교에서의 봉사와 마찬가지로 가해학생과 그 보호자가 의무 내용을 명확히 알고 이행할 수 있도록 봉사 시간도 시간 단위로 함께 정

---

45) 대법원 2022. 12. 1. 선고 2022두39185 판결

해야 합니다. 학교에서는 성실한 조치 이행을 통하여 조치의 목적을 달성하고 이행 결과를 확인할 수 있도록 가해학생과 그 보호자에게 적절한 사회봉사 기관을 안내하고 연결시켜 줄 필요가 있습니다. 그와 별개로 사회봉사 조치를 받은 학생이 부담하는 의무에는 봉사활동을 위하여 적극적으로 사회봉사 기관을 찾는 것도 포함된다고 할 것이므로 학교에서 봉사 기관을 연결해주지 않더라도 학생 스스로 봉사 기관을 찾아보는 등으로 조치를 이행하기 위해 노력하여야 합니다.

한편, 사회봉사는 학교에서의 봉사와 달리 학생이 학교생활과 별개로 외부 기관을 통해 활동하여야 하는 부담이 따를 뿐만 아니라 학교생활기록부 기재 유보 대상도 아니어서 중한 처분에 해당합니다. 따라서 학교에서의 봉사나 사회봉사 모두 학생에게 봉사활동을 명하는 조치라는 점에서는 비슷해 보이더라도 각 조치로 학생이 받는 불이익에는 차이가 있음을 유의하여 조치를 결정해야 합니다.

⑤ 학내외 전문가, 교육감이 정한 기관에 의한 특별 교육이수 또는 심리치료

가해학생이 심의위원회가 정한 '시간' 동안 학내외 전문가와 교육감이 정한 기관으로부터 특별교육이나 심리치료를 받도록 하는 조치입니다. 심의위원회가 가해학생의 선도·교육을 위하여 필요하다고 인정하는 경우 기본 판단 요소 판정 점수와 상관없이 결정할 수 있습니다. 학교폭력에 대한 인식과 행동 개선을 위하여 상담과 교육이 필요한지, 가해행위에 전문적 치료가 필요한 심리적 원인이 있는지 등을 고려하여 특별교육과 심리치료 가운데 어느 한 조치를 선택하여 결정합니다. 이때 가해학생과 그 보호자가 가해학생이 이행하여야 할 조치가 무엇인지 명확히 알 수 있도록 특별교육과 심리치료 가운데 어느 조치를 결정한 것인지 명시하는 것이 바람직합니다.

⑥ 출석정지

심의위원회가 정한 기간 동안 가해학생을 학교생활로부터 분리하여 가해학생에게는 반성할 수 있는 시간을 갖게 하고, 피해학생은 안정을 찾을 수 있도록 보호하기 위한 조치입니다. 출석정지 기간은 학교에서의 봉사나 사회봉사, 특별교육 또는 심리치료 조치를 결정할 때와는 달리 시간 단위가 아니라 일 단위로 결정합니다. 출석정지 기간은 미인정 결석으로 처리합니다.[46]

Q&A 51 심의위원회에서 출석정지 조치 기간은 10일을 넘겨 정할 수 있나요?

초·중등교육법과 달리 학교폭력예방법은 출석정지 기간을 별도로 규정하고 있지 않으므로 심의위원회에서 10일 이상의 출석정지 조치를 의결하는 것도 가능합니다. 헌법재판소도 출석정지는 가해학생과의 격리를 통하여 피해학생을 보호하는 데에 주된 목적이 있어 학교폭력예방법이 출석정지 조치에 상한을 두지 않은 것이 헌법에 위반되는 것은 아니라고 판단한 바 있습니다.[47] 다만, 출석정지 조치 기간이 무한정 늘어나는 경우 출석일수 미달로 유급하게 되는 등으로 상위 조치인 전·퇴학보다도 중한 불이익을 초래하는 경우가 발생할 수 있습니다. 그러한 상황이 발생하지 않도록 심의위원회에서 출석정지 조치를 결정하는 경우 가해학생의 잔여 출석일수를 확인할 필요가 있습니다.

---

46) 학교생활기록 작성 및 관리 지침 제8조 제2항 [별표 8] 제2호 라목 1) 참조
47) ˙헌법재판소 2019. 4. 11. 선고 2017헌바140, 141(병합) 전원재판부 결정

⑦ 학급교체

가해학생의 반을 변경하여 가해학생과 피해학생을 분리함으로써 지속적인 학교폭력의 위협에서 피해학생을 보호하기 위한 조치입니다. 학년당 학급 수가 1~2개인 소규모 학교는 학급교체 조치를 하더라도 시행 자체를 할 수 없거나 실질적으로는 분리가 되지 않은 것이나 마찬가지 상황에 놓일 수도 있습니다. 이런 경우라면 피해학생 보호를 고려하여 학급교체 대신 다른 조치로 적절히 가감하는 것이 바람직합니다.

⑧ 전학

가해학생의 교육환경을 변화시킴으로써 행동을 개선하고 반성할 기회를 주고 피해학생에게 더이상 학교폭력 피해가 반복되지 않도록 가해학생의 학적을 다른 학교로 옮기는 조치입니다. 의무교육인 초등학교와 중학교 과정에서는 퇴학 조치를 할 수 없으므로 전학이 가장 높은 단계의 조치에 해당합니다.

Q&A 52 학교폭력예방법에 따른 선도조치를 받은 가해학생은 상급학교 진학 시 피해학생과 다른 학교로 배정되는 것 아닌가요?

학교폭력예방법 시행령 제20조는 전학 조치를 받은 가해학생과 피해학생 사이에서만 상급학교 진학 시 분리 배정하도록 규정하고 있으므로 가해학생이 전학 이외의 조치를 받았다면 상급학교 진학 시 분리배정되지 않습니다. 이 경우에는 피해학생이 재배정을 신청하여 다른 상급학교로 진학할 수 있습니다.

| Q&A 53 | 가해학생과 피해학생이 서로 다른 학교에 재학 중이라면 전학조치를 할 수 없나요? |

피·가해학생이 서로 다른 학교에 재학 중이라도 피해학생 보호와 가해학생 선도를 위하여 필요한 경우에는 전학 조치를 할 수 있습니다. 예를 들어 학교폭력 정도가 매우 심각하고 피해가 중할 뿐 아니라 학교가 인접하고 있거나 통학로가 겹치는 등으로 이후에도 학교폭력이 재발할 가능성이 높다고 볼 만한 객관적인 사정이 있는 경우라면 가해학생과 피해학생이 서로 다른 학교에 재학하고 있더라도 피해학생을 보호하기 위하여 전학 조치를 할 수 있을 것입니다.

⑨ 퇴학

가해학생의 재학생 신분을 박탈하는 조치입니다. 의무교육과정에 있지 않은 고등학생에 대하여만 할 수 있습니다.

| Q&A 54 | 퇴학조치를 받은 가해학생은 학교로 다시 돌아올 수 없나요? |

퇴학 조치를 받은 경우라도 조치를 받을 당시 학년이나 그 밑의 학년으로 재입학할 수 있습니다. 학교폭력예방법에 따른 가해학생 조치는 피해학생의 보호뿐만 아니라 가해학생의 선도 또한 목적으로 하므로 퇴학 조치를 하더라도 고등학교에서 수업과정을 마치고 졸업할 기회를 영구히 박탈하는 것은 아닙니다.

(나) 구체적 선도조치 결정

가해학생 선도조치는 학교폭력예방법과 같은 법 시행령에 따라 마련된 아래와 같은 학교폭력 가해학생 조치별 적용 세부기준 고시 제2조 [별표]를 기준으로 하여 결정됩니다.

[별표] 학교폭력 가해학생 조치별 적용 세부 기준

			기본 판단 요소					부가적 판단요소	
			학교폭력의 심각성	학교폭력의 지속성	학교폭력의 고의성	가해학생의 반성정도	화해정도	해당 조치로 인한 가해학생의 선도가능성	피해학생이 장애학생인지 여부
판정 점수		4점	매우높음	매우높음	매우높음	없음	없음	해당점수에 따른 조치에도 불구하고 가해학생의 선도가능성 및 피해학생의 보호를 고려하여 시행령 제14조 제5항에 따라 학교폭력대책심의위원회 출석위원 과반수의 찬성으로 가해학생에 대한 조치를 가중 또는 경감할 수 있음	피해학생이 장애학생인 경우 가해학생에 대한 조치를 가중할 수 있음
		3점	높음	높음	높음	낮음	낮음		
		2점	보통	보통	보통	보통	보통		
		1점	낮음	낮음	낮음	높음	높음		
		0점	없음	없음	없음	매우높음	매우높음		
가해학생에 대한 조치	교내선도	1호	피해학생에 대한 서면사과	1~3점					
		2호	피해학생 및 신고·고발 학생에 대한 접촉, 협박 및 보복행위의 금지	피해학생 및 신고·고발학생의 보호에 필요하다고 심의위원회가 의결할 경우					
		3호	학교에서의 봉사	4~6점					
	외부기관연계	4호	사회봉사	7~9점					
		5호	학내외 전문가, 교육감이 정한 기관에 의한 특별교육이수 또는 심리치료	가해학생 선도·교육에 필요하다고 심의위원회가 의결할 경우					
	교육환경	교내	6호	출석정지	10~12점				
			7호	학급교체	13~15점				
		교외	8호	전학	16~20점				
			9호	퇴학처분	16~20점				

구체적으로는, 학교폭력에 해당한다고 인정한 행위를 기준으로 각 기본 판단 요소별 점수를 정하고, 이를 합산하여 기본적인 조치 수준을 정합니다. 다음으로 가해학생의 선도가능성과 피해학생의 보호를 고려하여

조치를 가중·경감하거나 병과하여 최종 조치를 결정합니다. 그 과정에서 필요하다고 판단하는 경우 2호나 5호 조치를 병과하거나 단독으로 부과할 수도 있습니다.

Q&A 55 | 심의위원별 기본 판단 요소 점수가 다른 경우 어떻게 결정하나요?

심의위원이 서로 합의하여 각 기본 판단 요소별로 하나의 점수를 결정합니다. 합의가 되지 않는 경우에는 출석위원 과반수의 의견에 따라 결정할 수도 있습니다. 어떠한 경우에도 심의위원별 점수를 평균하여 결정하는 것은 아님을 주의해야 합니다.

---

① 기본 판단 요소

학교폭력의 심각성

피해의 내용과 정도(해당 학교폭력 가해행위로 피해를 입은 학생 수, 피해 금액, 피해학생에게 부상이 발생하였는지, 발생하였다면 그 부위와 정도, 치료가 필요한지 등)와 가해행위의 내용과 정도(가해학생의 수, 가해행위가 이뤄진 장소와 시간, 위험한 물건 사용 여부 등) 등을 종합적으로 고려하여 결정합니다.

'학교폭력의 심각성' 판단 의견 예시

예 1) 다수의 가해학생이 밤늦은 시각에 피해학생 한 명을 위협하고 때렸으며 이로 인하여 피해학생이 전치 4주 이상의 치료를 요하는 부상을 입은 점을 고려하면 학교폭력의 심각성은 '○○(○점)' 의견입니다.

예 2) 피해학생과 말다툼을 한 후 욕설이 포함된 메시지를 한 차례 보낸 사실만 인정되는 점, 이 사안 가해행위로 인하여 피해학생이 별도 치료나 상담을 받은 사실이 없는 점을 고려하면 학교폭력의 심각성은 '○○(○점)' 의견입니다.

학교폭력의 지속성

같은 피해학생에 대하여 학교폭력 가해행위를 반복하거나 계속한 것인지를 고려하여 판단합니다. 구체적으로는 해당 학생 사이 과거 가·피해 이력, 심의 대상 사안에서 가해행위 횟수, 기간을 확인하여 이를 토대로 가해행위가 지속되었는지 결정해야 합니다.

Q&A 56 | 가해학생이 이전에 다른 학생들에게도 가해행위를 한 적이 있다면 학교폭력의 지속성을 높게 판단하여야 하나요?

특별한 사정이 없는 한 학교폭력의 지속성은 같은 피해학생에 대한 가해행위가 계속되어 왔는지를 기준으로 판단하여야 합니다. 피해학생을 달리하여 비슷한 내용의 가해행위를 반복한 경우는 가해학생의 선도가능성을 낮게 평가할 수 있는 요소가 될 수는 있지만, 지속성 판단과는 무관합니다. 예외적으로 특정한 학생을 괴롭힐 목적으로 그 학생과 친한 다른 학생에게 일부러 학교폭력 가해행위를 한 것이라는 등의 사정이 있다면 이를 지속성을 판단하기 위한 요소로 삼을 수 있을 것입니다.

'학교폭력의 지속성' 판단 의견 예시

예 1) 가해학생이 피해학생에게 6개월에 걸쳐 적을 때는 한 달에 2번, 많을 때는 한 주에 2~3번 돈을 달라고 하거나, 음식을 사줄 것을 요구하였으므로 학교폭력의 지속성은 '○○(○점)' 의견입니다.

예 2) 이 사안 이전에는 가해학생과 피해학생 사이 학교폭력이 문제된 적이 없는 점, 가해행위가 1회에 그쳤고 그 외 다른 가해행위가 인정되지 않는 점에 비추어보면 학교폭력의 지속성은 '○○(○점)' 의견입니다.

학교폭력의 고의성

피·가해학생 사이 평소 관계, 가해행위에 이르게 된 경위나 동기 등을 확인하여 가해학생이 행위 당시 피해를 적극적으로 계획하거나 의도하였다고 인정되는지를 기준으로 판단합니다. 경위에 있어 참작할 만한 사정이 있다거나 우발적으로 이루어진 것으로 볼 만한 사정이 있는 경우라면 고의성을 낮게 판단할 수도 있습니다.

Q&A 57 학교폭력의 고의성을 없음(0점)으로 판단할 수 있나요?

가해행위가 우발적으로 이루어진 경우라면 학교폭력의 고의성을 없음(0점)으로 판단할 수도 있습니다. 학교폭력의 '고의성'은 가해학생에 대한 선도조치의 수준을 결정하기 위하여 고려하는 요소이므로 형법상 범죄 성립에 있어서 주관적 구성요건 요소인 '고의'와 같다고 보기는 어렵습니다. 따라서 가해행위에 대한 '고의'를 인정하는 것과 별개로 '고의성'이 없다고 판단하더라도 잘못되었다고 보기는 어렵습니다.

'학교폭력의 고의성' 판단 의견 예시

예 1) 이 사안 이전부터 가해학생과 피해학생 사이 크고 작은 갈등이 있었던 점, 가해행위가 있던 날에도 가해학생이 먼저 피해학생을 찾아가 시비를 걸었던 점을 고려하면 학교폭력의 고의성은 '○○(0점)' 의견입니다.

예 2) 가해학생과 피해학생이 함께 등하교를 하고 게임을 하는 등으로 친하게 지내왔던 점, 사안 발생 당일에도 평소처럼 게임을 하다가 말다툼을 벌이게 된 점, 말다툼 중 피해학생이 먼저 때려 맞붙어 싸우게 된 점을 종합해보면 학교폭력의 고의성은 '○○(0점)' 의견입니다.

가해학생의 반성정도

가해학생이 가해행위를 인정하는지, 사과하거나 피해 회복을 위하여 노력한 사실이 있는지 등을 기준으로 판단합니다. 가해학생 보호자가 가해학생이 가해행위를 반복하지 않도록 지도하겠다는 의사를 보인 경우에도 가해학생의 반성정도를 높게 평가하는 요소가 될 수 있을 것입니다.

Q&A 58 가해학생은 가해행위를 인정하는 반면 보호자는 피해학생에게 잘못이 있다고 주장하며 학교폭력이 아니라고 주장하는 경우 반성정도를 낮게 평가할 수 있을까요?

반성정도의 판단은 가해학생을 기준으로 하는 것이 바람직합니다. 학교폭력예방법 시행령 제19조가 조치별 적용 기준으로 '가해학생의 반성정도'라고 명시하고 있는 점에 비추어보면 가해학생이 반성하는 태도를 보이고 있음에도 가해학생 보호자의 태도를 문제 삼아 반성정도가 없다거나 낮다고 평가하는 것은 부적절합니다.

Q&A 59 가해학생이 피해학생이 주장하는 가해행위 그대로를 인정하지 않더라도 반성정도를 높게 평가하는 것이 가능한가요?

가해학생이 인정하는 가해행위의 내용이 피해학생의 주장과 조금 다른 부분이 있다고 하더라도 그 사정만으로 반성정도가 낮다고 보기는 어렵습니다. 당사자들의 기억은 사안 발생 당시 격앙된 감정, 시간의 경과 등 여러 가지 요인으로 인하여 정확하지 않을 수 있어 세부적인 부분까지 일치하여야만 반성정도가 높다고 평가할 수 있는 것은 아닙니다. 세부적으로는 다른 부분이 있더라도 피해학생이 주장하는 피해 사실의 주요 부분에 대하여 가해학생이 인정하고 있다면 반성정도를 높게 판단하는 것도 가능합니다.

피해학생 측에서 사과를 받아들이지 않고 있는 경우라면 반성정도를
어떻게 판단하여야 하나요?

사과의 내용이나 방법, 태도 등에 종합하여 객관적으로 반성하고 있음이
인정될 수 있다면 반성정도를 높게 평가하는 것도 가능합니다.

'가해학생의 반성정도' 판단 의견 예시

예 1) 목격학생 확인서, CCTV 영상을 비롯하여 심의위원회에 제출된 자료들을 종합해
보면 가해행위가 충분히 인정됩니다. 그러나 가해학생은 가해행위 대부분을 인정
하지 않고, 인정하는 가해행위도 장난이었다거나 피해학생이 잘못하여 가해행위를
하게 된 것이라고 말하고 있습니다. 따라서 가해학생의 반성 정도는 '○○(O점)' 의
견입니다.

예 2) 가해행위 내용에 있어서 가해학생과 피해학생의 주장이 일부 일치하지 않는 부분
이 있기는 하나 중요한 부분에서는 상당 부분 일치하고 있는 점, 가해학생이 심의
위원회에 출석하여 잘못을 인정하는 진술을 하였던 점, 사과문을 작성하여 학교를
통해 피해학생에게 전달하기도 하였던 점, 가해학생 보호자도 학생 지도에 대하여
구체적인 계획을 이야기하는 등으로 지도 의지를 보인 점을 종합해보면 가해학생
의 반성 정도는 '○○(O점)' 의견입니다.

당사자 간 화해와 용서가 이루어졌는지, 화해를 위하여 가해학생 측에서 어떠한 노력을 기울였는지, 치료비 등을 비롯하여 손해보전이 이루어졌는지, 사안 발생 이후 학생들이 어떻게 지내고 있는지, 사안과 관련하여 민·형사 절차가 진행되고 있는지 등을 고려하여 판단합니다.

Q&A 61 | 심의위원회 당시까지 화해가 이뤄지지 않았다면 화해정도는 어떻게 판단하여야 할까요?

가해학생 측에서 화해를 위하여 노력한 사실이 있는지, 있다면 구체적으로 어떠한 노력을 기울였는지, 심의위원회 이후 당사자 사이에 화해가 이루어질 가능성이 있는지 등을 살펴 화해정도를 높게 판단할 수도 있습니다.

'가해학생 및 보호자와 피해학생 및 보호자 간의 화해정도' 판단 의견 예시

예 1) 피해학생이 입은 손해에 대하여 전혀 배상이 이루어지지 않은 점, 피해학생과 보호자가 가해학생에 대한 엄중한 조치를 요구하고 있는 점, 피해학생 측에서 가해학생을 고소하여 관련 형사 절차가 진행 중인 점 등을 고려하면 화해정도는 'OO(O점)' 의견입니다.

예 2) 가해학생이 피해학생과 그 보호자로부터 용서받지는 못하였으나 사과 편지를 작성하여 전달하는 등으로 잘못을 인정하고 피해학생과 화해하기 위한 노력을 기울여왔으며 치료비를 지급하기도 하였으므로 화해정도는 'OO(O점)' 의견입니다.

---

② 부가적 판단 요소와 병과

가중·경감 사유

　　학교폭력예방법과 같은 법 시행령은 조치에 대한 가중 또는 경감 사유로 ㉠ 가해행위가 피해학생이나 신고·고발 학생에 대한 협박 또는 보복행위(학교폭력예방법 제17조 제2항), ㉡ 피해학생이 장애학생인 경우, ㉢ 피해학생의 보호, ㉣ 가해학생의 선도가능성[48]을 규정하고 있습니다. 이 가운데 가해학생의 선도가능성과 관련하여서는 가해학생이 이전에도 학교폭력으로 조치를 받은 적이 있는지, 받았다면 어떤 조치를 받았으며 해당 조치를 성실히 이행하였는지, 이후 가해학생이 조치를 성실히 이행할 것을 기대할 수 있는지 등을 종합하여 기본 판단 요소 심사에서 1차적으로 결정한 조치가 가해학생에 대한 교육과 선도를 하는데 적절한지 판단합니다. 이렇게 판단한 선도가능성을 고려하여 해당 조치보다 높거나 낮은 조치를 결정할 수 있습니다.

Q&A
62

기본 판단 요소 심사 결과는 6점으로 학교에서의 봉사에 해당하는데 가해학생이 이전 다른 학교폭력 사안으로 학교에서의 봉사 6시간 조치를 받았던 경우 사회봉사로 조치를 가중할 수 있나요?

　　　　　이전에 학교에서의 봉사 조치를 받았다는 사정만으로 조치를 가중하는 것은 바람직하지 않습니다. 조치를 받은 이후에도 행동이 개선되지 않고 동일한 유형의 가해행위를 다시 한 경우, 이전 학교에서의 봉사 조치를 성실하게 이행을 하지 않았던 경우, 가해학생이 학교에서 이뤄지는 지도에 잘 따르지 않아 외부 기관으로 봉사 환경을 바꿔 줄 필요가 있는 경우 등과 같이 해당 조치에 따른 학생의 선도가능성을 고려할 때 가중이 필요하다고 볼 만한 사정이 추가로 인정되어야 합니다.

---

48)　㉡, ㉢, ㉣ 모두 학교폭력 가해학생 조치별 적용 세부기준 고시 제2조 제1항 [별표] 참조

'가중·감경 사유' 판단 의견 예시

예 1) 특별히 조치를 가중하거나 감경할 만한 사유가 인정되지 아니하므로 결정된 조치 그대로 의결할 것을 제안합니다.

예 2) 가해학생이 이전에 출석정지 조치를 받은 사실이 있음에도 다시 학교폭력 가해행위로 나아간 점을 보면 다시 출석정지 조치를 하더라도 충분한 선도가 이루어지기 어려워 보입니다. 또한 피해학생의 보호를 위하여도 피·가해학생의 반을 분리할 필요가 있습니다. 학급교체로 조치를 가중할 것을 제안합니다.

예 3) 가해학생이 평소 학교 생활지도를 잘 따르지 않았고, 이 사안 처리 과정에서도 학교에 근거 없는 이의를 제기하고 긴급조치를 불성실하게 이행하는 등의 행동을 하였던 점에 비추어보면 학교에서의 봉사 조치를 부과하더라도 이를 성실히 이행할 것이라고 기대하기 어렵습니다. 학교가 아닌 외부 기관에서 봉사활동을 하도록 하는 것이 학생의 선도에 적절하다고 생각하므로 사회봉사 조치로 변경할 것을 제안합니다.

예 4) 가해학생이 가해행위를 인정하고 반성하는 태도를 보이고 있으며, 피해학생에게 편지를 전달하는 등으로 사과의 의사를 표시하였고, 가해학생 보호자는 가해학생에 대한 지도 의지를 강하게 보였습니다. 학교에서의 봉사 대신 서면사과 조치를 부과하더라도 충분한 선도가 이루어질 수 있을 것입니다.

예 5) 가해학생의 가정 환경이나 심리 상태를 고려하면 출석정지 기간 동안 충분한 선도가 이루어기가 어려워 보입니다. 심리치료를 부과하는 것이 가해학생의 반성과 선도에 도움이 될 것으로 보이고 해당 기간 동안 피·가해학생 분리 효과도 함께 얻을 수 있을 것이므로 심리치료 조치를 부과하는 것이 어떨까 합니다.

예 6) 피해학생이 가지고 있는 장애를 외관상 확인하기 어려울 뿐만 아니라 가해행위 내용도 피해학생의 장애를 이용하거나 이를 이유로 한 것이라고 볼 만한 사정이 있다고 인정하기 어렵습니다. 조치를 가중하지 않을 것을 제안합니다.

병과

학교폭력예방법 제17조 제1항은 "수 개의 조치를 병과하는 경우를 포함한다."고 규정하고 있습니다. 이에 따라 심의위원회는 가해학생에게 학교폭력예방법 제17조 제1항 제1호부터 제9호 조치 가운데 어느 하나의 조치를 부과하는 것은 물론, 필요한 경우에는 수 개의 조치를 동시에 부과하도록 의결할 수도 있습니다.[49] 이와 별개로 학교폭력예방법 제17조 제2항에 따라 가해행위가 피해학생이나 신고·고발학생에 대한 협박이나 보복행위인 경우에는 출석정지부터 퇴학처분까지의 조치를 함께 부과할 수도 있습니다.

일반적으로는 기본 판단 요소 심사 후 가중이나 감경을 거쳐 결정한 조치의 하위 조치나 접촉, 협박 및 보복금지 조치, 특별교육 또는 심리치료 조치를 병과합니다. 피해학생의 보호나 가해학생에 대한 선도·교육에 대한 고려 없이 여러 개의 조치를 함께 부과하는 것은 학생의 권리에 대한 부당한 침해가 될 수 있으므로 조치를 병과하고자 하는 경우 그 필요성을 신중히 판단하여야 합니다.

'병과 조치' 판단 의견 예시

예 1) 피해학생이 가해학생과의 분리를 요청하고 있고 객관적으로 짧은 기간이라도 분리를 통하여 피해학생을 안정시킬 필요가 있다고 보입니다. 서면사과 조치에 접촉, 협박 및 보복금지 조치를 병과할 것을 제안합니다.

예 2) 가해학생이 아직까지 피해학생에게 사과 의사를 전달하지 못하였고 피해학생도 가해학생의 사과를 원하고 있으므로 학교에서의 봉사 조치에 하위 조치인 서면사과 조치를 병과하는 것이 어떨까 합니다.

예 3) 가해행위가 심각할 뿐만 아니라 학교 내에서 가해행위가 반복될 가능성이 현저하여 가해학생 전학이 완료될 때까지 피해학생과 가해학생을 적극적으로 분리할 필요성이 있으므로 출석정지 조치를 병과할 것을 제안합니다.

---

49) 헌법재판소 2019. 4. 11. 선고 2017헌바140, 141(병합) 전원재판부 결정 참조

③ 부가 특별교육 또는 심리치료

가해학생 특별교육 또는 심리치료

학교폭력예방법 제17조 제3항은 같은 조 제1항 제2호부터 제4호까지 제6호부터 제8호까지의 조치를 받은 가해학생은 특별교육 또는 심리치료를 받아야 하고, 그 기간은 심의위원회가 정한다고 규정하고 있습니다. 이에 따라 심의위원회가 가해학생에 대하여 학교폭력예방법 제17조 제1항 제2호부터 제4호까지 제6호부터 제8호까지의 조치를 결정할 때에는 특별교육이나 심리치료 가운데 어느 하나를 선택하고 그 시간을 정하여 함께 부과하여야 합니다.

학교폭력예방법 제17조 제3항에 따른 특별교육 또는 심리치료 조치는 가해학생의 학교폭력에 대한 인식개선, 심리 치유를 위하여 같은 조 제1항 조치에 부가하는 조치입니다. 따라서 학교폭력예방법 제17조 제1항 제5호의 특별교육 또는 심리치료 조치는 이행하지 않을 경우 학교폭력예방법 제17조 제15항에 따라 추가로 다른 조치를 할 수 있는 것과 달리 같은 조 제3항에 따른 특별교육 또는 심리치료 조치는 가해학생이 이행하지 않더라도 추가로 다른 조치를 할 수 없으며, 학교생활기록부에 기재하지도 않습니다.

Q&A 63

가해학생에게 학교폭력예방법 제17조 제1항 제2호 접촉, 협박 및 보복행위 금지와 함께 제5호 특별교육 조치를 병과하는 경우에도 같은 조 제3항에 따라 특별교육 또는 심리치료 조치를 부가하여야 하나요?

학교폭력예방법 제17조 제1항 제5호 특별교육 조치를 한 경우라도 같은 항 제2호부터 제4호까지 제6호부터 제8호까지의 조치를 함께 결정한 경우라면 같은 조 제3항에 따라 특별교육 또는 심리치료 조치를 부가합니다. 학교폭력예방법 제17조 제3항은 같은 조 제1항 제5호 특별교육 조치를 하였는지와 상관없이 같은 조 제1항 제2호부터 제4호까지 제6호부터 제8호까지의 조치를 받은 가해학생에게 특별교육을 이수하거나 심리치료를 받도록 규정하고 있기 때문입니다. 특별교육을 중복해서 받도록 하는 것이 과하다고 생각할 수 있으나 규정 내용에 비추어 학교폭력예방법 제17조 제1항 제5호 특별교육 조치를 하였다고 하여 같은 조 제3항에 따른 특별교육 또는 심리치료 조치 부가가 면제된다고 볼 수는 없습니다. 다만 동일한 특별교육 조치를 부가하는 경우 그 시간이 부당하게 길어지지 않도록 각 이행 시간을 조정하거나 심리치료를 부가조치로 선택할 수도 있습니다.

보호자 특별교육

가해학생이 학교폭력예방법 제17조 제1항 제5호나 같은 조 제3항에 의한 특별교육을 받는 경우 가해학생의 보호자도 같은 조 제13항에 따라 특별교육을 받아야 합니다. 심의위원회는 보호자가 이수하여야 할 특별교육 시간을 정해야 하는데 「학교폭력 사안처리 가이드북」에서는 다음과 같이 기준을 정하고 있습니다. 다만 「학교폭력 사안처리 가이드북」이 법적 구속력까지 갖는 것은 아니어서[50] 합리적 필요성이 인정되는 경우라면 아래 기준과 달리 보호자 특별교육 시간을 정하였다고 하더라도 잘못이라고 볼 수 없습니다.

가해학생 선도조치	보호자 특별교육 이수 시간
접촉, 협박 및 보복행위 금지 / 학교에서의 봉사	4시간 이내
사회봉사 / 특별교육 / 출석정지 / 학급교체 / 전학	5시간 이상

---

50) 춘천지방법원 강릉지원 2018. 9. 13. 선고 2018구합30014 판결(심리불속행 기각판결로 확정됨) 참조 참조

보호자 특별교육 시간을 정할 때에도 학생 특별교육과 마찬가지로 보호자가 이수해야 할 특별교육 시간을 명확히 알고 이행할 수 있도록 시간 단위로 결정합니다.

가해학생의 보호자가 조치에 따라 특별교육을 이수하지 않으면 300만 원 이하의 과태료가 부과됩니다. 보호자 특별교육 시간은 이수 여부를 판단하는 기준이 되므로 부당하게 길어지지 않도록 이수 시간 결정 시 주의할 필요가 있습니다.

Q&A 64 | 가해학생에 대하여 심리치료 조치를 선택한 때에도 보호자에게 특별교육을 부과할 수 있나요?

보호자 특별교육은 가해학생이 특별교육 조치를 받는 경우에만 함께 부과합니다. 가해학생에 대하여 심리치료 조치를 결정하면서 보호자에게도 특별교육이나 심리치료를 함께 부과하는 것은 학교폭력예방법 제17조 제13항에 반합니다.

(다) 조치 결정 시 주의 사항

교육장이 학교폭력 가해학생에 대하여 어떠한 조치를 할 것인지 여부는 교육장의 판단에 따른 재량행위입니다.[51] 판례[52]도 피해학생의 보호, 가해학생의 선도·교육 및 피해학생과 가해학생 간의 분쟁조정을 통하여 학생의 인권을 보호하고, 학생을 건전한 사회구성원으로 육성하려는 학교폭력예방법의 취지를 고려할 때, 학교폭력에 대해서는 경우에 따라 단

---

51) 서울고등법원 2022. 12. 22. 선고 2022누51217 판결, 서울행정법원 2023. 2. 14. 선고 2022구합70025 판결, 광주지방법원 2023. 2. 10. 선고 2022구합12395 판결, 청주지방법원 2022. 8. 18. 선고 2021구합864 판결 등 참조
52) 청주지방법원 2023. 3. 23. 선고 2022구합51869 판결 참조

호하고 엄정한 조치가 불가피한 경우가 있고, 교육전문가인 교육장이 심의위원회의 요청에 따라 교육목적으로 조치를 한 결과는 그것이 현저히 불합리한 것이 아닌 한 가급적 존중되어야 한다는 입장입니다.

그러나 재량행위라 하더라도 사실오인 등에 근거하여 이루어졌거나 비례의 원칙 또는 평등의 원칙 등에 위배되는 경우에는 재량권을 일탈·남용한 것으로서 위법하게 됩니다.[53] 구체적으로는 조치원인으로 삼은 학교폭력 가해행위 정도에 비하여 균형을 잃은 과중한 조치를 선택한 경우나 합리적인 사유가 없이 같은 정도의 학교폭력 가해행위에 대하여 일반적으로 적용하여 온 기준과 어긋나게 공평을 잃은 조치를 선택한 경우 비례의 원칙이나 평등의 원칙을 위반한 조치로서 위법성이 인정될 수 있습니다. 따라서 심의위원회에서 가해학생에 대한 조치를 결정할 때에는 해당 심의에서 인정한 학교폭력 가해행위의 구체적 내용과 성질, 피·가해학생의 관계 등 여러 요소를 살펴 피해학생의 보호, 가해학생의 선도·교육이라는 학교폭력예방법의 목적에 부합하는 방향으로 신중히 판단해야 합니다.

한편, 학교생활기록부 기재가 유보되는 서면사과, 접촉, 협박 및 보복행위 금지나 학교 내의 봉사 조치와 달리 사회봉사 조치부터는 초·중등교육법 시행규칙 제21조 제1항 제3호에 따라 학교생활기록부에 기재되기 때문에 중한 조치에 해당한다고 볼 여지가 있습니다.[54] 따라서 경미한 학교폭력 사안에 사회봉사 조치를 결정하기 위해서는 가해학생에 대한 선도·교육의 목적을 달성하기 위하여 그와 같은 조치가 필요하다고 볼 특별한 사정이 있어야 할 것입니다.[55]

---

53) 대법원 2008. 12. 11. 선고 2007두18215 판결 등 참조
54) 서울고등법원 2022. 1. 13. 선고 2021누54615 판결 참조
55) 서울행정법원 2020. 9. 10. 선고 2019구합7676 판결 참조

나) 조치 없음 결정

관련 학생과 보호자의 진술을 비롯하여 심의위원회에 제출된 자료들을 모두 살펴보아도 가해 관련 학생이 피해 관련 학생이 신고한 내용과 같은 행위를 하였다고 인정하기 어렵거나 인정된 가해 관련 학생의 행위가 학교폭력에 해당한다고 볼 수 없는 경우에는 조치 없음 결정을 합니다.

가해학생이 학교폭력을 행사하였다는 사실에 대한 증명책임은 처분을 하는 교육장에게 있습니다. 다만 징계사유에 대한 증명은 추호의 의혹도 없어야 한다는 자연과학적 증명이 아니고, 특별한 사정이 없는 한 경험칙에 비추어 모든 증거를 종합적으로 검토하여 볼 때 어떤 사실이 있었다는 점을 시인할 수 있는 고도의 개연성을 증명하는 것이면 충분합니다. [56]

심의위원회에서 경험칙에 비추어 제출된 자료들을 종합적으로 검토하여 보았을 때 가해학생이 학교폭력을 행사하였다고 볼 만한 고도의 개연성이 인정된다면 피·가해학생에 대한 조치를 결정할 수 있습니다. 그러나 관련 학생의 진술을 비롯하여 심의위원회에 제출된 모든 자료들을 살펴보더라도 가해학생이 학교폭력을 행사하였다고 보기 어려운 경우라면 심의위원회는 조치 없음 결정을 하여야 합니다.

Q&A 65 | 학교폭력이 인정되는 경우에도 조치 없음 결정이 가능한가요?

학교폭력이 인정되면 가해학생에 대하여 반드시 선도조치를 하여야 합니다. 학교폭력예방법 제17조 제1항은 가해학생에 대하여 반드시 조치를 하도록 규정하고 있으므로 학교폭력이 인정되면 가해학생에 대하여는 조치 없음 결정을 할 수 없습니다. 기본 판단 요소 점수의 합이 0점이 된 경우라도 학교폭력을 인정한 이상 결론은 동일합니다.

---

56) 대법원 2018. 4. 12. 선고 2017두7402 판결 참조

Q&A 66	가해학생이 학교폭력 사안과 관련하여 불기소처분을 받은 경우 반드시 조치 없음 결정을 하여야 하나요?

　　아닙니다. 가해학생이 불기소처분을 받은 경우라도 학교폭력예방법에 따른 가해학생 선도조치를 할 수 있습니다. 학교폭력예방법은 형사법 체계와는 목적을 달리하고 학교폭력예방법에 따른 조치결정은 학교폭력의 당사자인 청소년에 대한 교육적 차원에서 이루어지는 것이므로 사법절차에 의한 판단과 반드시 일치해야 하는 것은 아닙니다.[57] 또한 학교폭력예방법상 가해학생 조치 원인이 되는 사실의 인정은 형사절차에서와 같이 합리적 의심을 배제하여 확신할 정도의 증명을 요하는 것은 아니므로 가해학생이 학교폭력을 행사하였다고 볼 만한 고도의 개연성이 인정된다면 가해학생 선도조치를 할 수 있습니다. [58]

'조치 없음' 결정 이유 예시	
행위가 인정되지 않는 경우	심의위원회에 제출된 자료와 당사자의 진술을 종합해보더라도 P가 2025. 3.부터 4.까지 다른 학생들에게 V에 대한 험담을 하거나 V를 째려보고, 2025. 4. 17.과 22. 학교 복도에서 일부러 V의 어깨를 부딪혔다는 사실을 인정하기 어려우므로 '조치 없음'으로 결정함.
행위는 인정되나 학교폭력에 해당하지 않는 경우	심의위원회에 제출된 자료와 당사자의 진술을 종합해보면 P가 2025. 5. 8. 친구들만 있는 자리에서 V가 자신을 서운하게 했던 일을 이야기한 사실은 인정되나 그 구체적 내용이나 P와 V를 비롯하여 그 자리에 있던 친구들과의 관계, P가 위와 같은 이야기를 하게 된 경위에 비추어 보면 관계갈등을 넘어 학교폭력에 해당한다고 보기 어려우므로 '조치 없음'으로 결정함.

---

57) 서울행정법원 2022. 3. 31. 선고 2020구합84464 판결 참조
58) 인천지방법원 2022. 10. 20. 선고 2022구합52830 판결 참조

다) 조치 결정 유보

심의위원회가 조치 결정이나 조치 없음 결정만 할 수 있는 것은 아닙니다. 사실관계에 대하여 관련 학생과 보호자들의 주장이 첨예하게 대립하고 있는 상황에서 수사기관이나 법원의 판단을 기다릴 필요가 있다고 판단하는 경우, 피해학생 측에서 전문가 의견 청취를 요청하고 있는 사안에서 해당 전문가가 직접 출석하여 진술할 필요가 있는 경우, 질병, 사고 등으로 갑작스럽게 관련 학생의 진술이 어려워진 경우로서 서면진술서로 출석을 대신할 수 없는 경우 등에는 심의위원회의 의결로 조치 결정을 유보하고 유보 이유가 해소되고 난 후 심의위원회를 개최하여 조치에 대한 결정을 할 수 있습니다.

조치 결정을 유보하기로 한 경우에도 관련 학생 측에 그 사실을 알릴 필요가 있습니다. 서면에 관련 학생과 사안, 조치 결정 유보 사실과 그 이유, 결정 일자, 결정을 통보하는 자, 유보 이유가 해소된 때 다시 개최하고 참석을 안내하겠다는 내용 등을 기재하여 통보합니다. 조치결정통보서와 같이 교육장 명의 처분을 하는 서면이 아니라 조치 결정 유보 사실을 알리는 서면이므로 참석 안내와 마찬가지로 심의위원회 위원장 명의로 서면을 보냅니다.

'조치 결정 유보' 사유 기재 예시

○○교육지원청 2025-00 사안에 대하여 사실관계 확인을 위하여 수사 결과를 기다릴 필요가 있으므로 조치 결정을 유보함.

○○교육지원청 2025-00 사안에 대하여 관련 학생을 출석하게 하여 진술을 청취할 필요가 있으므로 조치 결정을 유보함.

Q&A
67

관련 학생 양측의 주장이 너무 다른 경우 조치 결정을 유보해도
무방한가요?

관련 학생 양측의 주장이 다르다는 이유만으로 조치 결정을 유보하는
것은 바람직하지 않습니다. 양측 주장이 다르고 주장 외에 다른 자료가 없다는 이유
로 조치 결정을 유보하는 것은 관련 학생과 보호자 모두 계속하여 불안한 지위에 있
게 하므로 학생의 선도와 보호라는 학교폭력예방법의 목적에 부합하지 않습니다. 어
느 쪽의 주장이 더 신빙성이 있는지, 당사자의 주장을 종합해볼 때 가해행위가 있었다
는 고도의 개연성이 인정되는지 등을 신중히 판단하여 조치 결정이나 조치 없음 결정
을 하는 것이 타당합니다.

Q&A
68

학교폭력으로 신고된 사안과 관련하여 수사가 진행 중이라면 조치
결정을 유보할 수 있나요?

학교에서 제출된 자료와 관련 학생 양측에서 추가로 제출한 자료를 토
대로 사실관계를 파악할 수 있다면 수사 진행 여부와 상관없이 조치에 대한 결정을
하여야 합니다. 수사 결과를 기다리기 위하여 조치 결정 유보가 필요한 경우란, 관련
학생 양측의 주장이 서로 다르고 심의위원회에 제출된 자료들만으로는 사실을 확인
하기 어려운 상황에서 관련 사안으로 현재 수사가 진행 중인 경우, 온라인에서 익명으
로 가해행위가 이루어져 가해학생을 파악하기 위하여 수사가 필요한 경우와 같이 사
실관계 확인을 위하여 수사 결과가 필요하다고 인정할 만한 합리적 이유가 있는 경우
를 말합니다.

가해학생에 대한 조치 결정을 유보하면서 피해학생 보호조치만 할
수 있나요?

특별한 사정이 없는 한 피해학생 보호조치를 하면서 가해학생에 대한
조치 결정만을 유보할 수 없습니다. 학생 간 학교폭력 사안에서 피해학생 보호조치를
하려면 학교폭력이 인정되어야 합니다. 해당 사안에서 학교폭력을 인정하면서 가해
학생에 대한 조치 결정을 유보하는 것은 심의위원회로 하여금 학교폭력이 인정될 경
우 반드시 그 가해학생에 대하여 서면사과 이상의 조치를 할 것을 교육장에게 요청하
도록 규정하고 있는 학교폭력예방법 제17조 제1항에 반합니다. 만일 조치 결정을 유
보하면서도 학생에 대한 보호가 필요하다고 판단되는 상황이라면 학교장 긴급조치를
활용할 수 있습니다.

조치 결정을 유보하였다가 다시 심의위원회를 개최할 때 관련 학생
측에 다시 참석 안내를 하여야 하나요?

다시 참석 안내를 하여야 합니다. 학교폭력예방법 제16조 제2항과 제17
조 제8항은 피·가해학생과 그 보호자에게 의견진술의 기회를 보장하도록 규정하고
있습니다. 따라서 조치 결정 유보 후 같은 사안에 대하여 다시 심의위원회를 개최하는
경우라도 조치 결정 유보 이후 확인된 사항 등에 대한 의견진술의 기회를 보장하기
위하여 관련 학생과 보호자들에게 참석 안내를 할 필요가 있습니다.

긴급조치 추인

피해학생에 대한 긴급조치는 심의위원회에 보고하는 것으로 충분합니다. 그러나 가해학생에 대한 긴급조치는 피해학생이나 신고·고발 학생에 대한 접촉, 협박 및 보복행위의 금지(2호)를 제외하고는 심의위원회에 보고하고 추인을 받아야 완전한 효력이 인정됩니다(학교폭력예방법 제17조 제4항, 제5항 후문, 제6항 후문 참조). 「학교폭력 사안처리 가이드북」에서는 추인된 가해학생 긴급조치도 심의위원회가 의결한 다른 조치와 마찬가지로 학교생활기록부에 기재하도록 안내하고 있습니다.

가해학생 긴급조치를 추인할 때는 심의위원회가 결정한 조치와 추인된 긴급조치를 합한 전체 조치 내용이 학교폭력 사안에 비추어 적절한 수준이 되도록 유의해야 합니다. 예를 들어 심의위원회가 사안에 비추어 전체 출석정지 일수가 15일이 적절하다고 판단하는데 긴급조치로 출석정지 10일 조치가 있다면 긴급조치를 추인하고 심의위원회 조치로는 5일을 결정하는 것이 바람직할 것입니다.

한편, 가해학생이 추인된 가해학생 긴급조치에 대하여 불복하려고 할 때 학교장과 교육장 가운데 누구를 상대방으로 하여야 하는지 문제가 됩니다. 가해학생 긴급조치를 학교장의 처분으로 보면 학교장, 교육장의 처분으로 보면 교육장이 상대방이 되어야 합니다. 학교폭력예방법 제17조 제4항부터 제6항까지의 문언이나 같은 조 제10항의 규정 내용에 비추어 보면 심의위원회는 학교의 장이 가해학생에게 한 긴급조치를 추인하여 사후적으로 승인하는데 그치는 것이므로 가해학생에 대한 긴급조치는 이

를 발령한 학교의 장의 처분으로 보는 것이 타당하고 학교장이 불복 상대
방이 되어야 합니다.[59)]

Q&A 71 학교의 장이 가해학생에 대한 긴급조치로 출석정지 5일 조치를
하였으나 심의위원회에서 추인하지 않는 경우에는 어떻게 되나요?

　　　　심의위원회에서 추인하지 않은 긴급조치는 처음부터 효력이 없었던 것
으로 취급됩니다. 따라서 긴급조치로 출석정지를 명하여 가해학생이 그 기간 동안
등교하지 않았더라도 심의위원회에서 추인하지 않았다면 출석으로 인정해주어야 합
니다.

---

59) 같은 취지에서 긴급조치를 학교의 장의 처분으로 보고 교육장을 피고로 제기한 소를 각하한 판결로 대전지
방법원 2020. 11. 19. 선고 2020구합104285 판결과 해당 판결의 항소심인 대전고등법원 2021. 5. 21. 선고
2020누13248 판결; 교육장의 처분으로 보고 본안으로 나아가 청구를 기각한 판결로 부산지방법원 2022. 1.
20. 선고 2021구합21416 판결과 해당 판결의 항소심인 부산고등법원 2022. 7. 6. 선고 2022누20211 판결

조치결정통보서

학교폭력예방법 제13조 제4항은 교육장은 피·가해학생 및 그 보호자에게 조치 요청사항 등 회의 결과를 통지하여야 한다고 규정하고 있습니다. 교육장이 심의위원회의 요청에 따라 피·가해학생에게 하는 조치는 행정절차법 제2조 제2호에서 정한 '처분'에 해당하기도 합니다. 따라서 교육장이 조치 요청사항 등 회의 결과를 통지할 때에는 행정절차법 제23조와 제24조, 제26조에 따라 조치의 근거와 이유, 행정심판 및 행정소송을 제기할 수 있다는 사실과 그 절차와 기간, 처분을 한 교육장과 사안 담당자의 소속, 성명 및 연락처를 기재한 서면으로 피·가해학생에게 조치결정을 통보하여야 하는데, 이 서면이 조치결정통보서입니다. 조치결정통보서에는 앞서 설명한 사항 외에도 당사자와 처분을 특정할 수 있도록 피·가해학생의 이름과 소속 학교, 학년, 교육장 조치결정일 등을 함께 기재합니다.

행정절차법 제24조 제1항은 '행정청이 처분을 할 때에는 다른 법령 등에 특별한 규정이 있는 경우를 제외하고는 문서로 하여야 하며, 전자문서로 하는 경우에는 당사자 등의 동의가 있어야 한다. 다만 신속히 처리할 필요가 있거나 사안이 경미한 경우에는 말 또는 그 밖의 방법으로 할 수 있다.'라고 정하고 있습니다. 이러한 규정은 처분내용의 명확성을 확보하고 처분의 존부에 관한 다툼을 방지하여 처분상대방의 권익을 보호하기 위한 것이므로 이를 위반한 처분은 하자가 중대·명백하여 무효입니다.[60]

---

60) 대법원 2011. 11. 10. 선고 2011도11109 판결, 대법원 2019. 7. 11. 선고 2017두38874 판결 등 참조

따라서 학교폭력예방법에 따른 조치를 통지할 때는 원칙적으로 문서에 의하여야 하고, 문자메시지 등으로 통지하는 경우에는 특별한 사정이 없는 한 무효입니다.[61]

Q&A 72 가해학생이나 피해학생이 여러 명인 사안에서 조치 결정 내용은 어떻게 통보해야 하나요?

통보를 받는 학생을 기준으로 본인에 대한 조치와 상대방이 받는 조치를 기재합니다. 예를 들어 가해학생이 여럿이고 피해학생이 한 명인 경우 피해학생에게는 피해학생에 대한 조치 결정 내용과 모든 가해학생에 대한 조치 결정 내용을 통보하고, 각 가해학생에게는 피해학생에 대한 조치 결정 내용과 해당 가해학생에 대한 조치 결정 내용만을 개별적으로 통보합니다. 피해학생이 여럿이고 가해학생이 한 명인 경우라면 각 피해학생에게는 가해학생에 대한 조치 결정 내용과 해당 피해학생에 대한 조치 결정 내용만을 개별적으로 통보하고, 가해학생에게는 가해학생 조치 결정 내용과 모든 피해학생에 대한 조치 결정 내용을 통보합니다.

Q&A 73 공동심의위원회의 의결에 따른 조치 결정은 누구의 이름으로 통보하나요?

각 학생이 소속된 학교를 관할하는 각 교육장의 이름으로 조치 결정을 통보합니다. 학교폭력예방법 제12조 제1항과 같은 법 시행령 제13조 제1항은 교육지원청에 심의위원회를 설치하되 피해학생과 가해학생이 각각 다른 교육지원청 관할 구역 내의 학교에 재학 중인 경우에는 공동심의위원회를 구성할 수 있다고 규정하고 있습니다. 그리고 학교폭력예방법 제16조 제3항과 제17조 제9항은 교육장이 심의위원회의 요청에 따라 피·가해학생에게 조치를 한다고 규정하고 있으며, 같은 법 제21

---

61) 문자메시지로 가해학생에게 서면사과 조치를 통지한 사안에서 무효확인 판결을 한 사례(인천지방법원 2021. 4. 22. 선고 2020구합54771 판결)도 있습니다.

조의2는 교육장이 고등학교에서의 학교폭력 피해학생 보호, 가해학생 선도·교육 및 피해학생과 가해학생 간의 분쟁조정 등에 관한 사무를 위임받아 수행할 수 있다고 규정하고 있습니다. 이러한 규정에 비추어보면 교육장은 관할 학교 소속 학생에 대하여 조치를 할 수 있는 것이고 공동심의위원회의 의결에 따른 조치 결정 통보도 각 학생이 소속된 학교를 관할하는 교육장이 개별적으로 하여야 합니다.

조치결정통보서에 조치의 근거와 이유를 기재할 때에는 조치결정통보서에 기재된 내용과 관계 법령 및 해당 조치에 이르기까지의 전체적인 과정 등을 종합적으로 고려하여, 조치 당시 피·가해학생과 그 보호자가 어떠한 근거와 이유로 조치가 이루어진 것인지를 충분히 알 수 있어서 그에 불복하여 행정구제절차로 나아가는 데 별다른 지장이 없다고 인정할 수 있는 정도로 기재하면 충분합니다.[62] 구체적으로는 피·가해학생 본인 확인서나 보호자 확인서에 조치 원인이 되는 사실관계에 대한 기재가 있고 심의위원회에 출석하여서도 그 사실관계에 관하여 구체적으로 진술·소명할 기회를 가졌던 경우라면 조치결정통보서에 하나부터 열까지 상세하게 사실관계를 기재하지 않았더라도 조치결정통보가 위법하다고 볼 수는 없다고 할 것입니다.[63] 다음 예시들은 심의위원회에서 학교폭력으로 인정한 사실관계 부분만을 기재하는 방법으로 작성한 것입니다.

---

62) 대법원 2019. 1. 31. 선고 2016두64975 판결 참조
63) 서울행정법원 2019. 5. 23. 선고 2018구합83604 판결, 수원지방법원 2022. 5. 25. 선고 2021구합74663 판결, 수원지방법원 2022. 5. 18. 선고 2021구합73691 판결, 청주지방법원 2022. 8. 18. 선고 2021구합864 판결 등 참조

조치 결정의 이유 기재 예시		
신체폭력	상해	P가 2025. 4. 11. 점심시간 급식실 앞 복도에서 V와 말다툼을 하다가 V의 얼굴 부위를 여러 차례 때리고 배를 차는 등의 행위를 하여 3주간 치료를 요하는 상해를 입힘.
	폭행	P가 2025. 3. 11. 2교시 쉬는 시간 교실에서 V의 뺨을 때려 피해를 입힘.
	감금	P가 2025. 5. 13. 3교시 쉬는 시간 V가 들어가 있는 화장실 용변칸 문을 밖에서 잡아 5분 가량 V가 나오지 못하게 하여 피해를 입힘.
	약취	P가 2025. 5. 16. 하굣길에 V를 만나게 되자 따라오지 않으면 죽여버리겠다고 말하는 등으로 겁을 주어 ○○중학교 인근 공사장으로 데려가 피해를 입힘.
	유인	P1이 2025. 5. 17. 18:00경 V를 혼내줄 일이 있으니 ○○공원 놀이터로 데려오라는 P2의 연락을 받고 V에게 메시지를 보내 지난번 빌린 돈을 갚겠다며 ○○공원 놀이터로 나오게 하여 피해를 입힘.
언어폭력	명예훼손	P가 2025. 3. 중순부터 4. 초까지 같은 반 학생들에게 V에 대하여 부모님이 이혼하였다거나 가출을 자주 한다는 등의 이야기를 하거나 메시지를 보내 V에게 피해를 입힘.
	모욕	P가 2025. 4. 11. 2학년 3반 반 전체 단톡방에 V을 대상으로 진지충, 설명충[64], 재수 없는 새끼 등의 글을 올려 피해를 입힘.
	협박	P가 2025. 3. 31. 18:00경 ○○아파트 놀이터에서 V에게 신고하면 죽여버린다거나 집을 찾아가겠다는 등으로 겁을 주는 말을 하여 피해를 입힘.
금품갈취	공갈	P가 2025. 5. 2. 3교시 쉬는 시간 화장실에서 V의 뺨을 한 차례 때리고 돈을 주지 않으면 더 때리겠다고 말하는 등으로 겁을 주어 그 자리에서 2만 원을 받아 피해를 입힘.
강요		P가 2025. 5. 2. 19:00경 ○○놀이터에서 V1의 배를 한 대 때리고 V2를 당장 불러오지 않으면 더 맞을 것이라고 말하는 등으로 겁을 주어 V1이 V2에게 나오라고 연락하게 하여 피해를 입힘.

	P1, P2, P3가 함께 2025. 3. 동안 같은 반 학생들만 있는 단톡방에 V에 대하여 아래와 같은 취지로 글을 올려 피해를 입힘.
따돌림	<table><tr><th>순번</th><th>행위자</th><th>일시</th><th>취지</th></tr><tr><td>1</td><td>P1</td><td>2025. 3. 17.</td><td>V가 다른 학생들과 친학 척 하려는 거 재수없다</td></tr><tr><td>2</td><td>P2</td><td>2025. 3. 20.</td><td>오늘도 V가 아는 척을 해서 기분이 나쁘다</td></tr><tr><td>3</td><td>P1, P3</td><td>2025. 3. 31.</td><td>V랑 친하게 지내는 학생과는 절교 하겠다</td></tr></table>
성폭력	P가 2025. 4. 18. 16:00경 ○○학원 강의실에서 다른 학생과 이야기를 나누고 있는 V의 다리를 몰래 찍어 V에게 피해를 입힘.
사이버폭력	P가 2025. 5. 5. 오후 자신의 인스타에 V의 사진, 학년, 반, 전화번호와 함께 '○○고등학교 여미새', '연락주세요' 등의 글을 올려 V에게 피해를 입힘.
가담	P는 2025. 5. 13. 점심시간 다른 학생들의 괴롭힘을 피하여 V가 화장실칸에 들어가자 그 문에 매달려 문 위로 V를 쳐다보는 행위를 하여 다른 학생들이 V를 괴롭히는데 가담함.[65]
	P1은 2025. 4. 29. 21:00 ○○아파트 지하주차장 P2와 P3이 V를 때리는 현장에 같이 있으면서 그 장면을 휴대폰으로 촬영하고 다른 사람이 오지 않는지를 살피는 등의 행위를 하여 P2, P3의 학교폭력 가해행위에 가담함.

---

64) 법원은 'ㅇㅇ충'이라는 표현은 사람을 벌레에 비유하여 비하·비방하기 위하여 사용하는 표현이라고 보아 학교폭력을 인정하였습니다.(대구지방법원 2018. 11. 9. 선고 2018구합21875 판결 참조)
65) 서울행정법원 2019. 5. 23. 선고 2018구합83604 판결 참조

심의위원회 회의록

가) 심의위원회 회의록 작성

심의위원회는 학교폭력예방법 제13조 제3항에 따라 회의의 일시, 장소, 출석위원, 토의내용 및 의결사항 등이 기록된 회의록을 작성하여야 합니다. 심의위원회 회의록은 피·가해학생과 그 보호자가 심의위원회에서 한 진술을 비롯한 조치 결정 과정과 그 내용이 기재되기 때문에 조치 결정에 대한 법적 분쟁이 발생하였을 때 중요한 증거자료로 자주 활용됩니다. 심의위원회 회의록을 작성할 때는 행정심판이나 소송에 증거자료로 제출될 수 있음을 유의할 필요가 있습니다. 다만, 심의위원회 회의는 원칙적으로 공공기록물 관리에 관한 법률 제17조 제2항과 같은 법 시행령 제18조 제1, 2항에서 속기록이나 녹음기록, 녹취록을 생산하여야 한다고 규정한 회의가 아니므로 회의록에 심의위원이나 참석한 학생, 그 보호자의 발언 내용을 기재할 때에는 그 요지만 기재하여도 충분합니다.

나) 심의위원회 회의록 공개

심의위원회의 회의는 비공개이나 회의록은 피·가해학생이나 그 보호자가 공개를 요청하는 경우에는 개인정보에 관한 사항을 제외하고 공개합니다(학교폭력예방법 제21조 제3항). 피·가해학생이나 그 보호자는 정보공개포털(https://www.open.go.kr/) 등을 통하여 심의위원회가 설치된 교육지원청에 회의록 공개를 청구할 수 있습니다. 회의록 공개 여부에 대한 결정은 정보

공개법 제11조 제1항과 제2항에 따라 회의록 공개 청구를 받은 날부터 10일 이내에 하는데, 부득이한 사정이 있으면 추가로 10일 범위에서 그 기간이 연장될 수 있습니다. 각 기간을 계산할 때에는 정보공개를 받은 첫날을 포함하나 기간 중에 있는 토요일과 공휴일은 포함하지 않습니다(정보공개법 제29조 제2항 제1호).

회의록을 공개할 때에는 피·가해학생과 그 가족의 성명, 주민등록번호 및 주소, 위원의 성명 등 개인정보에 관한 사항을 제외하고 나머지 부분을 공개하며, 이는 정보공개법 제14조에서 정한 '부분 공개'에 해당합니다. 학교폭력예방법 제21조 제1항과 같은 법 시행령 제33조는 학교폭력 피·가해학생 및 가족의 개인정보, 심의·의결에 관한 개인별 발언 내용, 그 밖에 외부로 누설될 경우 분쟁당사자 간에 논란을 일으킬 우려가 있음이 명백한 사항을 비밀로 규정하고 관련 업무를 수행하거나 수행하였던 자에게 비밀유지의무를 부과하면서도, 같은 법 제21조 제3항에서는 피·가해학생 및 가족, 심의위원의 성명과 같은 개인정보를 제외하고는 회의록을 공개하도록 규정하고 있습니다. 이러한 규정에 비추어보면 학교폭력예방법 제21조 제1항에서 정한 비밀의 범위가 회의록에서 비공개하는 정보와 같다고 볼 수 없고 회의록 공개와 관련하여서는 학교폭력예방법 제21조 제3항이 우선 적용된다고 할 것입니다. 따라서 회의록을 공개하는 경우에는 개인정보에 관한 사항에 해당하는지를 기준으로 공개 범위를 결정하여야 합니다.

다만, 개인정보나 그에 관한 사항이 정확히 무엇이며 그 범위가 어디까지인지에 대하여 학교폭력예방법이나 시행령에서 규정하고 있지 않으므로 개인정보 보호법과 같은 관련 법령에서 그 의미를 살펴볼 수밖에 없습니다. 개인정보 보호법 제2조는 개인정보를 살아 있는 개인에 관한 정보로서 성명, 주민등록번호 및 영상 등을 통하여 개인을 알아볼 수 있는 정보나 해당 정보만으로는 특정 개인을 알아볼 수 없더라도 다른 정보와 쉽게 결합하여 알아볼 수 있는 정보와 가명정보로 규정하고 있으므로 회의록 공개 시에는 학교폭력예방법 제21조 제3항에서 열거한 성명, 주소 등의 사항 외에도 다른 정보와 쉽게 결합하여 개인을 알아볼 수 있는 정보가 공개되지 않도록 주의해야 합니다.

다) 현행 회의록 공개 제도에 대한 논의

2011년 개정되기 전 학교폭력예방법은 자치위원회의 회의를 비공개한다고만 규정하였을 뿐 회의록의 공개 여부에 대해서는 별도로 규정하고 있지 않았습니다.[66] 그래서 이 당시 대법원도 회의록[67]이 '비밀 또는 비공개로 규정된 정보'이자 '공개될 경우 업무의 공정한 수행에 현저한 지장을 초래한다고 인정할 만한 상당한 이유가 있는 정보'에 해당한다고 보아 회의록을 비공개한 학교장의 처분이 적법하다는 취지로 판단한 바 있습니다.[68] 이후 법이 개정되어 현행 학교폭력예방법과 같이 피·가해학생이나 그 보호자가 공개를 요청하는 경우에는 개인정보에 관한 사항을 제외하고 공개하는 것으로 바뀌었습니다.

회의록을 공개하여 피·가해학생과 그 보호자의 알권리를 보호하고 조치 결정 과정의 투명성을 높이겠다는 취지에는 공감합니다. 그러나 실제

---

66) 구 학교폭력예방법(2011. 5. 19. 법률 제10642호로 일부개정되기 이전의 것) 제21조(비밀누설금지 등) ③ 제16조부터 제18조까지의 규정에 따른 자치위원회의 회의는 공개하지 아니한다.

67) 2019년 학교폭력예방법 개정 전에는 각 학교에 설치된 자치위원회에서 피·가해학생에 대한 조치를 결정하였습니다. 피·가해학생에 대한 조치 결정과 관련하여서는 자치위원회와 심의위원회의 역할이 동일하므로 판시의 자치위원회 회의록에 대한 대법원의 판단은 심의위원회에 대하여도 동일하게 적용될 수 있습니다.

68) 대법원 2010. 6. 10., 선고 2010두2913 판결 참조

심의위원회 운영 과정에서는 학생 보호자가 자신이 기억하는 진술 내용과 다르다는 등의 이유로 민원을 제기하는 일이 적지 않아 발언 요지 대신 발언 내용 전체를 그대로 기재하게 되어 담당 기관의 업무 부담을 가중시키고 있습니다. 참고인으로 출석한 교사의 발언을 문제 삼아 학교와 교사에게 근거 없는 민원을 제기하거나 고소하겠다고 위협할 것을 두려워하여 참고인 출석을 기피하고 그로 인하여 사실관계 파악이 어려워지기도 합니다. 또한 적지 않은 사안에서 조치 결정의 당부와는 무관한 위원의 발언 내용 일부만을 발췌해 조치가 위법하다고 주장하거나 해당 위원을 상대로 책임을 묻겠다고 하여 심의의 공정성이나 자유롭고 활발한 심의·의결이 저해되는 경우도 많습니다. 이러한 사정을 고려하면 현재와 같은 회의록 공개 규정을 유지하는 것이 공정한 심의를 도움이 되고 있는지 의문입니다.

위와 같이 회의록 공개로 인하여 오히려 심의의 자율성이나 공정성이 위협받고 있는 점, 과거 학교 내부에서 이루어지던 심의가 교육지원청으로 이관되었고 최소 학부모 위원 수도 과반수에서 1/3로 바뀌면서 전문가 위원의 참여도 늘어나 이전보다 공정성이나 전문성에 대한 우려도 낮아진 점을 고려하면 현행 회의록 공개 규정을 그대로 유지할지 다시 논의할 필요가 있습니다.

불복절차

"잘못한 게 없는데 학교폭력 가해행위를 하였다고 조치가 나와서 억울합니다. 어떻게 대처해야 할까요?", "자녀가 잘못 한 것은 맞지만 조치가 너무 과하게 나온 것 같습니다. 조치를 낮출 방법은 없을까요?", "가해학생에게 너무 낮은 조치가 나왔습니다. 어떻게 해야 조치를 높일 수 있을까요?", "학교폭력이 맞는데 학교폭력이 아니라며 조치 없음 결정을 통보받았습니다. 어떻게 해야 학교폭력을 인정받을 수 있나요?" 등은 조치 결정 통보 이후 종종 학생이나 보호자들이 하는 질문입니다. 학교폭력 업무 담당자들은 학생이나 보호자가 위와 같이 물어왔을 때 무엇을 어디서부터 안내해야 할지 몰라 당황하게 되기도 합니다. 이런 경우를 대비하여 불복절차를 간략하게 알아보겠습니다.

가) 불복 방법

학교폭력예방법에 따른 조치와 관련하여 불복 방법은 행정심판과 행정소송이 있습니다. 행정심판은 행정기관 내부에서 이루어지는 불복절차이고, 행정소송은 행정기관 외부 사법기관인 법원에서 이루어지는 불복절차입니다. 두 절차의 차이점을 표로 나타내보면 다음과 같습니다.

	행정심판	행정소송
판단기관	조치를 한 교육장이 속해있는 시·도 교육청에 설치된 행정심판위원회	조치를 한 교육장의 소재지(소속 교육지원청 소재지)를 관할하는 행정법원
판단범위	조치가 위법하거나 부당한지	조치가 위법한지
조치 변경 가부	조치의 취소나 무효 등 확인 외 조치를 변경하거나 변경하도록 명할 수 있음[69]	조치의 취소나 무효등 확인 외 변경 불가[70]
행정기관 불복 가부	불가[71]	가능(3심제)
비용 부담	심판 청구 자체에 대한 비용 부담 없음	소 제기 시 인지대 등 비용 부담 필요

나) 불복 대상

행정심판과 행정소송에서 그 효력을 다투게 되는 대상은 행정심판법과 행정소송법상 '처분'에 해당하는 '교육장이 심의위원회의 의결에 따라 피·가해학생에게 한 조치'입니다. 조치결정통보서에서는 '조치 사항'으로 기재된 부분이 불복의 대상이 됩니다. '조치 사항'이 아닌 '조치 결정의 이유'에 기재된 사실관계는 '처분'이 아니므로 불복 대상이 될 수 없습니다.

---

69) 행정심판법 제5조
70) 대법원 1964. 5. 19. 선고 63누177 판결
71) 행정심판법 제49조 제1항

다) 불복을 구할 수 있는 사람(청구인 적격 / 원고 적격)

(1) 행정심판

피해학생이나 그 보호자는 피해학생에 대한 조치뿐만 아니라 가해학생에 대한 조치에 대하여도 학교폭력예방법 제17조의2 제1항에 따라 불복할 수 있습니다. 가해학생이나 그 보호자의 경우 학교폭력예방법 제17조의2 제2항이 가해학생에 대한 조치에 대하여 불복할 수 있다고만 규정하고 있어 가해학생 측이 피해학생에 대한 조치를 다투고자 하는 경우에는 법률상 이익이 있음을 별도로 주장·증명하여야 합니다.

(2) 행정소송

피해학생이나 가해학생은 각 자신에 대한 조치에 대하여 행정소송으로 불복할 수 있습니다. 이에 더하여 학교폭력예방법 제17조의3 제1, 2항은 피·가해학생 뿐만 아니라 그 보호자도 조치에 대하여 행정소송을 제기할 수 있다고 규정하여 원고적격을 확대하고 있습니다.

피해학생이 가해학생에 대한 조치를 행정소송으로 다툴 수 있는지에 대하여 법원은 2023년 학교폭력예방법 개정 전에도 피해학생이 가해학생에 대한 조치를 행정소송으로 다툴 수 있다고 보고 있었으며,[72] 학교폭력예방법도 2023년 개정에서 피해학생 뿐만 아니라 피해학생의 보호자도 가해학생에 대한 조치에 대하여 행정소송을 제기할 수 있다는 규정을 추가하였습니다(학교폭력예방법 제17조의3 제1항).

한편, 가해학생이 피해학생에 대한 조치를 행정소송으로 다툴 수 있는

---

72) 서울행정법원 2020. 3. 6. 선고 2019구합61793 판결(심리불속행 기각판결로 확정됨) 참조

지에 대하여는 긍정한 판결과 부정한 판결이 모두 존재하는데,[73] 피해학생에 대한 조치는 피해학생을 보호하기 위한 조치로 가해학생에게 직접적으로 어떠한 의무를 부과한다고 볼 수 없고 보호조치에 따라 가해학생 보호자가 비용을 부담하게 될 가능성이 있다고 하더라도 이는 사실적·경제적 이해관계에 해당할 뿐이므로 가해학생이 피해학생에 대한 조치를 다툴 법률상 이익이 없다고 봄이 타당합니다.

라) 불복 상대방

피·가해학생에 대하여 조치를 한 교육장(세종특별자치시의 경우 '세종특별자치시교육청학교지원본부장')이 불복 상대방(행정심판의 경우 피청구인, 행정소송의 경우 피고)이 됩니다. 이와 달리 학교폭력예방법 제17조 제4항부터 제6항에 따른 긴급조치는 해당 조항의 문언이나 같은 조 제10항의 규정 내용에 비추어 학교의 장의 처분으로 볼 것이므로 이 경우 불복 상대방은 학교의 장입니다.[74]

---

73) 법률상 이익을 인정하여 원고 적격을 인정한 사례(춘천지방법원 2018. 8. 21. 선고 2018구합50244 판결 참조)와 단순한 경제적 이해관계로 보아 원고 적격을 인정하지 않은 사례(서울행정법원 2019. 9.27. 선고 2018구합90619 판결, 창원지방법원 2022. 6. 22. 선고 2022구단10338 판결) 모두 존재합니다.

74) 같은 취지에서 학교의 장의 처분으로 본 판결로 대전지방법원 2020. 11. 19. 선고 2020구합104285 판결과 해당 판결의 항소심인 대전고등법원 2021. 5. 21. 선고 2020누13248 판결; 교육장의 처분으로 본 판결로 부산지방법원 2022. 1. 20. 선고 2021구합21416 판결과 해당 판결의 항소심인 부산고등법원 2022. 7. 6. 선고 2022누20211 판결

마) 불복이 가능한 기간(청구 기간/ 제소 기간)

(1) 행정심판

행정심판법 제27조 제1항과 제3항에 따라 조치가 있음을 알게 된 날부터 90일 또는 조치가 있은 날부터 180일 이내에 조치의 취소를 구하는 행정심판을 청구하여야 합니다. 일반적으로 조치결정통보서를 송달받은 날을 조치가 있음을 알게 된 날로 보는데[75] 학생이나 보호자가 합리적 이유 없이 조치결정통보서의 수령을 거절하거나 일단 수령하였다가 반환한 경우에도 그 날 조치가 있음을 알았다고 보아 기간이 진행됩니다. 조치가 있은 날은 조치가 당사자에게 고지되어 효력을 발생한 날을 의미합니다.[76] 불복하려는 자를 기준으로 두 기간 중 어느 하나의 기간이라도 완료되면 청구 기간이 도과되어 취소를 구하는 심판 청구가 부적법해집니다. 무효 등 확인을 구하는 심판의 경우 청구 기간의 적용을 받지는 않지만 무효가 인정되기 위해서는 조치에 중대·명백한 하자가 있어야 할 뿐만 아니라 청구인이 이를 주장·증명하여야 하므로 청구가 인용되기 쉽지 않습니다. 따라서 행정심판을 청구하고자 한다면 취소 심판 청구 기간이 도과하지 않도록 유의할 필요가 있습니다.

(2) 행정소송

행정소송법 제20조 제1항과 제2항에 따라 조치가 있음을 안 날로부터 90일, 조치가 있은 날로부터 1년 이내에 조치의 취소를 구하는 행정소송을 제기해야 하는데, 행정심판을 제기하였다가 소송으로 나아가는 경우

---

75) 대법원 2002. 8. 27. 선고 2002두3850 판결 참조
76) 대법원 1990. 7. 13. 선고 90누2284 판결 참조

에는 행정심판 재결서를 받은 날을 조치가 있음을 안 날로 봅니다. 그 밖의 내용은 행정심판에서와 동일합니다.

이제 처음 시작할 때 받았던 질문에 다음과 같이 답할 수 있을 것입니다.

Q&A
74

잘못한 게 없는데 학교폭력 가해행위를 하였다고 조치가 나와서 억울합니다. 어떻게 대처해야 할까요?

교육장을 상대로 가해학생 조치의 취소를 구하는 행정심판이나 행정소송을 진행할 수 있습니다.

Q&A
75

자녀가 잘못을 한 것은 맞지만 조치가 너무 과하게 나온 것 같습니다. 조치를 낮출 방법은 없을까요?

가해학생 보호자가 직접 청구인이나 원고가 되어 행정심판이나 행정소송으로 가해학생 조치 취소를 구하거나, 가해학생을 청구인이나 원고로 하여 행정심판이나 행정소송으로 가해학생 조치 취소를 구할 수 있습니다. 처분을 취소할 수만 있는 행정소송과 달리 행정심판은 행정심판위원회가 직접 처분을 변경할 수 있어 재결이 있은 후 다시 심의 절차를 거치지 않아도 되는 장점이 있습니다.

Q&A
76

가해학생에게 너무 낮은 조치가 나왔습니다. 어떻게 해야 조치를 높일 수 있을까요?

피해학생이나 보호자가 행정심판이나 행정소송으로 가해학생 조치 취소를 구할 수 있습니다. 행정심판의 경우 직접 처분을 변경하는 재결을 받으면 다시 심의 절차를 거치지 않고도 가해학생 조치를 높일 수 있습니다.

학교폭력이 맞는데 학교폭력이 아니라며 조치 없음 결정을
통보받았습니다. 어떻게 해야 학교폭력을 인정받을 수 있나요?

피해학생이나 보호자가 행정심판이나 행정소송으로 조치 없음 결정 취소를 구할 수 있습니다. 행정심판에서 행정심판위원회가 조치 없음 결정 처분을 피·가해학생에 대한 조치로 바꾸는 변경재결을 하는 경우 다시 심의 절차를 거치지 않아도 됩니다.

바) 피해학생 진술권 보장

피해학생은 가해학생 조치를 이행하여야 하는 당사자가 아니므로 가해학생이 가해학생 조치를 취소해달라는 행정심판이나 행정소송을 제기한 사실을 피해학생에게 알리지 않더라도 잘못이라고 보기는 어렵습니다. 이와 관련하여 피해학생을 보호하기 위하여 가해학생 조치 불복 절차에서도 피해학생의 진술권을 보장할 필요가 있다는 의견이 높아졌고, 학교폭력예방법은 2023. 개정을 통하여 가해학생 조치 불복과 관련하여 관련 학생과 소속 학교 등에 대한 통지의무를 명문화하였습니다(학교폭력예방법 제17조의2 제3항, 제17조의3 제3항, 제17조의4 제1, 2항).

집행정지

가해학생이나 보호자가 불복할 것이니 조치 이행을 늦춰달라거나, 행정심판이나 행정소송을 시작했으니 조치를 이행하라고 하지 말라는 이야기를 하는 경우가 종종 있습니다. 행정기본법 제15조에 따라 처분은 취소되기 전까지는 유효한 것으로 통용되고, 처분이 유효한 이상 처분의 상대방은 처분으로 부과된 의무를 이행하여야 합니다. 조치에 불복할 것이라는 주장만으로 조치의 효력에 변동이 생기는 것은 아니므로 행정심판이나 행정소송을 제기할 예정이라는 것이 조치 이행을 늦춰줄 이유가 될 수 없습니다.

또한 행정심판을 청구했다거나 행정소송을 제기했더라도 그 사실만으로는 조치 이행을 멈출 수 없습니다. 행정심판법 제30조 제1항과 행정소송법 제23조 제1항은 행정심판의 청구나 행정소송의 제기가 처분의 효력이나 집행 등에 영향을 주지 않는다고 규정하고 있기 때문입니다. 따라서 불복에 따른 결과가 나올 때까지 조치 이행을 멈추려면 행정심판을 청구하거나 행정소송을 제기하면서 집행정지를 같이 신청하고 행정심판위원회나 법원으로부터 집행정지 결정을 받아야 합니다.

학교폭력예방법은 가해학생이 집행정지를 신청하여 인용된 경우 피해학생과 그 보호자는 학교의 장에게 가해학생과의 분리를 요청할 수 있고, 학교의 장은 전담기구 회의를 거쳐 가해학생과 피해학생을 분리하도록 규정하고 있습니다(학교폭력예방법 제17조의4 제3항). 가해학생 조치 집행이 정지되어 있는 동안 가해학생과 피해학생을 분리하여 피해학생을 보호하겠다는 취지라고는 하나, 가해학생이 별도의 수업을 듣게 하거나 반을 교체하는 식으로 가해학생과 피해학생의 분리를 운영하게 된다면 학교폭력 사안에서 집행정지 제도를 형해화시킨다는 비판에 부딪힐 우려도 있습니다. 분리 제도를 운영함에 있어서 피해학생을 보호하면서도 집행정지 제도의 취지를 몰각하지 않도록 조심스러운 접근이 필요합니다.

5부

조치 이행

조치 이행

교육지원청은 심의위원회에서 결정한 조치내용을 피·가해학생 및 그 보호자에게 서면으로 통지하고 학교에도 조치 내용을 공문으로 통보합니다. 학교는 해당 학생의 조치 내용을 확인하고 이를 이행하는 역할을 하고 있습니다.

예를 들어, 피해학생에게 제1호 학내외 전문가에 의한 심리상담 및 조언의 조치가 결정되었다면 학교는 피해학생 보호자의 동의하에 학교의 상담인력을 활용하거나 외부기관에 의뢰하여 학생의 상담을 진행합니다. 또한 가해학생에게 제3호 학교에서의 봉사 조치가 결정되었다면 학교는 해당 가해학생을 대상으로 자체 봉사활동 계획을 세워 진행합니다. 특별교육의 경우에는 학교의 위(Wee)클래스에서 계획을 세워 실시하거나 교육청 단위의 위(Wee)센터에 의뢰하여 진행하기도 합니다. 이처럼 학교는 심의위원회에서 결정한 조치를 직접 이행하거나 관련 기관에 의뢰하여 진행하는 등 조치 이행을 위한 실질적인 역할을 하고 있습니다.

학교는 사안 조사 이후 조치 이행이라는 역할로 다시 관련 학생을 마주하게 되는데, 이러한 조치 이행 부분은 피·가해 학생들의 향후 학교생활에도 상당한 영향을 미칠 수 있기 때문에 내실 있게 진행되어야 할 필요가 있습니다.

이번 장에서는 심의위원회에서 결정한 조치 내용을 피해학생에 대한 보호조치, 가해학생에 대한 선도조치, 부가된 가해학생 특별교육, 가해학생 보호자 특별교육으로 구분하여 각각의 조치가 갖는 의미와 이를 이행하는 데 있어서 주의해야 할 점에 대해 설명하도록 하겠습니다.

피해학생에 대한 조치

(학교폭력예방법 제16조 제1항)

제1호 학내외 전문가에 의한 심리상담 및 조언

제2호 일시보호

제3호 치료 및 치료를 위한 요양

제4호 학급교체

제5호 삭제

제6호 그밖에 피해학생의 보호를 위하여 필요한 조치

심의위원회에서 결정한 피해학생에 대한 조치는 피해학생 보호자의 동의하에 이행해야 합니다(학교폭력예방법 제16조 제3항). 따라서 심의위원회에서 결정한 조치라 하여도 피해학생이 원하지 않는 경우라면 조치 이행을 강요할 수 없습니다.

제1호 학내외 전문가에 의한 심리상담 및 조언

학내외 전문가에 의한 심리상담 및 조언은 학교폭력으로 받은 정신적·심리적 충격으로부터 회복할 수 있도록 학교 내·외의 심리상담 전문가로부터 심리상담 및 조언을 받도록 하는 조치입니다.

학교 내 상담교사가 없을 시 지역 내 피해학생 전담지원기관, 위(Wee)센터, 정신건강복지센터, 청소년상담복지센터, 기타 전문 상담기관 등 외부 기관을 통하여 진행할 수도 있습니다.

Q&A
78 피해학생 보호조치 이행에 대해 학생과 보호자의 의견이 다르다면 어떻게 하나요?

예를 들어 제1호 심리상담 및 조언 조치에 대해 피해학생 본인은 상담을 원하고 있으나 보호자는 피해학생 상담이 학교폭력 피해자로 낙인을 찍는 것 같다며 상담에 동의하지 않는 경우가 있습니다.

이때 피해학생 보호자의 동의가 없다면 조치는 이행할 수 없습니다. 다만, 당사자인 피해학생이 상담을 희망하고 있고, 학생의 학교생활에 도움을 주기 위해서도 상담은 필요할 수 있습니다. 보호자 중에는 상담에 대한 거부감이나 낙인 효과에 대한 우려 등으로 상담에 동의하지 않는 경우가 종종 있습니다. 따라서 피해학생 보호자에게 학생이 상담을 희망한다는 점과 학교가 아닌 외부 기관에서 상담을 진행할 수 있다는 점 등에 대해 충분히 설명하고 한 번 더 보호자의 의사를 확인하는 것이 좋습니다.

Q&A
79 피해학생이 기존에 본인이 다녔던 상담센터에서 상담을 받는 것으로 조치를 이행하겠다고 하는데 가능한가요?

가능합니다. 학교 내 상담인력이 있다고 해서 반드시 학교에서 상담을 진행해야 하는 것은 아닙니다. 피해학생 측에서 희망하는 외부 상담기관이 있다면 그 기관에서 상담받을 수 있도록 진행할 수 있습니다.

제2호 일시보호

피해학생이 가해학생으로부터 지속적인 폭력이나 보복을 당할 우려가 있는 경우 일시적으로 보호시설이나 집 또는 학교상담실 등에서 보호를 받을 수 있도록 하는 조치입니다.

Q&A 80 | 제2호 일시보호 조치를 받은 피해학생에 대한 조치 이행은 어떻게 진행해야 하나요?

피해학생에 대한 조치이므로 피해학생과 그 보호자의 동의가 있어야 합니다. 피해학생 측에서 일시보호 조치를 희망하여 조치를 이행하게 된다면 학교는 피해학생이 느꼈을 위협이나 두려움에 공감해주고, 학교 내 별도의 공간(상담실, 보건실 등)에서 보호하거나 집으로 귀가하여 보호자가 살피도록 하는 등의 방법을 취할 수 있습니다. 세부적인 사항에 대해서는 피해학생과 그 보호자의 의견을 들어보고 학교 여건을 고려하여 학생 보호를 위한 적절한 방법으로 결정합니다. 또한 가해학생의 추가적인 폭력이나 보복의 정황이 있었다면 이에 대한 조사와 가해학생에 대한 추가적인 지도도 필요하다고 봅니다.

제3호 치료 및 치료를 위한 요양

학교폭력으로 인하여 생긴 신체적·정신적 상처의 치유를 위하여 의료기관 등에서 치료를 받도록 하는 조치입니다. 피해학생이 보호조치로 집이나 요양기관에서 신체적·심리적 치료를 받을 때는 치료 기간이 명시된 진단서 또는 관련 증빙자료를 첨부하여 학교에 제출하도록 보호자에게 안내할 수 있습니다.

Q&A
81 심의위원회 개최 이전에 피해학생에 대한 치료가 완료되고, 이후
심의위원회에서 제3호 치료 및 치료를 위한 요양 조치를 받으면
어떻게 하나요?

제3호 치료 및 치료를 위한 요양 조치는 학교에서 특정 의료기관이나 요양기관을 지정하여 피해학생의 치료나 요양을 직접적으로 진행하는 조치는 아닙니다. 일반적으로 학교폭력으로 인한 상처를 치료하는 것은 피해학생 측에서 개별적으로 진행합니다. 다만, 학교는 피해학생이 치료나 요양을 받는 동안 학교에 출석하지 못하여 불이익을 받을 수 있으므로 이를 인정 결석으로 처리할 수 있습니다.

만약 이미 치료가 끝난 상황이라 하여도 해당 조치를 근거로 기존에 치료를 받는 동안의 출결 상황을 인정 결석으로 처리해 줄 수 있으며, 이후 추가적인 치료가 필요하다면 마찬가지로 피해학생에게 결석으로 인한 불이익이 발생하지 않도록 인정 결석으로 처리할 수 있습니다.

제4호 학급교체

지속적인 학교폭력 상황 및 정신적 상처에서 벗어날 수 있도록 피해학생을 동일 학교 내의 다른 학급으로 소속을 옮겨주는 조치입니다.

Q&A
82 피해학생에 대한 보호조치로 학급교체가 결정되었는데 반드시
진행해야 하나요?

반드시 진행해야 하는 것은 아닙니다. 심의위원회에서 조치를 결정하기 이전에 피해학생 및 보호자의 의견을 충분히 고려하여 결정한 것이겠지만, 피해학생 입장에서는 새로운 학급에 적응해야 하는 부담이 있을 수 있습니다. 조치 결정 이후 피해학생이 마음을 바꿔 학급교체를 원하지 않는다면 이를 강제할 수는 없습니다.

제6호 그 밖에 피해학생의 보호를 위하여 필요한 조치

학교폭력 피해 유형 및 연령 특성 등을 고려하여 해바라기센터 지정 병원 등 의료기관 연계, 대한법률구조공단과 같은 법률 구조기관, 학교폭력 관련 기관 등에 필요한 협조와 지원요청 등을 할 수 있습니다. 구체적인 내용과 방법은 심의위원회에서 결정하고 학교로 안내할 것입니다.

Q&A
83
해바라기센터, 대한법률구조공단, 학교폭력 관련 기관은 어떤 기관인가요?

해바라기센터는 성폭력·가정폭력·성매매 피해자 및 그 가족에 대하여 상담지원, 의료지원, 법률·수사지원, 심리치료지원 등의 서비스를 통합적으로 제공함으로써 피해자가 폭력피해로 인한 위기상황에 대처하고 2차 피해를 방지할 수 있도록 지원하는 기관입니다.[77]

대한법률구조공단은 법률지식이 부족하면서도 경제적으로 어려워 법의 보호를 충분히 받지 못하는 사람들에게 법률상담, 변호사에 의한 소송대리 및 형사변호 등의 법률적 지원을 하기 위하여 설립된 공공기관입니다.[78]

학교폭력 관련 기관은 교육청에서 지정하여 운영되는 학교폭력 피해학생 지원 전담기관이나 푸른나무재단(청소년폭력예방재단)[79], 학교폭력 피해자 가족협의회[80] 등에서 운영하는 기관도 있습니다.

---

77) 여성가족부 홈페이지 http://www.mogef.go.kr/sp/hrp/sp_hrp_f011.do
78) 대한법률구조공단 홈페이지 https://www.klac.or.kr/
79) 학교폭력 상담전화, 학교폭력 화해·분쟁 조정, 학교폭력 실태조사 및 연구, 피해학생 전담지원 센터 등 운영, https://www.btf.or.kr/
80) 우리아이행복프로젝트, 해맑음센터, 학교폭력 예방 및 치유사업 등 운영, http://www.uri-i.or.kr/

피해학생에 대한 보호조치로 인해 결석한 경우 출결 처리는 어떻게 하나요?

피해학생 보호조치를 위하여 객관적으로 필요하다고 인정되는 범위에서 결석을 출석으로 인정할 수 있습니다. 학교폭력예방법은 "피해학생 보호조치 등 보호가 필요한 학생에 대하여 학교의 장이 인정하는 경우 그 조치에 필요한 결석을 출석일수에 포함하여 계산할 수 있다."라고 규정하고 있습니다(학교폭력예방법 제16조 제4항).

또한 심의위원회의 개최나 심의위원회의 학교폭력 피해학생에 대한 보호조치 요청 이전에, 학교폭력 피해학생이 학교폭력으로 인한 피해로 출석하지 못하였음을 학교폭력 전담기구의 조사 및 확인을 거쳐 학교의 장이 인정한 경우에도 출석으로 처리합니다.

피해학생에 대한 보호조치로 인해 결석을 하여 중간고사 시험을 보지 못하게 되었습니다. 피해학생의 성적 처리는 어떻게 해야 하나요?

학교폭력예방법은 "학교의 장은 피해학생이 보호조치를 받았다는 사실 자체로 성적 등 평가에서 불이익을 주지 않도록 노력해야 한다."고 명시하고 있습니다(학교폭력예방법 제16조 제5항). 따라서 피해학생이 보호조치로 인해 결석하게 되어 시험에 응하지 못하였다면 이를 학교의 학업성적관리규정에 근거하여 불이익이 없도록 조치하여야 합니다.

피해학생 측에서 치료 비용을 받을 수 있는지 물어보는데 어떻게 답변을 해야 할까요?

세 가지 정도의 방법이 있습니다. 첫째는 가해학생 측으로부터 직접 받는 방법, 둘째는 학교안전공제회에 청구하는 방법, 셋째로는 민사소송으로 청구하는 방법입니다.

학교폭력 피해로 인한 피해학생의 상처를 치료하거나 전문가로부터 상담을 받는 데 사용되는 비용 등은 가해학생 측에서 부담해야 합니다. 학교는 치료비 지급에 대한 권한이 없으므로 이 부분에 직접적으로 개입하는 것은 어렵습니다. 다만, 양측이 이러한 치료비용에 대해 서로 소통할 의사가 있는지를 확인하고 연락을 주고받을 수 있도록 도움을 주는 역할은 할 수 있습니다.

또한, 피해학생의 신속한 치료를 위해 피해학생 측에서 우선 치료를 진행하고 그 비용을 학교안전공제회에 신청하여 받을 수 있으며, 추후 학교안전공제회는 피해학생 측에 제공한 비용에 대해 가해학생 측에 구상권을 행사할 수 있습니다.

마지막으로 가해학생 측에서 자발적으로 치료비용 등을 지급하지 않는 경우에는 민사상 손해배상청구를 할 수 있습니다. 민사소송에 의한 손해배상청구는 치료비와 같은 재산상 손해와 정신적 손해에 대한 배상을 청구하는 것으로 법원에서 소송으로 진행하여야 합니다.

Q&A 87 | 피해학생 측에서 전학을 원한다면 어떻게 해야 하나요?

심의위원회에서 피해학생의 전학 권고를 결정할 수는 없습니다.[81] 다만 학교장은 학생의 교육환경을 바꾸어 줄 필요가 있다고 인정하는 경우 다른 학교로 전학을 추천할 수 있으므로,[82] 피해학생이 전학을 요청하는 경우로서 학교장 판단으로도 학생의 교육환경을 바꾸어 줄 필요가 있다고 인정되면 학교의 장이 다른 학교로 전학을 추천할 수 있습니다. 이 경우 피해학생 측의 요청만으로 교육환경을 바꾸어 줄 필요성이 인정되는 것은 아닙니다. 전문가의 소견서와 같은 객관적인 증빙자료를 토대로 교육환경을 바꾸어 줄 필요성이 있는지에 대한 심사가 필요할 수 있습니다. 이러한 학교장 추천 전학 절차는 해당 시·도교육청 및 교육지원청별 전·편입학 업무 시행 지침에 따라 진행합니다.

---

81) 과거 학교폭력예방법에서는 피해학생 보호조치 중 '전학 권고'가 있었으나, 가해학생이 아닌 피해학생이 전학을 가게 하는 것은 부당하다는 취지로 삭제되었습니다.

82) 흔히 '학교장 추천 전학'으로 알려져 있는 제도입니다. 초등학교의 경우 초·중등교육법 시행령 제21조 제6항, 중학교는 같은 법 시행령 제73조 제6항, 고등학교는 같은 법 시행령 제89조 제5항에 따라 진행합니다.

가해학생에 대한 조치

(학교폭력예방법 제17조 제1항)

제1호 피해학생에 대한 서면사과

제2호 피해학생 및 신고·고발 학생에 대한 접촉, 협박 및 보복행위
　　　(정보통신망을 이용한 행위를 포함한다)의 금지

제3호 학교에서의 봉사

제4호 사회봉사

제5호 학내외 전문가, 교육감이 정한 기관에 의한 특별교육 이수 또는 심리치료

제6호 출석정지

제7호 학급교체

제8호 전학

제9호 퇴학처분

※ 수 개의 조치를 병과할 수 있음

가해학생에 대한 각 조치별 의미와 조치의 이행방법에 대해 알아보겠습니다. 가해학생에 대한 조치는 피해학생 보호조치와 달리 조치 이행에 대한 동의를 받을 필요가 없으며, 조치 내용이 학교생활기록부에 기재될 수 있습니다. 또한 가해학생이 조치 이행을 거부하거나 회피할 경우 심의위원회에 추가적인 조치를 요청할 수 있습니다.(제1호 피해학생에 대한 서면사과 조치는 제외)

제1호 피해학생에 대한 서면사과

가해학생이 피해학생에게 서면으로 그동안의 폭력행위에 대하여 사과하도록 하는 조치입니다.

가해학생에 대한 조치 중 가장 낮은 단계의 조치로 심의위원회에서 경미한 학교폭력 행위에 대해서나 별도의 학교폭력 조치에 병과하여 내리는 조치입니다. 또한 학교에서 가해학생에게 서면사과 조치를 이행하도록 지도할 때 생각보다 신경을 많이 써야 하는 조치이기도 합니다.

Q&A 88
가해학생이 서면사과를 이행할 때 정해진 형식이나 서식이 있나요?
그리고 작성한 서면사과는 피해학생에게 어떤 방법으로 전달해야 하나요?

가해학생의 서면사과에는 특별히 정해진 형식이나 양식은 없습니다. 가령, 가해학생 보호자의 서명 등도 필요 없으며, 작성된 서면을 피해학생에게 어떻게 전달해야 하는지에 대해서도 특별히 정해진 규정이나 절차는 없습니다.

따라서 가해학생이 피해학생에게 직접 전달하는 것도 가능은 하겠으나, 학교에서 이행 여부를 확인하기도 어렵고, 피해학생이 가해학생을 직접 만나기를 꺼릴 수도 있으므로 학교(담임선생님, 책임교사 등)에서 대신 전달해주는 방식을 사용할 수도 있습니다.

Q&A 89
가해학생이 작성한 서면사과 내용이 너무 불성실하여
이를 피해학생에게 전달할 경우 더욱 좋지 않은 상황이 될 것 같은데
어떻게 해야 하나요?

가해학생이 작성한 서면사과의 내용을 전달 전에 검토하거나 다시 써오라는 등 별도의 지도를 하지 않도록 주의합니다. 다만, 서면사과 작성 전에 가해학생에게 심의위원회에서 결정한 서면사과 조치의 취지에 대해 충분히 설명하여 스스로 진정성 있는 서면사과를 이행할 수 있도록 도움을 줄 수는 있습니다.

Q&A 90	가해학생과 피해학생의 소속 학교가 다른 경우에는 작성한 서면을 어떻게 전달하나요?

가해학생이 피해학생과 다른 학교에 재학 중인 경우에는 가해학생 소속 학교에서 피해학생에게 직접 우편 등으로 전달할 수도 있으나 타학교 학생의 개인정보를 확인하는 것은 어렵기 때문에 피해학생 소속 학교에 공문, 우편 등으로 작성한 서면을 보내고, 피해학생 소속 학교는 이를 피해학생에게 전달할 수 있을 것입니다. 이 과정에서 학교 간 의견차이 등으로 문제가 생길 수도 있으니 세부적인 사항은 양측 학교의 담당자 간 충분한 협의를 통해 진행하는 것이 좋습니다.

Q&A 91	피해학생 측에서 가해학생이 서면사과를 이행하지 않는다며 학교에 민원을 제기하는데 어떻게 해야 하나요?

가해학생에 대한 다른 조치들과 다르게 가해학생이 서면사과를 이행하지 않는다고 하여 이를 이유로 추가적인 조치를 요청할 수 없습니다. 사과를 강요하는 것은 양심의 자유를 침해하는 것으로 보기 때문입니다.[83] 학교폭력예방법에서도 제1호 조치를 제외한 제2호부터 제9호까지의 조치에 한해서 가해학생이 조치를 거부하거나 기피하는 경우 추가적인 조치를 할 수 있도록 규정하고 있습니다(학교폭력예방법 제17조 제15항). 따라서 학교에서는 가해학생이 피해학생에 대한 서면사과를 하지 않는다고 하더라도 서면사과를 강제하거나 미이행을 이유로 별도의 선도조치를 해서는 안됩니다. 다만, 서면사과 조치를 받았음을 상기하여주거나, 향후 이행 계획을 확인하는 등 이행을 권유하는 정도는 충분히 가능할 것으로 보입니다.

또한 심의위원회가 서면사과를 결정할 때에는 이를 이행할 기한을 정해주게 되는데, 가해학생이 그 정해진 기한까지 서면사과를 이행하지 않으면, 학교생활기록부 기재 유보를 적용하지 않고 조치 내용을 학교생활기록부에 기재하게 됩니다(가해학생 조치사항의 학교생활기록부 기재에 대해서는 이후 내용을 참조). 서면사과 조치는 추가적인 조치를 요청할 수 없기 때문에 이러한 방식의 간접적인 수단을 통해 조치 이

---

83) 대법원 2010. 1. 14. 선고 2009두6605 판결 참조

행에 대한 실효성을 확보할 뿐입니다.

그래서 이런 경우 학교는 가해학생 측에 이행 기한 내에 서면사과 조치를 이행하지 않으면 학교생활기록부에 기재되는 불이익이 있음을 사전에 고지하여 조치 이행을 유도합니다. 피해학생 측에는 서면사과를 강제할 수 없는 이유와 함께 조치 이행에 있어서 한계가 있음을 설명하고, 가해학생이 조치를 이행하지 않을 시 해당 내용이 학교생활기록부에 기재됨을 안내합니다.

제2호 피해학생 및 신고·고발 학생에 대한 접촉, 협박 및 보복행위의 금지

말 그대로 피해학생이나 신고·고발학생에 대한 가해학생의 접근을 막아 더 이상의 폭력이나 보복이 일어나는 것을 방지하는 조치입니다.

Q&A 92 제2호 조치의 이행 기간은 어떻게 되나요?

심의위원회에서 제2호 조치를 결정하는 경우 대부분 기간을 정하여 통보하게 됩니다. 만약 기간이 정해지지 않은 경우라면 해당 학교급의 졸업 시점까지 유효하다고 보면 됩니다.

Q&A 93 접촉, 협박 및 보복행위의 금지 조치를 이행하는 방법은 무엇이며, 가해학생에게는 어떻게 안내해야 하나요?

「학교폭력 사안처리 가이드북」에서는 제2호 조치에 대해 "접촉 금지는 조치를 받은 학생이 의도적으로 피해학생에게 접촉하는 것을 금지하는 것으로, 교육활동이나 일상생활 가운데 이루어지는 의도하지 않은 접촉에 대해서 모두 금지하는 것은 아니다. 다만, 무의도성을 이유로 빈번하게 접촉이 이루어지거나, 무의도성을 가장해 피해학생과 접촉할 경우, 추가적인 조치를 할 수 있다."라고 설명하고 있습니다.

따라서, 학교에서는 가해학생과 피해학생의 분리를 무리하게 진행할 필요는 없으나 불필요한 접촉이 발생하지 않도록 최대한 배려해주는 것이 좋습니다. 예를 들어 수업이나 동아리 활동 중 같은 모둠에서 활동하지 않도록 하거나 교실 자리 배치 시 물리적 거리를 두는 것도 방법이 될 수 있습니다.

또한 가해학생 측에는 재차 제2호 조치의 취지를 설명하고 재발 방지를 위해 노력해 줄 것을 당부하고, 이를 위반할 시 새로운 학교폭력 사안으로 접수하여 처리하며, 이후 심의위원회에서 조치의 수위가 높아질 수 있음을 안내할 필요가 있습니다.

Q&A 94 피해학생 측에서 가해학생이 제2호 조치를 위반했다며, 추가적인 조치를 요청하는데 어떻게 해야 하나요?

제2호 조치 위반으로 추가적인 조치를 요청한다면 새로운 학교폭력 사안으로 접수하여 학교폭력 사안처리 절차에 따라 진행합니다.

이러한 경우 사안의 핵심은 의도적인 접촉 여부가 될 수 있습니다. 물론 가해학생이 의도를 가지고 접촉하였는지를 쉽게 판단하기는 어렵습니다. 그 판단은 최종적으로는 심의위원회에서 하게 됩니다. 때문에 피해학생이나 그 보호자가 가해학생이 접촉금지를 어겼음에도 학교에서 아무런 대응을 하지 않는다며 민원을 제기하는 사례도 있습니다. 이에 학교는 사안 조사 시 가해학생이 피해학생에게 접촉한 사유를 확인하고 객관적인 증거를 수집하는 데 노력을 기울여야 할 것입니다.

제3호 학교에서의 봉사

가해학생에게 교내 봉사활동을 통해 자신의 행동을 반성하는 기회를
주려는 조치입니다.

Q&A
95 학교에서의 봉사는 언제 이행하도록 해야 하나요? 수업시간에
진행해도 되나요?

심의위원회에서 학교에서의 봉사를 결정하는 경우 구체적인 시간을 적
시하게 되는데, 1일에 1~2시간 정도 이행하는 것을 상정하여 결정합니다. 이는 일반
적으로 학교에서 조치를 이행할 때 수업 이외의 시간에 하는 것을 전제로 하기 때문
입니다. 따라서 학교에서의 봉사는 수업 결손이 생기지 않도록 보통 등하교 시간, 점
심시간, 방과후에 진행하는 경우가 많습니다. 봉사활동에 대한 계획을 세울 때도 이러
한 점을 고려하는 것이 좋습니다.

Q&A
96 학교에서의 봉사는 어떤 활동을 하나요?

이 조치의 취지는 단순히 훈육적 차원이 아니라 봉사의 진정한 의미를
알고 학생 스스로 잘못을 깨달을 수 있도록 봉사활동 방법을 정하여 실시하는 것입
니다.

학교에서의 봉사는 세부적인 사항을 학교에서 자체 계획을 세워 실시하기 때문에
내부적인 논의를 통해 해당 조치의 취지에 맞는 다양한 방식의 봉사활동을 실시할 수
있습니다.

일반적으로는 학교폭력 예방 캠페인 활동, 학교 내 환경정화 활동, 학교 행사 보조
활동, 급식 질서 도우미, 장애학생의 등교 도우미 등이 있습니다.

봉사활동에 대한 지도는 모두 학교폭력 책임교사가 해야 하나요?

봉사활동에 대한 모든 지도를 반드시 학교폭력 책임교사가 할 필요는 없습니다. 이미 언급한 바와 같이 봉사활동은 학교 여건에 따라 자체 계획을 세워 운영하는 것으로, 「학교폭력 사안처리 가이드북」에서도 "봉사활동을 실시할 때 지도교사를 다양하게 구성할 수 있다."고 설명하고 있습니다.

제4호 사회봉사

학교 밖 행정 및 공공기관 등 관련 기관에서 사회구성원으로서의 책임감을 느끼고, 봉사를 통해 반성하는 시간을 가지게 하는 조치입니다.

사회봉사는 구체적으로 어떤 기관에서 무슨 활동을 하는 건가요?

특별교육 이수 또는 심리치료 조치를 이행할 수 있는 기관은 교육감이 정한 기관으로 규정하고 있으며, 시도교육청에서는 이를 매년 지정하여 안내하고 있습니다. 이와 달리 사회봉사를 이행할 수 있는 기관의 범위나 자격 요건, 봉사활동으로 인정하는 기준 등을 명확하게 규정하고 있지는 않습니다. 그래서 「학교폭력 사안처리 가이드북」에서는 "사회봉사를 지역행정기관에서의 봉사(환경미화, 교통안내, 거리질서 유지 등), 공공기관에서의 봉사(우편물 분류, 도서관 업무보조 등), 사회복지기관(노인정, 사회복지관 등) 봉사 등의 형태로 진행할 수 있다"고 안내하고 있습니다.

또한 학교생활기록부 기재요령에서는 조치가 아닌 일반적인 학생 개인봉사활동의 기준과 실시방법에 대해 자원봉사활동의 무보수성, 공익성, 비영리성, 비정파성, 비종파성 등의 기준을 충족해야 하며, 물품 및 현금의 단순 기부 행위는 인정하지 않는다고 기술하고 있습니다. 사회봉사 조치의 취지로 볼 때 이러한 기준도 참고할 수 있습니다.

Q&A	사회봉사를 이행할 기관을 알아보려고 하는데 조금 막막합니다.
99	방법이 없을까요?

그동안 학교에서는 사회봉사를 이행할 수 있는 기관을 찾기 어려운 문제, 봉사를 의뢰하는 절차나 기관과의 협의에 대한 문제 등으로 사회봉사 조치 이행 과정에서의 어려움에 대해 지속적으로 문제제기를 해왔습니다.

이에 일부 시도교육청에서는 사회봉사 기관을 발굴하여 그 현황을 학교에 안내하거나 학교의 의뢰를 받아 사회봉사 기관과 연계하는 사업을 진행하는 등 사회봉사 조치의 이행을 지원하는 방안을 마련하여 운영하고 있습니다. 이러한 경우 해당 교육(지원)청의 도움을 받을 수 있습니다.

학교에서 자체적으로 학교 인근의 공공기관이나 사회복지기관과 접촉하여 협의한 후 직접 사회봉사를 의뢰하여 진행할 수도 있습니다.

자원봉사활동 관련 포털사이트(1365 자원봉사포털[84], VMS[85], DOVOL[86])를 통해 사회봉사 조치를 이행하는 것도 방법이 될 수 있습니다. 해당 사이트에서는 인근 지역의 자원봉사활동 모집 내용을 검색할 수 있으며, 온라인 상에서 직접 봉사활동을 신청하는 것도 가능합니다. 이에 조치를 이행할 가해학생이 적극적으로 사회봉사 기관을 찾아보고 봉사활동을 직접 신청하여 진행하는 것도 좋은 방법이 될 수 있으며, 충분히 교육적, 선도적 의미를 갖는 활동이라 할 수 있습니다.

---

84) 1365 자원봉사포털(나눔포털): 행정안전부에서 운영(한국중앙자원봉사센터 중앙관리)하고 있는 자원봉사 포털시스템(www.1365.go.kr)

85) VMS: 보건복지부에서 운영(한국사회복지협의회 중앙관리)하고 있는 사회복지 자원봉사 인증관리 시스템(www.vms.or.kr)

86) DOVOL: 여성가족부에서 운영(한국청소년활동진흥원 중앙관리)하고 있는 청소년활동정보 포털 사이트(www.youth.go.kr)

사회봉사 조치를 이행하기 위해 출석하지 못하는 경우 출결 처리는
어떻게 하나요?

해당 학생의 출결을 인정 결석으로 처리합니다. 이에 대하여 학교폭력예
방법은 "가해학생이 제3호(학교에서의 봉사), 제4호(사회봉사), 제5호(특별교육 또는
심리치료)의 조치를 받은 경우 이와 관련된 결석은 학교장이 인정하는 때에는 이를 출
석일수에 포함하여 계산할 수 있다."고 규정하고 있습니다(학교폭력예방법 제17조 제
12항).

또한 학교생활기록부 기재요령의 학교생활기록 작성 및 관리지침 제8조 제2항 [별
표8](출결상황 관리 등)에 대한 해설에서도 "사회봉사, 특별교육 이수 또는 심리치료
로 인한 결석은 출석으로 인정한다"고 설명하고 있습니다.

제5호 학내외 전문가, 교육감이 정한 기관에 의한 특별교육 이수
또는 심리치료

가해학생이 봉사활동 등을 통하여 스스로의 행동을 반성하는 것이 어
려워 보일 때 전문가의 도움을 받아 폭력에 대한 인식을 개선하고 스스로
행동을 반성하게 하는 조치입니다.

특별교육 이수나 심리치료는 교육감이 정한 기관에서 해야 한다고
하는데 교육감이 정한 기관은 어떤 기관을 말하는 건가요?

각 시·도교육청에서는 매년 특별교육 이수나 심리치료 기관을 지정하고
해당 기관 현황을 공지합니다. 기본적으로 학교 내에 설치된 위(Wee)클래스와 교육
(지원)청에 소속된 위(Wee)센터가 있으며, 그 외에도 청소년비행예방센터, 경찰학교,
상담센터, 종합사회복지관 등 특별교육 이수나 심리치료를 수행할 수 있는 역량을 갖
춘 다수의 기관을 지정하여 운영하고 있습니다. 교육지원청별로 지정 기관 현황이 상

이하므로 자세한 사항은 학교가 소속된 교육지원청에 문의하거나 공지된 내용에서 확인할 수 있습니다.

Q&A
102 특별교육을 학교에서 받을 수도 있나요?

학교 내에 설치된 위(Wee)클래스도 교육감이 정한 기관에 해당하므로 자체 계획에 따라 교내에서 특별교육 이수를 진행할 수 있습니다.

만약 학교에서 특별교육을 이수하는 것이 여의치 않다면, 위(Wee)센터에 특별교육 이수를 의뢰할 수 있습니다. 이러한 경우 위(Wee)센터 내에서 직접 특별교육을 진행하거나 외부의 특별교육 이수 지정 기관과 연계하여 학생이 해당 기관에서 특별교육을 이수할 수 있도록 합니다.

Q&A
103 심리치료는 어떤 조치인가요? 어떻게 이행해야 하나요?

심의위원회에서는 일반적으로 제5호 조치로서 특별교육을 결정하는 것이 대부분이나 가해학생에게 교육이 아닌 치료가 필요하다는 판단하에 종종 특별교육이 아닌 심리치료를 결정하기도 합니다.

심리치료는 주로 상담의 형태로 이루어지기 때문에 1주일에 1~2시간씩 진행될 수 있습니다. 이러한 이유로 조치 이행을 완료하는데 특별교육보다 오랜 시일이 소요될 수 있습니다.

또한 의사나 상담사의 판단에 따라 심의위원회에서 결정한 시간보다 더 많은 치료나 상담이 필요할 수도 있습니다. 하지만 심의위원회에서 결정한 시간을 초과하여 치료나 상담을 해야할 경우 초과하는 시간에 대해서는 강제할 수 없으며, 해당 학생과 보호자의 동의하에 진행해야 합니다.

특별교육을 이수하거나 심리치료를 받기 위해 출석하지 못하는 경우
출결 처리는 어떻게 하나요?

사회봉사 조치와 마찬가지로, 가해학생이 특별교육을 이수하거나 심리
치료를 받는 기간은 인정 결석으로 처리합니다. 이에 대하여 학교폭력예방법은 "가해
학생이 제3호(학교에서의 봉사), 제4호(사회봉사), 제5호(특별교육 또는 심리치료)의
조치를 받은 경우 이와 관련된 결석은 학교장이 인정하는 때에는 이를 출석일수에 포
함하여 계산할 수 있다."고 규정하고 있습니다(학교폭력예방법 제17조 제12항).

또한 학교생활기록부 기재요령의 학교생활기록 작성 및 관리지침 제8조 제2항 [별
표8](출결상황 관리 등)에 대한 해설에서도 "사회봉사, 특별교육 이수 또는 심리치료
로 인한 결석은 출석으로 인정한다"고 설명하고 있습니다.

제6호 출석정지

가해학생을 수업에 출석하지 못하게 함으로써 일시적으로 피해학생과
격리시켜 피해학생을 보호하고, 가해학생에게는 반성의 기회를 주기 위
한 조치입니다.

Q&A
105
조치 통보를 받은 다음 날부터 출석정지 조치를 하려고 하는데
출석정지 기간 사이에 중간고사가 있습니다. 이런 경우 어떻게 해야
하나요?

심의위원회에서는 출석정지는 시간이 아닌 일수를 기준으로 정하지만,
그 출석정지 기간의 일자를 확정하지는 않습니다. 따라서 학교는 학사일정을 고려하
여 출석정지일을 특정하여 지정할 수도 있습니다. 출석정지 기간 중 중간고사가 있어
시험을 볼 수 없다면 이로 인한 평가에 대한 불이익이 상당하여 이는 과도한 조치라
고 보여집니다. 따라서 시험 기간은 출석정지 기간에서 제외하는 것이 적절해 보입니

다. 다만, 출석정지가 중지된 기간에 피해학생에게 또 다른 피해가 발생하지 않도록 피해학생과 분리하여 시험을 치르게 하는 등 학생 상황, 학교 여건 등을 고려하여 필요한 방안을 마련하는 것이 좋습니다.

Q&A 106 | 출석정지 기간에 대한 출결 처리는 어떻게 하나요?

사회봉사나 특별교육 조치와는 다르게 출석정지 조치를 받게 되면 그 기간은 미인정 결석으로 처리합니다. 이에 대하여 학교생활기록 작성 및 관리지침 제8조 제2항 [별표8](출결상황 관리 등)에는 "출석정지 기간은 미인정 결석에 해당한다"고 명시하고 있습니다.

Q&A 107 | 출석정지 기간에는 등교할 수 없는 건가요?

출석이 이루어지지 못한다고 하더라도 학교장은 출석정지를 받은 가해학생에 대해 적절한 지도가 이루어질 수 있도록 필요한 교육 방법을 마련할 수 있고, 이를 권장합니다. 예를 들어 가정에서 관리할 수 없어 출석정지 기간 또 다른 비행이 예상된다면 등교하되 수업에는 참여하지 못하게 하고, 자체 계획을 세워 별도의 활동을 진행하게 하는 방법도 가능합니다. 물론 이때 가해학생이 실제로는 등교하였다고 하더라도 학교생활기록부는 미인정 결석으로 처리해야 하며, 피해학생과의 접촉이 일어나서는 안 된다는 점을 특히 주의해야 합니다.

제7호 학급교체

가해학생을 피해학생으로부터 격리하기 위하여 같은 학교 내의 다른 학급으로 옮기는 조치입니다.

Q&A
108 학급교체 조치 이행 시 유의하거나 고려해야 할 사항이 있을까요?

학급교체 조치 이후에도 피해학생 측에서는 가해학생과 바로 옆 반이어서 자주 마주치게 되어 불안하다는 민원을 제기하기도 합니다. 학급교체 조치의 이유가 피해학생과 가해학생 사이의 격리가 필요하다는 판단인 만큼, 가해학생을 되도록 물리적 거리가 멀리 떨어진 학급으로 교체하시는 것을 권합니다.

제8호 전학

가해학생을 피해학생으로부터 격리시키고 피해학생에 대해 더 이상의 폭력행위를 하지 못하도록 하기 위하여 다른 학교로 소속을 옮기도록 하는 조치입니다. 의무교육과정에 속해있는 초등학교, 중학교에 재학 중이거나 특수교육대상자인 가해학생에게 심의위원회가 내릴 수 있는 가장 강력한 조치이기도 합니다.

Q&A
109 전학 조치를 이행해야 하는데 학교는 어떻게 해야 하나요?

심의위원회에서 전학 조치를 내려도 그것만으로 즉시 가해학생의 학교 배정이 이루어지지는 않습니다. 학교폭력예방법 시행령 제20조 제1항은 교육장이 전학 조치를 요청하는 경우 학생이 소속된 학교장에게 통보하고, 통보를 받은 학교장이 교육감(고등학생인 경우) 또는 교육장(초·중학생인 경우)에게 해당 학생이 전학할 학교의 배정을 요청해야 한다고 규정하고 있습니다. 따라서 전학 조치를 받은 가해학생이 소속된 학교는 시·도교육청 또는 교육지원청에 가해학생이 전학할 학교의 배정을 요청해야 합니다.

한편, 강제 전학 조치가 중대·심각한 학교폭력을 발생시킨 가해학생에게 이루어지므로, 강제 전학 외에 출석정지나 특별교육 등의 조치를 함께 받게 되는 경우가 많습니다. 이때에는 가해학생이 새롭게 전입한 학교에게 상당한 부담이 되므로, 가해학생이 전출할 예정인 학교는 배정 요청 후 배정 결정 이전까지 병과된 조치를 최대한 이행할 수 있도록 합니다.

물론 피해학생과 격리가 긴급하거나, 별도의 사정이 있어 배정이 빠르게 결정된 경우라면 병과된 조치의 이행 없이 전학이 시행되어야 할 것인데, 이때에는 전출 학교에서 전입 학교로 해당 가해학생이 받은 조치와 추가 이행이 필요한 내용을 확인할 수 있도록 해야 합니다.

Q&A 110 전학 조치를 이행하였는데 불복절차(행정심판, 행정소송)에 의하여 조치가 취소된 경우에는 어떻게 해야 하나요?

전학 조치가 취소되었으므로 조치에 의해 전학을 가게 된 학생은 전학 전의 학교로 복교할 수 있습니다. 다만, 해당 학생의 교육권을 위하여 학생이 희망한다면 전학한 학교에 남는 것도 가능합니다. 따라서 해당 학생에게 전학 전의 학교로 복교하는 것과 전학한 학교에 남는 것 중에서 원하는 학교를 선택할 수 있도록 안내합니다.

제9호 퇴학처분

피해학생을 보호할 필요성이 크고, 가해학생을 선도·교육할 수 없다고 인정될 때 취하는 조치로 의무교육과정에 있는 가해학생에 대하여는 적용하지 않습니다. 그러므로 고등학교(특수교육 대상자는 제외)에 재학 중인 가해학생에게만 내릴 수 있는 조치입니다.

학교폭력을 발생시킨 가해학생에게 내릴 수 있는 가장 강력한 조치이고, 학생을 정규교육과정에서 배제하는 내용입니다.

퇴학처분을 받은 학생에 대하여 해당 학생의 선도의 정도, 교육가능성 등을 종합적으로 고려하여 대안학교로의 입학 등 해당 학생의 건전한 성장에 적합한 대책을 마련할 필요가 있습니다(학교폭력예방법 시행령 제23조).

가해학생에 대한 부가조치

(학교폭력예방법 제17조 제3항)

심의위원회에서 가해학생에게 제2호부터 제4호까지, 제6호부터 제8호까지의 조치가 결정되는 경우, 이 처분을 받은 가해학생은 교육감이 정한 기관에서 특별교육을 이수하거나 심리치료를 받아야 합니다.

따라서 제1호 서면사과, 제9호 퇴학처분이 아니라면 가해학생에게 특별교육이나 심리치료가 부가되므로, 대부분의 학교폭력에 대한 조치는 이러한 부가조치가 따라붙게 되는 것입니다.

반드시 주의할 점은, 앞서 살펴본 제17조 제1항의 조치로 받게 되는 제5호 학내외 전문가, 교육감이 정한 기관에 의한 특별교육 이수 또는 심리치료 조치와 달리 이러한 부가조치는 학교생활기록부에 기재하지 않는다는 점입니다.

조치로서의 특별교육과 부가된 특별교육은 각각 다른 기관에서
이수해야 하나요?

반드시 각각 다른 기관에서 특별교육을 이수할 필요는 없습니다.

예를 들어 가해학생이 제2호 접촉, 협박 및 보복행위의 금지, 제5호 특별교육 6시간과 제2호 조치에 대한 부가된 특별교육 3시간의 조치를 받았다면 총 9시간이 특별교육을 한 곳의 기관에서 이수하는 것도 가능합니다.

두 개의 특별교육 조치가 조치 결정의 근거가 다르지만 이를 이행할 때는 같은 방식으로 진행되는 조치이기 때문입니다. 다만 학교생활기록부에 기재할 때는 조치로서의 특별교육 6시간만 기재한다는 점에 주의해야 합니다.

부가된 특별교육 이수 결과는 언제 필요한가요?

제4호부터 제7호까지 조치를 받은 가해학생은 졸업 전 전담기구의 심의를 거쳐 학교생활기록부에 기재된 학교폭력 사항의 삭제 대상자가 될 수 있고, 이때 부가조치로 받은 특별교육의 이행 여부 역시 확인이 되어야 하므로 학교에서는 이를 확인할 수 있는 자료를 보관할 필요가 있습니다.

가해학생 보호자에 대한 특별교육

(학교폭력예방법 제17조 제13항)

심의위원회는 가해학생이 특별교육을 이수할 경우 해당 학생의 보호자도 함께 교육을 받게 하여야 합니다. 그렇기 때문에 가해학생에 대한 조치로 제1호 조치만을 결정하여 특별교육이 부과되지 않는 경우, 제5호 조치로 심리치료만을 결정한 경우, 다른 조치의 부과 조치로 특별교육이 아닌 심리치료를 결정한 경우 등과 같이 심의위원회에서 가해학생에게 특별교육(부가된 특별교육 포함)을 결정하지 않았다면 보호자 특별교육 조치도 결정하지 않습니다.

보호자 특별교육 이수 시간 결정에 대해 「학교폭력 사안처리 가이드북」에서는 가해학생에게 제2호 접촉, 협박 및 보복행위 금지, 제3호 학교에서의 봉사 조치가 결정되는 경우 4시간 이내, 제4호 사회봉사부터 제8호 전학까지 조치가 결정되는 경우 5시간 이상의 시간을 부여하는 것으로 제시하고 있습니다.

보호자 특별교육은 통상 학교 내의 위(Wee)클래스나 교육(지원)청 소속의 위(Wee)센터에서 진행합니다. 학교는 가해학생 보호자에게 학교 내의 위(Wee)클래스에서 실시하는 특별교육을 안내하여 진행할 수 있습니다. 또한 위(Wee)센터에서 운영하는 보호자 특별교육의 경우에는 학교에서 의뢰하거나 가해학생 보호자 본인이 위(Wee)센터에 직접 신청할 수도 있으므로 학교는 해당 보호자에게 위(Wee)센터의 보호자 특별교육 일정을 제공할 수 있습니다.

조치 결정에 대한 이행 강제

교육지원청은 결정된 조치를 학교로 통보하고, 학교는 가해학생에 대한 학교생활기록부 관련 업무를 처리합니다. 이후 앞서 설명한 각 조치별 내용에 따라 조치를 이행할 구체적 계획을 세워 학생들에게 안내해야 합니다.

교육지원청은 결정된 조치를 학교로 통보할 때, 협조 사항 등을 통해 조치 이행 결과 보고를 요청하는데, 이는 교육장 내린 처분의 이행 여부를 관리하고 조치를 받은 학생이 이를 거부하거나 회피하는 것을 막아 이행에 대한 강제성을 확보하기 위함입니다. 특히 이러한 조치 이행 결과를 보고하는 것은 학교폭력예방법에 따른 학교의 법률상 의무이기도 합니다(학교폭력예방법 제19조 제3항).

또한 2024. 3. 1.부터 시행된 학교폭력예방법 제17조 제16항에서는 가해학생에 대한 조치 또는 징계가 지연되거나 이행되지 않을 경우 피해학생 및 그 보호자가 교육감에게 신고할 수 있으며, 이런 경우 교육감은 지체없이 사실 여부 확인을 위해 교육장 또는 학교장을 조사해야 한다고 규정하여 가해학생의 조치 이행에 대한 관리·감독을 더욱 강화하였습니다.

학교에서 교육장이 결정한 각 조치에 대하여 세부적인 계획을 세우고, 이를 가해학생에게 안내하여 이행하게 하였으나 가해학생이 이를 따르지 않는 경우, 학교는 교육지원청으로 이러한 상황을 알려 가해학생에게 추가적인 조치를 할 것을 요청할 수 있습니다(학교폭력예방법 제17조 제15항).

「학교폭력 사안처리 가이드북」은 가해학생의 조치 미이행에 대한 대응 절차에 대해 "가해학생이 조치를 통보받은 날로부터 3개월 이내에 조치를 이행하지 않을 경우, 학교장은 미이행 학생 명단을 교육장(심의위원회)에 보고하고, 교육장(심의위원회)는 보고를 받은 21일 이내에 해당 가해학생 및 그 보호자에게 1개월 이내에 조치를 이행할 것과 조치를 이행하지 않을 시 추가 조치가 있을 수 있음을 서면으로 안내한다."고 설명하고 있습니다.

또한 "제3호부터 제9호까지의 조치를 이행하지 않았을 경우에는 위의 내용에 따라 진행하며, 제2호 조치를 위반한 경우에는 새로운 학교폭력 사안으로 접수하여 처리한다."고 설명하고 있습니다. 따라서 학교는 가해학생이 조치를 미루거나 애초에 거부할 뜻을 표현하여 어려움이 있는 경우, 교육지원청의 담당부서와 연락하여 이후의 절차에 대한 세부적인 사항에 대해 안내를 받아 처리할 수 있습니다.

가해학생 측에서 행정심판이나 행정소송을 제기할 예정이니 조치 이행을 멈춰달라고 요구하는데 어떻게 해야 하나요?

조치 이행을 중지하는 것은 행정심판이나 행정소송 과정에서 별도의 집행정지 결정이 있어야 가능합니다. 단지 행정심판이나 행정소송을 제기했다는 사실만으로 조치 이행을 중지할 수는 없습니다.

원칙적으로 행정심판이나 행정소송을 제기하더라도 그것만으로 이미 내려진 조치가 취소되거나 무효로 되는 것이 아니며, 그 집행에도 영향을 주지 않습니다.[87] 다만, 행정심판위원회와 행정법원은 직권이나 당사자의 신청에 의하여 처분의 효력, 처분의 집행을 정지할 수 있고, 이때에는 이행을 강제할 수 없게 됩니다.[88]

이에 따르면, 설령 가해학생이 행정심판이나 행정소송을 제기한다고 하더라도 그것만으로 조치의 이행을 막을 수 없다는 것이며, 행정심판위원회나 행정법원이 따로 집행정지 결정을 내리지 않았다면 가해학생은 이미 내려져 있는 조치를 이행해야 한다는 결론입니다.

하지만 이러한 내용은 법률적이고 원칙적인 내용이며, 행정심판이나 행정소송은 교육지원청에서 담당하고 있기 때문에 학교에서 그 과정을 상세히 확인하기 어려운 경우가 많습니다. 또한 상황에 따라 대응하는 방법에 차이가 있을 수 있으니 교육지원청의 담당자와 긴밀히 소통하면서 대응할 필요가 있습니다.

가해학생이 심의위원회의 조치를 미이행한 상태에서 졸업을 한 경우에는 어떻게 해야 하나요?

졸업을 하여 상급학교로 진학을 한 경우 상급학교에 조치 이행에 대한 협조 요청을 할 수 있습니다. 다만, 이러한 경우 상급학교에서 조치 이행하는 데 어려움이 있을 수도 있고, 학교폭력 사실이 상급학교에 전달되는 것이기에 가해학생 측에서 반발하여 민원을 제기하는 등 여러 가지 문제가 발생할 수 있습니다. 따라서 학교

---

87) 행정심판법 제30조 제1항, 행정소송법 제23조 제1항
88) 행정심판법 제30조 제2항, 행정소송법 제23조 제2항

는 이런 상황이 발생하지 않도록 가해학생 및 보호자에게 졸업 전까지 조치를 미이행할 경우 상급학교에 협조를 요청하여 조치를 이행하도록 할 수 있다는 점을 사전에 안내하고, 졸업 전에 조치를 이행할 것을 촉구하며, 가해학생이 졸업 전에 조치를 이행할 수 있도록 최대한 노력해야 할 것입니다.

그럼에도 불구하고 가해학생이 고등학교를 졸업한 경우에는 학생 신분이 아니기 때문에 조치 이행을 강제하기는 어렵습니다.

가해학생 보호자 특별교육을 미이행하는 경우

가해학생 보호자 특별교육을 이행하지 않은 보호자에게는 300만원 이하의 과태료가 부과됩니다(학교폭력예방법 제23조 제1항).

보호자가 특별교육 조치를 통보받은 후 3개월이 지난 때부터 관련 절차가 진행되며, 「학교폭력 사안처리 가이드북」은 구체적인 절차에 대해 다음과 같이 안내하고 있습니다.

보호자가 특별교육 조치를 통보받은 후 3개월이 지날 때까지 특별교육을 이수하지 않으면 학교장은 해당 보호자의 명단을 시·도교육감에게 통보합니다.

시·도교육감은 학교장의 통보를 받은 후 14일 이내에 해당 보호자에게 특별교육을 1개월 이내에 이수할 것과 미이수 시 과태료가 부과됨을 서면으로 안내합니다.

보호자가 시·도교육감으로부터 통보를 받은 후 1개월이 될 때까지도 특별교육을 이수하지 않으면 시·도교육감은 보호자에게 과태료 부과 예고를 하고 그로부터 14일이 지나면 과태료 부과 및 징수 절차를 개시합니다.

6부

가해학생 조치사항

학교생활기록부 기재 및 삭제

학교폭력 가해학생 조치사항
학교생활기록부 기재

학교폭력대책심의위원회 조치 결정 내용은 피해, 가해 학생에게 서면으로 통지되고, 교육지원청은 학교에 그 내용을 공문으로 송부합니다. 학교는 결정된 조치를 이행함과 동시에 가해학생의 조치사항을 해당학생의 학교생활기록부에 즉시 기재해야 합니다. 가해학생 조치사항의 학교생활기록부 기재는 가해학생의 법률상 이익에 중요한 영향을 미치므로 기재 내용과 방법을 정확하게 이해하고 처리해야 합니다. 가해학생 조치사항의 학교생활기록부 기재와 관련하여 2024. 3. 1.부터 시행된 초·중등교육법 시행규칙과 학교생활기록 작성 및 관리지침에서 달라진 부분은 기존 기재 방식과 비교해서 살펴보겠습니다.

교육부는 매년 초·중·고등학교 학교급별로 학교생활기록부 기재요령을 제작하여 안내하고 있습니다. 그에 따라 학교폭력 가해학생 조치사항의 학교생활기록부 기재와 삭제에 관한 내용에서 바뀌는 부분이 있을 수 있으니 해당 학년도 학교생활기록부 기재요령을 반드시 확인해야 합니다.

학교생활기록부 기재 시 유의 사항

• 가해학생에게 수 개의 조치가 병과된 경우 그 병과된 각각의 조치사항을 모두 학교생활기록부에 입력합니다. 단, 학교폭력예방법 제17조 제3항에 따라 부가된 특별교육(또는 심리치료)은 입력하지 않습니다.

• 학교생활기록부 기재 시 일자는 조치 결정일이며, 이는 학교폭력대책심의위원회의 조치 요청에 대해 교육장이 조치 결정한 날(교육지원청 내부결재일)을 의미합니다. 교육지원청에서 보내는 조치 결정 공문에 명시된 조치 결정일(교육지원청 내부결재일)을 확인하여 입력합니다.

• 가해학생에 대한 조치가 2회 이상인 경우 각각의 조치사항을 구분하여 입력합니다.

2023학년도까지는 학교폭력 가해학생 조치사항 기재 시 학교생활기록부의 3개 항목에 조치별로 분산하여 기재하였습니다. 그런데 2024. 3. 1.부터 이런 기재 방식을 개선하고자 학교생활기록부에 '학교폭력 조치상황 관리'영역을 신설하고 학교폭력 가해학생 조치사항을 모두 하나의 영역에 기재하도록 하였습니다.

학교폭력 조치상황 관리

학년	조치결정 일자	조치사항
1		
2		
3		

그리고 변경된 기재 방식은 2024학년도 초등학교 1학년, 중학교 1학년, 고등학교 1학년부터 순차적으로 적용하며, 연도별 적용대상은 다음과 같습니다. 다만, 연도별로 적용되지 않는 대상자는 종전의 규정[89]에 따라 기재합니다.

> - 2024년 3월 1일: 초등학교 1학년, 중학교 1학년 및 고등학교 1학년
> - 2025년 3월 1일: 초등학교 1~2학년, 중학교 1~2학년 및 고등학교 1~2학년
> - 2026년 3월 1일: 초등학교 1~3학년, 중학교 및 고등학교 전체 학년
> - 2027년 3월 1일: 초등학교 1~4학년, 중학교 및 고등학교 전체 학년
> - 2028년 3월 1일: 초등학교 1~5학년, 중학교 및 고등학교 전체 학년
> - 2029년 3월 1일: 초등학교, 중학교 및 고등학교 전체 학년

2024학년도부터 기재 영역이 일원화되면서 학교폭력 가해학생 조치사항의 기재가 용이해지고, 기재 내용을 확인하고 관리하는 것도 다소 수월해질 것으로 보입니다. 하지만 변경된 기재 방식이 순차적으로 적용되므로 모든 학교급과 학년에 적용될 때까지는 기존의 기재 방식을 병행하여야 하니, 업무 담당자가 주의를 기울일 필요가 있습니다.

2025학년도를 기준으로 초등학교 3학년부터 6학년, 중학교 3학년과 고등학교 3학년에 각 재학 중인 학생은 개정된 규정이 아니라 종전의 규정에 따라 학교생활기록부를 기재합니다. 그 방식은 다음과 같습니다.

---

89) 2024. 3. 1. 시행된 초·중등교육법 시행규칙과 학교생활기록 작성 및 관리지침은 부칙에서 '2024학년도 초등학교 1학년, 중학교 1학년, 고등학교 1학년부터 순차적으로 적용하되, 연도별로 적용되지 않는 대상자는 종전의 규정에 따른다.'고 명시하고 있습니다. 여기서 '종전의 규정'이라 함은 2024. 2. 29. 이전의 규정으로 2023학년도까지의 규정으로 보는 것이 적절해 보입니다. 따라서 '종전의 규정'을 적용할 때는 「2023학년도 학교생활기록부 기재요령」의 설명을 확인할 필요가 있습니다.

가해학생 조치별 기재영역

결정된 가해학생 조치사항	기재영역
제1호 피해학생에 대한 서면사과	행동특성 및 종합의견
제2호 피해학생 및 신고·고발 학생에 대한 접촉, 협박 및 보복행위의 금지	
제3호 학교에서의 봉사	
제4호 사회봉사	출결상황 특기사항
제5호 학내외 전문가에 의한 특별교육이수 또는 심리치료	
제6호 출석정지	
제7호 학급교체	행동특성 및 종합의견
제8호 전학	학적 특기사항
제9호 퇴학 처분	

가해학생 조치 기재 내용(예시)

가) 행동특성 및 종합의견

조치 사항	기재 내용
제17조제1항제1호 피해학생에 대한 서면사과	학교폭력예방 및 대책에 관한 법률 제17조제1항제1호에 따른 서면사과 조치를 받음 (2023.06.12.).
제17조제1항제2호 피해학생 및 신고·고발 학생에 대한 접촉, 협박 및 보복행위의 금지	학교폭력예방 및 대책에 관한 법률 제17조제1항제2호에 따른 접촉, 협박 및 보복행위 금지 조치를 받음 (2023.03.20.).
제17조제1항제3호 학교에서의 봉사	학교폭력예방 및 대책에 관한 법률 제17조제1항제3호에 따른 학교에서의 봉사 10시간 조치를 받음 (2023.05.09.).
제17조제1항제7호 학급교체	학교폭력예방 및 대책에 관한 법률 제17조제1항제7호에 따른 학급교체 조치를 받음 (2023.09.25.).

나) 출결상황 특기사항

조치 사항	기재 내용
제17조제1항제4호 사회봉사	학교폭력예방 및 대책에 관한 법률 제17조제1항제4호에 따른 사회봉사 조치 5시간 (2022.07.04.)
제17조제1항제5호 학내외 전문가에 의한 특별교육 이수 또는 심리치료	학교폭력예방 및 대책에 관한 법률 제17조제1항제5호에 따른 특별교육이수 조치 10시간 (2022.10.11.)
제17조제1항제6호 출석정지	학교폭력예방 및 대책에 관한 법률 제17조제1항제6호에 따른 출석정지 조치 5일 (2023.04.13.)

다) 학적 특기사항

조치 사항	기재 내용
제17조제1항제8호 전학	2023.06.08. 학교폭력예방 및 대책에 관한 법률 제17조제1항제8호에 따른 전학 조치
제17조제1항제9호 퇴학 처분	2021.09.16. 학교폭력예방 및 대책에 관한 법률 제17조제1항제9호에 따른 퇴학 조치

Q&A 115 출석정지 기간이 당해 학년도에서 다음 학년도까지 이어지는 경우 학교생활기록부 기재는 어떻게 하나요?

예를 들어 중학생 A가 2학년 때인 2024년 출석정지 10일 조치를 받았는데 학년 말이어서 등교일수가 7일만 남았습니다. 그렇다면 출석정지 7일을 먼저 이행하고 이후 3학년 때인 2025년에 남은 3일을 이행하게 될 것입니다. 이런 경우에 학교생활기록부 기재 방법은 다음과 같습니다.

A의 중학교 2학년 학교생활기록부 출결상황의 '특기사항'란에는 조치 결정 내용인 출석정지 조치 10일을 그대로 기재합니다. 중학교 3학년 학교생활기록부 출결상황의

'특기사항'란에는 사유를 입력하지 않습니다. 즉, 조치 결정 내용은 당해 학년도 학교생활기록부에만 기재합니다.

이에 대하여 학교생활기록부 기재요령에서는 제6호(출석정지)의 이행이 당해 학년도에 종결되지 않고 다음 학년도까지 이어지는 경우 학교생활기록부 기재 방법에 대해 다음과 같이 설명하고 있습니다.

동일 학교급 내 : 당해 학년도 출결상황의 '특기사항'란에 조치 결정 통보 시 받은 출석정지 일수를 그대로 기재합니다. 다음 학년도 출결상황의 '특기사항'란에는 사유를 입력하지 않고 공란으로 둡니다.

상급학교 진학 시(초 → 중 → 고) : 조치 결정 통보를 받은 학교에서 상급학교로 출석정지 잔여 일수 안내 및 이행협조 공문을 시행하여 상급학교에서 관련 사항을 확인할 수 있도록 합니다. 상급학교에서는 '학교폭력 조치상황 관리[90]'란에 사유를 입력하지 않고 공란으로 둡니다.

Q&A 116 심의위원회 개최 전에 가해학생이 자퇴를 원하는데 어떻게 해야 하나요?

조치 이행이 완료될 때까지 가해학생은 자퇴할 수 없습니다.

가해학생 자퇴할 경우 학생 신분이 아니므로 심의위원회의 조치가 적용되지 않으며 조치사항을 학교생활기록에 기재할 수도 없습니다. 이러한 이유로 학교폭력 조치사항의 학교생활기록부 기재를 회피하기 위해 자퇴를 하고자 하는 경우가 종종 있습니다. 학교생활기록부에 조치사항이 기재되면 대학 진학에 상당한 불이익을 받을 수 있기 때문입니다.

이를 방지하고자 학교생활기록부 기재요령의 학교생활기록 작성 및 관리지침 제16조의2(학교폭력 조치사항 관리)에 대한 해설에서는 "학교폭력 가해학생은 학교폭력 사안이 접수된 때부터 학교폭력대책심의위원회의 조치 이행이 완료될 때까지 원칙적으로 학적변동을 제한한다."고 명시하고 있습니다.

---

90) 기존에는 조치별로 분산 기재하였으나, 2024. 3. 1.부터 기재를 일원화 하고자 '학교폭력 조치상황 관리'란을 신설하였습니다.

Q&A 117	유예(정원 외 학적관리 포함) 또는 휴학 중인 학생이 조치를 받은 경우에도 학교폭력 가해학생 조치사항을 학교생활기록부에 기재해야 하나요?

기재해야 합니다. 당해 학년도의 경우에는 학적반영을 취소한 후 학교폭력 조치사항을 입력하고, 이전 학년도의 경우에는 성성대상을 통해 입력합니다.

Q&A 118	행정심판·소송이 청구된 경우 학교폭력 조치사항의 학교생활기록부 기재는 행정심판·소송의 결과가 나올 때까지 기다려야 하나요?

행정심판·소송의 청구 여부와 관계없이 학교폭력 조치사항은 교육지원청으로부터 통보받은 즉시 기재합니다. 다만, 행정심판·소송의 결과로 향후 조치가 변경될 경우 이를 수정하되, 최초 조치 결정일자(교육지원청 내부결재일)는 변경하지 않습니다.

학교폭력 가해학생 조치 (제1호, 제2호, 제3호)

조건부 기재 유보

초·중등교육법 시행규칙이 개정되고 2020. 3. 1.부터 시행되면서 가해학생에 대한 조치 중 제1호, 제2호, 제3호에 한하여 학교생활기록부 기재를 1회 유보할 수 있습니다. 이와 같이 기재를 유보하기 위해서는 다음의 2가지 조건이 충족되어야 합니다.

> ① 심의위원회에서 결정한 이행 시점까지 조치를 이행한 경우
>
> ② 동일 학교급에 재학하는 동안(초등학생의 경우 그 조치를 받은 날로부터 3년 이내의 범위에서 동일 학교급에 재학하는 동안) 다른 학교폭력으로 조치를 받지 않은 경우

하지만, ①, ②의 조건이 충족하지 않을 경우에는 제1호, 제2호, 제3호의 조치라 하더라도 학교생활기록부에 기재해야 합니다.

Q&A 119	A는 중학교 입학 이후 처음으로 학교폭력 사안으로 가해학생에 대한 조치 제6호 출석정지와 제1호 서면사과 조치를 받았습니다. 이후 A는 심의위원회에서 정한 이행기한 내에 서면사과 조치를 이행하였습니다. 학교생활기록부 기재는 어떻게 해야 하나요?

　　제6호 출석정지 조치는 기재하고, 제1호 서면사과 조치는 기재를 유보합니다. 기재 유보는 제1호, 제2호, 제3호 조치에 한해서만 가능합니다. 제6호 출석정지 조치는 이에 해당하지 않기 때문에 즉시 기재해야 합니다. 다만 제1호 서면사과 조치는 기재 유보가 가능한 조치이며, 이행기한 내에 조치를 이행하였기 때문에 기재를 유보합니다.

Q&A 120	고등학생 B는 1학년 때 학교폭력 가해학생에 대한 조치로 제4호 사회봉사 조치를 받았고, 해당 조치가 학교생활기록부에 기재된 상황입니다. 그런데 2학년 때 또 다른 학교폭력 사안으로 제1호 서면사과 조치를 받았고, 이행기한 내에 조치를 이행하였습니다. 이런 경우 제1호 서면사과 조치를 받은 것은 처음이므로 기재가 유보되는 건가요?

　　기재가 유보되지 않습니다. 동일 학교급에 재학하는 동안 다른 학교폭력으로 조치를 받지 않은 경우에만 기재 유보가 가능한데, B의 경우 1학년 때, 이미 조치를 받은 바 있어 이에 해당하지 않기 때문입니다.

Q&A 121	중학생 C는 입학 이후 처음으로 학교폭력 가해학생에 대한 조치로 제1호 서면사과 조치를 받았습니다. 그런데 C는 심의위원회에서 정한 이행기한 내에 서면사과 조치를 이행하지 않았고, 조치가 학교생활기록부에 기재되었습니다. 이후 C가 서면사과를 하였다면 학교생활기록부에 기재된 내용을 삭제할 수 있나요?

삭제하지 않습니다. C는 심의위원회에서 결정한 이행 시점까지 조치를 이행하지 않았고, 학교생활기록부에 조치가 기재되었습니다. 그런데 학교생활기록부에 기재된 조치의 삭제에 관해서는 별도의 규정이 있으며, 이 규정에는 조치를 이행하지 않아서 기재되었을 때, 그 이후에 이행하였다고 해서 기재된 조치를 삭제하도록 하는 내용은 존재하지 않습니다. 따라서 기재된 이후에 조치를 이행하였다고 해서 기재 내용을 삭제할 수는 없습니다.

「학교폭력 사안처리 가이드북」도 "심의위원회가 정한 이행 기간 내에 조치사항을 이행하지 않으면 조치사항을 기재하고, 이후 조치사항을 이행하여도 기재 내용은 유지된다"고 설명하고 있습니다.

Q&A 122	고등학생 D는 2학년 때 제1호 서면사과 조치를 받고 기재가 유보되었으나, 3학년 때 다시 제3호 학교에서의 봉사 조치를 받았습니다. 이런 경우 기재는 어떻게 해야 하나요?

3학년 때 새롭게 받은 제3호 학교에서의 봉사 조치와 2학년 때 유보되었던 제1호 서면사과 조치 모두를 학교생활기록부에 기재합니다.

2학년 때 기재 유보된 조치(제1호 서면사과)와 3학년 때 새롭게 추가된 조치(제3호 학교에서의 봉사)를 받은 학년도가 각각 다르지만, 모든 조치사항은 새롭게 추가 조치된 3학년의 학교생활기록부에 병기하여 기재하고, 조치 결정된 일자는 각각 입력합니다.

학교생활기록부 기재요령에서는 "학교폭력예방법 제17조제1항제1호부터 제3호까지에 따른 조치를 받은 후 동일 학교급에 재학하는 동안(초등학생인 경우에는 그 조치를 받은 날부터 3년 이내의 범위에서 동일 학교급에 재학하는 동안) 다른 학교폭력으로 같은 조 제1항의 조치를 받은 경우, 이전에 기재 유보되었던 조치사항과 현 시점에서 새롭게 추가된 조치사항을 모두 기재하여야 한다. 또한 기재 유보된 조치와 새롭게 추가된 조치를 받은 학년도가 각각 다른 경우에는 모든 조치사항을 추가 조치된 학년도의 학교생활기록부에 병기하여 기재하되 조치 결정된 일자는 각각 입력한다"고 설명하고 있습니다.

Q&A 123

중학생 E는 조치 이행기한이 2025. 10. 28.까지인 제3호 학교에서의 봉사 조치를 받았습니다. 이에 행정심판을 청구하면서 집행정지를 신청하여 집행정지 인용 결정(2025. 10. 8.)을 받았습니다.
이후 행정심판 청구가 기각(2025. 11. 6.)되었을 때 중학생 E의 조치 이행기한은 언제까지로 볼 수 있나요?

집행정지가 인용된 날인 2025. 10. 8.로부터 이행기한인 2025. 10. 28.까지 20일이므로 행정심판 청구가 기각된 날인 2025. 11. 6.로부터 그 기간만큼인 20일 후인 2025. 11. 26.까지를 이행기한으로 볼 수 있습니다.

학교생활기록부 기재요령은 "학교폭력 가해학생이 법률 제17조제1항제1호부터 제3호까지의 조치를 받고, 이행 기간 만료 이전에 집행정지(효력정지) 인용 결정을 받고 조치를 미이행 했을 경우, 집행정지 기간 동안 조치 이행 의무가 정지된 점을 고려하여 학교생활기록부 기재를 보류한다. 다만, 본안에 대한 심리결과 청구가 기각된 경우 법률 제17조제1항제1호부터 제3호 조치를 집행정지(효력정지) 결정 당시 남은 이행 기간 내에 조치를 이행했는지 여부에 따라 동 조치사항에 대한 학교생활기록부의 기재 여부를 결정한다."라고 설명하고 있습니다.

학교폭력 가해학생 조치사항

학교생활기록부 삭제

2012학년도부터 학교폭력 가해학생에게 결정된 조치사항을 학교생활기록부에 입력하도록 하고 있으며, 이렇게 학교생활기록부에 입력된 내용은 제9호 퇴학 조치를 제외하고는 일정 기간(졸업과 동시, 졸업일로부터 2년 후, 졸업일로부터 4년 후)이 지나면 삭제해야 합니다. 2024. 3. 1.부터 시행된 초·중등교육법 시행규칙과 학교생활기록 작성 및 관리지침은 가해학생에 대한 처벌을 강화하고자 일부 조치사항의 학교생활기록부 보존 기간을 졸업 후 2년에서 4년으로 연장하였습니다.

다만 2024. 3. 1.부터 시행되는 내용은 학교폭력 신고 시점에 따라 2023. 2. 28. 이전, 2023. 3. 1.부터 2024. 2. 29. 사이, 2024. 3. 1. 이후로 나뉘어 적용되므로 삭제 시기에 대하여 다소 혼동이 있을 수 있으니 이를 비교하여 알아보겠습니다.

각 조치별 삭제 시기 및 방법

/

**가) 제1호(서면사과), 제2호(접촉, 협박 및 보복행위 금지),
제3호(학교에서의 봉사)**

학교생활기록부에 기재된 가해학생 조치 제1호, 제2호, 제3호의 관련 내용은 해당 학생의 졸업과 동시에 삭제합니다(학교폭력 전담기구 심의 과정 없음).

**나) 제4호(사회봉사), 제5호(특별교육 또는 심리치료), 제6호(출석정지),
제7호(학급교체)**

학교생활기록부에 기재된 가해학생 조치 제4호, 제5호는 해당 학생의 졸업일로부터 2년 후, 제6호, 제7호는 해당 학생의 졸업일로부터 4년 후 삭제하는 것을 원칙으로 합니다.

> **(2023. 3. 1.부터 2024. 2. 29. 사이 신고된 사안)** 학교생활기록부에 기재된 가해학생 조치 제4호, 제5호, 제6호, 제7호는 해당 학생의 졸업일로부터 2년 후 삭제하는 것을 원칙으로 합니다.
>
> **(2023. 2. 28. 이전 신고된 사안)** 학교생활기록부에 기재된 가해학생 조치 제7호는 해당학생의 졸업과 동시에 삭제하며, 제4호, 제5호, 제6호는 해당 학생의 졸업일로부터 2년 후 삭제하는 것을 원칙으로 합니다.

다만, 심의 대상자 조건을 만족할 경우 해당 학생의 반성 정도와 긍정적 행동변화 정도를 고려하여 졸업하기 직전에 전담기구 심의를 거쳐 졸업과 동시에 삭제가 가능합니다.

이런 학교생활기록부 삭제를 위한 전담기구 심의 대상자 조건은 ① 다른 사안으로 가해학생 조치(제1호, 제2호, 제3호 포함)를 받은 사실이 없어야 하며(즉, 2회 이상 조치를 받은 학생의 경우에는 심의대상자가 아님), ② 학교폭력 조치 결정일로부터 졸업학년도 2월 말일까지 6개월이 경과되어야 합니다.

또한 전담기구 심의 시 필요한 참고자료에는 담임교사 의견서, 자필 자기의견서, 가해학생 특별교육 이수증, 학부모 특별교육 이수증 등이 있습니다.

다) 제8호(전학)

학교생활기록부에 기재된 가해학생 조치 제8호는 해당 학생의 졸업일로부터 4년 후에 삭제합니다.

> **(2023. 3. 1.부터 2024. 2. 29. 사이 신고된 사안)** 학교생활기록부에 기재된 가해학생 조치 제8호는 해당 학생의 졸업일로부터 2년 후에 삭제합니다.
>
> **(2023. 2. 28. 이전 신고된 사안)** 학교생활기록부에 기재된 가해학생 조치 제8호는 해당 학생의 졸업일로부터 2년 후 삭제하는 것을 원칙으로 합니다. 다만, 졸업 직전 학교폭력 전담기구의 심의를 거쳐 졸업과 동시에 삭제가 가능합니다.

라) 제9호(퇴학처분)

학교생활기록부에 기재된 가해학생 조치 제9호는 삭제 대상이 아니므로 삭제하지 않고 기재 내용을 유지합니다.

학교폭력 가해학생 조치사항 삭제 관련 변경 내용

／

학교폭력 가해학생 조치사항 삭제와 관련하여 2023년과 2024년에 기재 내용의 보존 기간, 조치별 삭제 심의 가능 여부 등 변경된 사항이 몇 가지 있었습니다. 변경된 사항의 적용 대상이나 시기에 따라 조치별 삭제 방법 이 상이하여 혼동이 있을 수 있으니 주의해야 합니다.

조치별 변경 사항

구분	종전의 규정[91]		개정 규정
적용 대상 및 시기	2023. 2. 28. 이전 신고된 사안	2023. 3. 1.~2024. 2. 29. 신고된 사안	2024. 3. 1. 이후 신고된 사안
제1호 제2호 제3호	졸업과 동시		
제4호 제5호	졸업일로부터 2년 후 (졸업 직전 학교폭력 전담기구의 심의를 거쳐 졸업과 동시 삭제 가능)		
제6호	졸업일로부터 2년 후 (졸업 직전 학교폭력 전담기구의 심의를 거쳐 졸업과 동시 삭제 가능)		졸업일로부터 4년 후 (졸업 직전 학교폭력 전담기구의 심의를 거쳐 졸업과 동시 삭제 가능)
제7호	졸업과 동시	졸업일로부터 2년 후 (졸업 직전 학교폭력 전담기구의 심의를 거쳐 졸업과 동시 삭제 가능)	졸업일로부터 4년 후 (졸업 직전 학교폭력 전담기구의 심의를 거쳐 졸업과 동시 삭제 가능)
제8호	졸업일로부터 2년 후 (졸업 직전 학교폭력 전담기구의 심의를 거쳐 졸업과 동시 삭제 가능)	졸업일로부터 2년 후	졸업일로부터 4년 후
제9호	삭제 대상 아님	삭제 대상 아님	삭제 대상 아님

학교폭력 조치사항 삭제 시 유의사항

/

- 전입을 왔거나 유예를 한 학생의 경우 가해학생 조치의 기재 여부를 확인하여 삭제 대상자 명단에서 누락되지 않도록 합니다.
- 학교폭력 가해학생 조치가 기재된 졸업자 중 보존기간(2년, 4년)이 만료될 예정인 경우도 삭제 대상입니다(학교폭력 전담기구 심의 과정 없음).

/

학교생활기록부 기재 및 삭제 관련 서류 관리

/

- 학교생활기록부 기재, 기재유보, 삭제와 관련된 서류에는 '학교폭력 가해학생 조치사항 관리대장', '학교폭력 가해학생 조치(제1호, 제2호, 제3호) 조건부 기재 유보 관리대장'이 있으며, 관련 내용을 입학 학년도 단위로 작성하여 관리합니다.
- '학교폭력 가해학생 조치사항 관리대장'은 보존 기간(졸업 후 4년 보존) 이 만료되면 즉시 폐기합니다.
- '학교폭력 가해학생 조치(제1호, 제2호, 제3호) 조건부 기재 유보 관리대장'은 졸업과 동시에 즉시 폐기합니다.

---

91) '종전의 규정'은 2024. 2. 29. 이전인 2023학년도까지의 규정입니다. 다만, 2023학년도에 학교폭력 가해학생 조치사항 삭제와 관련해서 변경된 내용이 있었고, 그 적용시기를 2023. 2. 28. 이전에 신고된 사안과 2023. 3. 1. 이후에 신고된 사안으로 구분하였습니다.

- 학적 변동 시 학생의 조치사항 및 기재유보 사항에 대한 내용은 소속 학교에서 관리·보유해야 하므로 전출교는 해당 기록을 전입교로 송부하여 이관합니다.
- '학교폭력 가해학생 조치사항 관리대장', '학교폭력 가해학생 조치 (제1호, 제2호, 제3호) 조건부 기재유보 관리대장'은 비공개 문서로 관리하고, 업무 인수·인계 과정에서 누락되지 않도록 관리합니다.

Q&A 124
중학생 A는 학교폭력 사안으로 1학년 때인 2023년에 제3호 학교에서의 봉사 조치를 받았고, 2학년 때인 2024년에는 같은 해 3. 20. 신고된 사안으로 제6호 출석정지 조치를 받았습니다. A의 학교생활기록부 기재 내용의 삭제는 어떻게 해야 하나요?

제3호 학교에서의 봉사 조치는 졸업과 동시에 삭제하되, 2024. 3. 1. 이후 신고된 사안으로 출석정지 조치를 받은 것이므로 제6호 출석정지 조치는 졸업일로부터 4년 후에 삭제해야 합니다. A는 제6호 출석정지 조치 이전에 제3호 학교에서의 봉사 조치를 받았기 때문에, 재학 중 2회 이상 조치를 받은 경우에 해당하므로 제6호 출석정지 조치에 대하여 졸업과 동시에 기재 내용을 삭제할 수 있는 심의 대상자가 될 수 없습니다. 반면, 제3호 학교에서의 봉사 조치는 이와 상관없이 졸업과 동시에 삭제합니다.

Q&A 125
고등학생 B는 1학년 때 1건의 학교폭력 사안으로 제1호 서면사과, 제4호 사회봉사 조치를 동시에 받았으며, 이후에는 학교폭력 가해학생 조치를 받은 적은 없습니다. B의 학교생활기록부 기재 내용의 삭제는 어떻게 해야 하나요?

제1호 서면사과 조치는 졸업과 동시에 삭제하고, 제4호 사회봉사 조치는 학교폭력 전담기구 심의를 거쳐 삭제할 수 있습니다. 두 가지 조치를 동시에 받았을 뿐, 다른 사안으로 조치를 받은 것은 아니기 때문입니다.

Q&A
126

중학생 C는 1학년 때 제1호 서면사과와 제2호 접촉, 협박 및 보복행위 금지 조치를 받았고, 2학년 때 제3호 학교에서의 봉사 조치를 받았습니다. 이러한 경우에 재학 중 2건 이상의 학교폭력 사안으로 조치를 받은 것인데 기재 내용의 삭제는 어떻게 해야 하나요?

　　모두 삭제해야 합니다. 제1호 서면사과, 제2호 접촉, 협박 및 보복행위 금지, 제3호 학교에서의 봉사 조치는 전담기구의 심의 없이 삭제하는 조치에 해당하므로 재학 중 2회 이상 학교폭력 사안으로 조치를 받은 것과는 관계없이 졸업과 동시에 삭제합니다.

Q&A
127

고등학생 D는 학교폭력 사안으로 제1호 서면사과 조치를 받았지만, 졸업할 때까지 서면사과를 이행하고 있지 않습니다. 이러한 경우에도 기재 내용을 삭제해야 하나요?

　　졸업과 동시에 삭제합니다. 제1호 서면사과는 졸업과 동시에 삭제하는 조치에 해당하며, 삭제는 그 이행 여부와는 무관하기 때문입니다.

Q&A
128

중학생 E는 3학년 2학기인 2024년 11월에 같은 해 10. 15. 신고된 사안으로 제6호 출석정지 조치를 받았습니다. E의 학교생활기록부 기재 내용의 삭제는 어떻게 해야 하나요?

　　2024. 3. 1. 이후 신고된 사안으로 조치를 받았으므로 졸업일로부터 4년 후에 삭제해야 합니다. 조치 결정 후 6개월이 지나지 않았기 때문에 졸업과 동시에 기재 내용을 삭제할 수 있는 심의 대상자가 될 수 없기 때문입니다.

고등학생 F는 3학년 2학기 12월에 제1호 서면사과와 제3호 학교에서의 봉사 조치를 받았습니다. F는 1학년 때 제1호 서면사과 조치를 받은 적이 있어 각 조치가 모두 기재되었는데 이후 학교생활기록부 기재 내용의 삭제는 어떻게 해야 하나요?

졸업과 동시에 삭제합니다. 제1호 서면사과와 제3호 학교에서의 봉사 조치는 전담기구의 심의 없이 삭제하는 조치에 해당하므로 학교폭력 조치 결정일로 부터 졸업학년도 2월 말일까지 6개월이 경과하는 것과 관계없이 졸업과 동시에 삭제 합니다.

중학생 G는 2학년인 2023. 11. 5.에 신고된 학교폭력 사안으로 제7호 학급교체 조치를 받았고, 3학년인 2024. 6. 27.에 신고된 학교폭력 사안으로 다시 제7호 학급교체 조치를 받았습니다. 중학생 G가 졸업할 때 학교생활기록부 삭제는 어떻게 해야 하나요?

2023. 11. 5.에 신고된 학교폭력 사안으로 받은 제7호 학급교체 조치는 졸업일로부터 2년 후에 삭제하고, 2024. 6. 27.에 신고된 학교폭력 사안으로 받은 제 7호 학급교체 조치는 졸업일로부터 4년 후에 삭제합니다. 조치사항 삭제에 관한 개 정 규정이 학교폭력 신고가 2023. 2. 28. 이전과 2023. 3. 1.부터 2024. 2. 29. 사이, 2024. 3. 1. 이후 가운데 언제 되었는지에 따라 달리 적용되기 때문입니다.

이와 별개로 동일 학교급 재학 중 2회 이상 조치를 받았으므로 졸업과 동시 삭제를 위한 학교폭력 전담기구 심의대상이 될 수는 없습니다.

이로 인해 학교생활기록부 기재사항 삭제 절차 진행 시 다소 혼동할 수 있으니 주 의를 기울여야 합니다.

학교폭력예방법을 이해하고
예방 대책을 세우는 데 도움이 되기를 바랍니다

김문규 | 서울특별시동작관악교육지원청 변호사

작년 2월 말 처음 책이 나오고 1년이 훌쩍 지나갔습니다. 작년 책을 낼 때까지만 해도 학교폭력예방법과 관련하여 '2023년에 많은 개정이 있었으니 한동안은 개정이 없지 않을까.'하고 기대했습니다. 하지만 기대는 여지없이 빗나갔고 2025년 1월에도 학교폭력예방법이 개정되었으며, 이 글을 쓰는 시점에도 국회에는 학교폭력예방법 개정안 7건이 제안되어 있습니다. 그만큼 우리 사회가 학교폭력에 대하여 많은 관심을 갖고 있다는 의미인 것 같습니다.

제안된 개정안을 살펴보면, 회의를 소집해야 하는 사유가 발생한 날부터 4주 이내에 심의위원회를 개최하도록 법으로 의무화하거나, 학교전담경찰관을 학교마다 최소 한 명씩 배치해 상주하도록 하고 학교 내 범죄 전반을 다루도록 그 역할과 권한을 강화하며, 출석정지나 학급교체를 받으면 상급학교 진학 시 피해학생과 다른 학교로 배정하고 더 나아가 전학 조치를 받으면 상급학교 진학 시 피해학생과 다른 교육지원청 관내 학교로 배정하도록 하는 내용들입니다. 모두 피해학생을 보호하고 학교 내 안전을 확보하겠다는 좋은 목적을 갖고 있습니다. 그러나 목적이 좋으니 당연히 결과도 좋을 것이라고 기대할 수 있을까요? 무엇이 원인이 되어 문제 상황이 발생하였는지를 깊게 살펴보지 않고 막연히 대책이라고 생각하는 것을 내세워 '이렇게 저렇게 해야 한다'라고 법으로 정하기만 하면 기존 문제는 그대로인 채 새로운 문제가 추가될 뿐입니다.

그동안 학교폭력예방법이나 학교폭력 예방 대책들은 학교장 자체해결제를 도입할 때를 제외하고는 가해학생에 대한 조치를 의무화하고, 조치를 학교생활기록부에 기재하도록 하며, 조치에 따른 불이익을 가중하는 방향으로 나아갔습니다. 조치를 강화하고 불이익을 가중할수록 사안에 따라 선택할 수 있는 조치 범위가 줄어든다는 사실은 예상하지 못했던 것 같습니다. 학생이 겪고 있는 심리적 어려움이 영향을 주어 학교폭력 사안이 발생하였다면 학교에서의 봉사 조치를 하는 것보다 적절한 기관을 찾아서 특별교육이나 심리치료를 받게 하는 것이 학교폭력을 예방하는 데 도움이 될 수 있습니다. 그러나 학교폭력예방법 제17조 제1항 제5호 특별교육 또는 심리치료 조치는 즉시 학교생활기록부 앞쪽 '학교폭력 조치 사항 관리' 항목에 기재되고 대입에도 큰 영향을 줍니다. 학생 선수라면 6개월간 경기에 출전할 수도 없습니다. 그 결과 제5호 특별교육 및 심리치료 조치를 하는 경우는 이전보다 많이 줄었습니다.

그때그때 크게 언급되는 사안에 맞춰 대책을 세우면 당장은 성과가 있는 것처럼 보이지만 근본적인 문제가 해결되는 것은 아닙니다. 문제의 원인을 찾아 대책을 마련하는 일은 쉽지 않고 시간이 오래 걸리는 일입니다. 이 책이 학생들 사이 발생할 수 있는 갈등과 학교폭력을 구별하고, 현행 학교폭력예방법을 이해하는 데 도움이 되어 학교폭력 대책을 세울 때 보탬이 될 수 있으면 좋겠습니다.

사례와 판례로 풀어가는 학교폭력

2025년 8월 시행 학교폭력예방법 반영 개정증보판

초판 1쇄 발행 2024년 2월 20일
2쇄 발행 2024년 10월 15일
2판 3쇄 발행 2025년 3월 20일

지은이 황태륜 박종민 김문규 김광용

발행인 김병주
기획편집위원회 방나희 김춘성 한민호　　**디자인** 정진주　　**마케팅** 진영숙
에듀니티교육연구소 이문주 백헌탁

펴낸 곳 (주)에듀니티
도서문의 1644-5798
일원화 구입처 031-407-6368 (주)태양서적
등록 2009년 1월 6일 제300-2011-51호
주소 서울특별시 중구 남대문로 117, 동아빌딩 11층
출판 이메일 book@eduniety.net
홈페이지 www.eduniety.net
페이스북 www.facebook.com/eduniety
인스타그램 www.instagram.com/eduniety/
　　　　　　www.instagram.com/eduniety_books/
포스트 post.naver.com/eduniety

ISBN 979-11-6425-177-3

문의하기

투고안내

값은 뒤표지에 있습니다.